蓝石律所不正当竞争与商业秘密争议解决系列丛书

竞业限制案例解析及律师建议

主　编　何胜文
副主编　赵　烨　迟　爽

中国商务出版社
·北京·

图书在版编目（CIP）数据

竞业限制案例解析及律师建议／何胜文主编；赵烨，迟爽副主编. -- 北京：中国商务出版社，2025.1.

（蓝石律所不正当竞争与商业秘密争议解决系列丛书）.

ISBN 978-7-5103-5571-4

Ⅰ. D922.525

中国国家版本馆 CIP 数据核字第 20255QY132 号

竞业限制案例解析及律师建议

主　编　何胜文

副主编　赵　烨　迟　爽

出版发行：中国商务出版社有限公司

地　　址：北京市东城区安定门外大街东后巷 28 号　　邮　　编：100710

网　　址：http://www.cctpress.com

联系电话：010—64515150（发行部）　　010—64212247（总编室）

　　　　　010—64243656（事业部）　　010—64248236（印制部）

责任编辑：李自满

排　　版：北京天逸合文化有限公司

印　　刷：宝蕾元仁浩（天津）印刷有限公司

开　　本：710 毫米×1000 毫米　1/16

印　　张：13.25　　　　　　　　　字　　数：208 千字

版　　次：2025 年 1 月第 1 版　　　印　　次：2025 年 1 月第 1 次印刷

书　　号：ISBN 978-7-5103-5571-4

定　　价：88.00 元

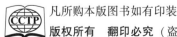

编 委 会

序　言

劳动者享有就业权和择业权，而商业秘密是企业在竞争日趋激烈的市场环境中生存、发展的竞争优势，为了维持劳动者权益与企业竞争优势间的平衡，《中华人民共和国劳动合同法》设置了竞业限制制度。关于竞业限制制度的理论基础，部分观点认为来源于科斯定理。该定理由诺贝尔经济学奖得主罗纳德·科斯（Ronald Coase）提出，认为在某些条件下，经济的外部性或非效率可以通过当事人的谈判而得到纠正，从而达到社会效益最大化，实现资源配置的帕累托最优。人才的充分流动可以实现人才资源配置的帕累托最优，但是对于企业而言，则面临人才流动导致的企业商业秘密的泄露，进而影响企业市场竞争优势的可能性；对于市场而言，如果允许掌握雇主商业秘密的劳动者不加限制地流动，完全交由"看不见的手"来调整，则竞争对手的"挖墙脚"行为、劳动者的"恶意跳槽"行为必然会导致市场的无序和恶意竞争，打击企业创新积极性和主观能动性，所以当事人谈判在一定条件下必须予以适当限制，进而保障社会整体经济秩序正常运行。

然而，竞业限制制度影响的仅仅是离职员工与原单位之间的权利义务吗？鉴于负有竞业限制义务的劳动者一般属于人才招聘市场的"优质资源"，新单位在聘用前会了解这类员工的竞业限制状态吗？如果新单位知晓，新单位要承担责任吗？而从原单位来说，原单位是否可以不加区分、无限制地进行"全员竞业"？是否有权利在不告知员工的情况下启动竞业限制？原单位没有支付竞业限制经济补偿的情况下，劳动者的权利应当如何保障？我们认为上述问题不仅涉及竞业限制制度自身的立法目的和法律适用，同时也与反不正当竞争法领域存在交叉。

就我国情况来看，现阶段竞业限制纠纷属于劳动争议范畴，在《民事案件案由规定》中，其经历了从隶属于二级案由不正当竞争、垄断纠纷到隶属于一级案由劳动争议、人事争议项下的过程①。在2011年3月20日最高人民法院研究室负责人发布的《最高人民法院关于修改〈民事案件案由规定〉的决定》答记者问中，最高人民法院研究室负责人陈述制发该决定背景的其中一个重要因素为"特别是侵权责任法已自2010年7月1日起施行，迫切需要增补侵权责任纠纷案件案由"。而此次案由修改的主要内容也系"为适应侵权责任法施行后审判实践的需要"。虽然对案由规定的调整可能表示司法机关将竞业限制纠纷作为劳动争议处理，但基于竞业限制纠纷案件产生原因的特殊性，离职员工违反竞业限制义务仍有可能涉及不正当竞争，原单位可通过民事救济途径保障企业竞争优势。

根据《最高人民法院关于审理劳动争议案件适用法律问题的解释（一）》第二十七条规定②，如果员工入职竞品公司违反竞业限制义务，直接导致原单位的商业秘密存在极大被侵犯的可能性，原单位的市场竞争优势也极有可能被削弱，鉴于自然人也可以成为市场经营的主体，故此类案件本质上是属于离职员工本人以及聘用离职员工的竞品公司的竞争行为是否系合法、合理的范畴。按照此种认定，结合全国人大和最高人民法院出版的著述都肯定了作为相对权的债权应属于《中华人民共和国民法典》所述"民事权益"，我们认为原单位也应当可以不正当竞争纠纷为案由起诉离职员工和竞品公司，其主张权利的法律依据为《中华人民共和国反不正

---

① 2021年1月1日起实施的《民事案件案由规定》中，竞业限制纠纷属于一级案由劳动争议、人事争议项下的四级案由，需经过仲裁前置程序，但是并非历来如此。有关竞业限制纠纷的案由最早出现于2008年4月1日起实施的《民事案件案由规定》中，完整案由名称为"侵犯商业秘密竞业限制纠纷"，归属于二级案由不正当竞争、垄断纠纷项下的四级案由，而当时的劳动争议、人事争议项下并无竞业限制纠纷此案由。2011年4月1日开始，最高人民法院修改了《民事案件案由规定》，将竞业限制纠纷列为劳动争议、人事争议项下的四级案由。

② 《最高人民法院关于审理劳动争议案件适用法律问题的解释（一）》第二十七条规定："用人单位招用尚未解除劳动合同的劳动者，原用人单位与劳动者发生的劳动争议，可以列新的用人单位为第三人。原用人单位以新的用人单位侵权为由提起诉讼的，可以列劳动者为第三人。原用人单位以新的用人单位和劳动者共同侵权为由提起诉讼的，新的用人单位和劳动者列为共同被告。"

当竞争法》第二条①。

正是基于上述观点、人才流动及市场竞争环境现状以及司法解释规定，本书将竞业限制纠纷作为不正当竞争与商业秘密争议解决系列丛书的重要组成部分，旨在通过案例分析的方式，多角度、多维度地为企业实现管理优化、制度优化、纠纷处理，提供明晰、可操作的整体方案和实践指导，同时也为劳动者保障自身就业权、择业权的行使提供法律依据和案例依据，并探究在商业秘密愈来愈重要、不正当竞争愈来愈激烈的大环境下，司法机关是如何理解竞业限制制度的立法目的、法律规定及如何在案例中予以认定和贯彻，以平衡企业与劳动者之间的利益冲突。

本书编委会
2024 年 12 月

---

① 事实上，在 2008 年 4 月 1 日"竞业限制纠纷"出现于《民事案件案由规定》之前，即有法院认为离职员工违反竞业限制义务情形下，原单位可以离职员工及竞品公司构成不正当竞争为由直接向法院提起诉讼，而无需仲裁前置程序。在北京 DY 科技发展股份有限公司（下称"DY 公司"）与陈某某等不正当竞争纠纷案件【案号：(2005) 海民初字第 5106 号】中，陈某某曾以"竞业禁止纠纷按照劳动合同纠纷处理，而不应按不正当竞争纠纷处理，须经劳动仲裁前置程序"作为 DY 公司不得直接起诉主张陈某某构成不正当竞争的抗辩理由，但海淀法院认为：依据我国劳动法的有关规定及实践操作，由仲裁机关受理的劳动争议案件具有特定的受案范围，并非所有的竞业禁止纠纷都必须经过劳动争议仲裁程序。DY 公司提起劳动争议仲裁的期限已过……竞业禁止违约行为不仅违反了合同约定，而且由于其侵害了用人单位的财产权益，所以又同时产生侵权责任，故合同之诉不是当事人的唯一选择。本案中 DY 公司明确主张陈某某违反竞业禁止约定成为侵犯 DY 公司权利的手段，SB 公司（聘用陈某某的竞品公司）由于共同侵权而成为不正当竞争者，原告选择的不正当竞争之诉于法不悖，该争议已转化为普通的民商事纠纷，故海淀法院不支持陈某某的抗辩理由。海淀法院最终判决陈某某与竞品公司对 DY 公司的损失承担连带赔偿责任。

CONTENTS
目 录

第一章　竞业限制义务的有效设立

第一节　竞业限制约定生效

"有权"要求员工竞业的约定能否对员工产生拘束力
——北京 JSR 科技股份有限公司与张某某竞业限制纠纷案①

一、案件要旨

竞业限制系用人单位限制劳动者就业权以保障自身竞争优势的制度。一般情况下，用人单位均会明确告知劳动者是否履行竞业限制义务及其他相关的权利义务，如双方约定不清，则有可能出现劳动者不知道自己有竞业限制义务而违约或劳动者以为自己有竞业限制义务而单方履行的情况。例如在本案中，企业与员工签署了《知识产权、保密及不竞争协议》，但仅在协议中约定企业"有权"要求员工履行竞业限制义务，员工离职时企业并未明确表示是否要求员工履行，员工以《知识产权、保密及不竞争协议》为依据，主张己方履行了竞业限制义务并要求企业支付竞业限制补偿，法院并未予以支持。

二、案情简介

2015 年 3 月 23 日，张某某入职北京 JSR 科技股份有限公司（下称"JSR 公司"），双方签署了书面《劳动合同》。2018 年 6 月 30 日，双方续

---

① 案件来源：北京市海淀区人民法院（2021）京 0108 民初 38204 号民事判决书。

订劳动合同，约定劳动期限为 2018 年 6 月 30 日至 2023 年 6 月 30 日，张某某岗位为产品经理；同日，JSR 公司（甲方）与张某某（乙方）签署了《知识产权、保密及不竞争协议》，其中第二十五条约定"甲方有权要求乙方在离开公司后两年内，不得参与甲方直接竞争的商业活动，或为与甲方直接竞争的商业公司服务。甲方支付给乙方的工资中，已包含了因此要求可能发生的应付给乙方的补偿费"，第二十六条约定"乙方在聘用期终止后应严密保守自己在甲方任职期间所了解的甲方的商业秘密，直到这些信息在本行业中已为公众所知"。2019 年 12 月 17 日，张某某离职。

后张某某向北京市海淀区劳动人事争议仲裁委员会提起仲裁，要求 JSR 公司支付其工资、解除劳动合同经济补偿金、竞业禁止补偿金。张某某认为：《知识产权、保密及不竞争协议》中第二十五条、第二十六条的规定属于竞业限制条款，张某某离职后履行了竞业限制义务，JSR 公司应当按照其月均工资的 25% 的标准按月支付其竞业限制补偿金。JSR 公司认为：《知识产权、保密及不竞争协议》中第二十五条、第二十六条仅约定公司"有权"要求员工履行竞业限制义务，但公司实际从未要求过员工履行竞业限制义务，员工亦无需遵守竞业限制义务，故不应支付竞业限制补偿金。北京市海淀区劳动人事争议仲裁委员会审理后作出京海劳人仲字〔2021〕第 1160 号裁决书，裁决 JSR 公司支付张某某 2019 年 2 月 1 日至 2019 年 12 月 17 日工资差额 56962.93 元（税后），支付 2019 年 12 月 18 日至 2020 年 9 月 30 日竞业禁止补偿金 47166.67 元，并驳回张某某其他仲裁请求。JSR 公司不服上述部分裁决，诉至北京市海淀区人民法院，请求判决 JSR 公司无需支付 2019 年 12 月 18 日至 2020 年 9 月 30 日竞业禁止补偿金 47166.67 元。

北京市海淀区人民法院审理过程中询问张某某 JSR 公司是如何主张其应履行竞业限制义务的，张某某主张，JSR 公司通过口头方式要求张某某履行竞业限制义务，但张某某就此未能提供任何证据证明。

三、法院审理

北京市海淀区人民法院经审理认为，用人单位与劳动者可以在劳动合同中约定保守用人单位的商业秘密和与知识产权相关的保密事项。对负有保密义务的劳动者，用人单位可以在劳动合同或者保密协议中与劳动者约定竞业限制条款，并约定在解除或者终止劳动合同后，在竞业限制期限内按月给予劳动者经济补偿。本案中，双方签署的《知识产权、保密及不竞争协议》中约定了 JSR 公司享有要求张某某履行竞业限制义务的权利。鉴于竞业限制义务系对劳动者自主择业权利的限制，故为保障权利义务的确定性及恒定性，用人单位应最晚在解除或终止劳动合同的同时向劳动者告知是否需要履行竞业限制义务。现张某某虽然主张 JSR 公司曾告知过其需要履行竞业限制义务，但 JSR 公司对此不予认可，张某某未就其主张举证予以证实，应当承担举证不能的法律后果。因此，张某某无需履行竞业限制义务，JSR 公司亦无需向其支付竞业禁止补偿金，故对该公司要求无需支付张某某竞业禁止补偿金的诉请，本院予以支持。

最终，法院判决 JSR 公司无需支付张某某竞业禁止补偿金。

四、争议焦点分析

1. 确定争议焦点

本案中，张某某认为其与 JSR 公司签署的《知识产权、保密及不竞争协议》中约定了张某某离职后应当履行竞业限制义务，且明确约定了履行期限，其履行了竞业限制义务后，JSR 公司理应支付竞业限制经济补偿金。JSR 公司认为，双方所签署的协议中仅仅约定 JSR 公司"有权"要求员工履行竞业限制义务，该条款系赋予 JSR 公司选择权利，如 JSR 公司未要求员工履行竞业限制义务，则员工无需履行。北京市海淀区劳动人事争议仲裁委员会采纳了张某某的意见，并作出对张某某有利的裁决。虽然双方签署了书面的《知识产权、保密及不竞争协议》，但是双方就该协议中的相关条款是否构成明确、有效的竞业限制约定持相左意见，故本案的争议焦点为：双方是否存在合法有效的竞业限制约定。

2. 拆分争议焦点，确定举证方向

本案关于双方是否存在合法有效的竞业限制约定的落脚点在于《知识产权、保密及不竞争协议》中约定的 JSR 公司"有权"要求张某某离职后两年内履行竞业限制义务是否构成明确、具体的竞业限制约定条款，以及

如未构成明确具体条款，JSR 公司是否行使了要求张某某履行竞业限制义务的权利。对此北京市海淀区劳动人事争议仲裁委员会认为，该条款足以认定张某某负有竞业限制义务，JSR 公司应当支付竞业限制经济补偿金，但是法院认为"有权"仅代表 JSR 公司享有要求张某某履行竞业限制义务的权利，并不能证明 JSR 公司行使了该项权利，张某某作为主张自己负有竞业限制义务的一方，根据"谁主张、谁举证"原则，张某某应当举证证明 JSR 公司向其提出了履行竞业限制义务的要求。鉴于《知识产权、保密及不竞争协议》中并未约定具体的提出要求的方式，故不论 JSR 公司是通过书面抑或口头方式作出要求，均可作为张某某负有竞业限制义务的佐证。但经过法院审查，张某某并未提供相应证据，故其应承担举证不能的不利后果。

五、律师建议

1. 举证建议

从本案中来看，无论事实上 JSR 公司是否要求过张某某履行竞业限制义务，由于张某某没有证据证明自己的主张，只能承担败诉后果。如果实践中出现类似本案这种"有权"的约定，我们建议企业在员工离职证明中明确员工是否须履行竞业限制义务及履行期限，并要求员工签收，以尽量避免口头告知所产生的风险；员工作为被告知一方，则应当书面要求企业出具书面的履行竞业限制义务通知书，避免出现企业口头告知后自己履行了竞业限制义务却无法得到相应补偿的情形。

如确实存在口头告知情形，则应注意采取相应的取证手段，并注意应当确保不侵犯他人的隐私权利。

2. 实操建议

竞业限制源于用人单位与劳动者之间的约定，故双方间是否存有竞业限制约定往往成为案件的首要争点。实践中，导致竞业限制约定的效力产生争议的主要原因如下：

第一，在协议形式上，竞业限制协议条款可能存在于劳动合同、合同附件或单独文本中，或者在员工手册、保密制度等规章制度中，如无法证明明确告知过员工，则很难证明竞业限制约定效力；

第二，协议内容上，协议行文过于冗长，约定内容过于复杂，逻辑关系不清，在实际运用时，很难界定具体条款的选择；

第三，混淆"保密义务"与"竞业限制义务"。两者虽均旨在保护用人单位的商业秘密等保密信息，但二者属于不同的法律概念及制度。有些劳动者会依据保密义务主张离职后的竞业限制补偿金，或用人单位依据保密义务对劳动者离职后的择业自由加以限制；

第四，流程上，因办理离职的人力部门工作人员不了解员工的具体工作内容，对员工是否须履行竞业限制义务等相关事项不甚知悉，导致用人单位未能履行相应的告知或提示义务，也未能留存相应证据。

基于上述情况，律师的建议：

第一，在形式上，签署单独的竞业限制协议或在劳动合同中通过单章方式进行约定，避免采用劳动纪律、规章制度、员工手册等形式；

第二，在内容上，明确竞业限制的范围、地域、期限，补偿金标准、支付周期、支付方式、违约金计算标准或具体金额等项目，且注意约定应当符合法律法规等相关规定；

第三，在协议效力方面，避免对竞业限制协议生效或解除增设前提条件，如双方确需要附加生效或解除条件，则条件需符合法律规定且约定内容应详尽、具体、准确、具有操作性，便于存证举证；

第四，在流程上，完善离职手续办理流程。用人单位可将双方间是否约定有竞业限制、竞业限制期限、补偿金标准、收款账户等信息列入离职交接或离职审批材料中，避免因工作人员疏忽、不了解具体情况而遗漏是否对劳动者有竞业限制的审查、通知及提示，同时也便于用人单位举证。

离职时公司未主动告知是否履行竞业义务，
员工补偿金请求获得法院支持
——CJ 科技（北京）有限公司与穆某某竞业限制纠纷案①

一、案件要旨

公司在与员工签署竞业限制协议时，要求员工声明保证履行竞业限制

---

① 案件来源：北京市朝阳区人民法院（2021）京 0105 民初 40091 号、北京市第三中级人民法院（2021）京 03 民终 14025 号判决书。

义务，且约定公司有权以书面形式告知员工是否需遵守竞业限制义务，有权以书面通知的方式提前终止竞业限制协议项下的竞业限制要求，此种约定系明确具体的竞业限制约定。如员工离职时公司未以书面方式告知员工无需履行竞业限制义务，则员工证明其履行竞业限制义务后，有权要求公司按照竞业限制协议的约定支付竞业限制补偿金，公司以未书面告知员工要求其履行竞业限制义务为由进行抗辩的，法院不予支持。

二、案情简介

2017 年 5 月 17 日，穆某某入职 CJ 科技（北京）有限公司（下称"CJ 公司"），担任 JAVA 开发工程师，双方签订劳动合同，合同期限自 2017 年 5 月 17 日至 2020 年 5 月 31 日。同日，双方签订《保密、竞业限制及知识产权协议》，约定穆某某不可撤销的声明及保证于 CJ 公司任职期间及自 CJ 公司离职之日起两年内不得以任何方式受聘于任何其他正在或即将和 CJ 公司或其关联企业发生直接业务竞争的个人、企业或其他组织。竞业限制期内，CJ 公司按月向穆某某支付劳动合同解除或终止日前最后 1 个月基本工资的 50% 作为穆某某履行上述竞业限制义务的补偿金。CJ 公司有权以书面方式告知穆某某是否要求其遵守上述竞业限制义务。若 CJ 公司不要求穆某某履行劳动合同项下之任何竞业限制义务，则 CJ 公司无须向穆某某支付竞业限制补偿金。在竞业限制期限开始后至届满前，CJ 公司有权随时以书面通知的方式提前终止本协议项下之竞业限制要求，并相应停止向穆某某支付竞业限制补偿金。

2019 年 10 月 26 日，双方劳动合同解除，CJ 公司未向穆某某发出任何要求遵守竞业限制义务或不履行竞业限制义务的通知。

后穆某某向北京市劳动人事争议仲裁委员会提起仲裁申请，北京市劳动人事争议仲裁委员会作出京劳人仲字〔2021〕第 145 号裁决书，裁决：CJ 公司支付穆某某 2019 年 10 月 27 日至 2020 年 11 月 26 日期间竞业限制补偿金 195000 元等。CJ 公司不服该仲裁裁决，诉至北京市朝阳区人民法院，请求判决 CJ 公司无需支付穆某某 2019 年 10 月 27 日至 2020 年 11 月 26 日期间竞业限制补偿金 195000 元等。

三、法院审理

经 CJ 公司申请，北京市朝阳区人民法院向国家税务总局北京市税务局调取穆某某 2019 年 10 月 27 日至 2020 年 11 月 26 日期间的纳税申报记录。国家税务总局北京市税务局出具个人所得税纳税记录，记录显示 2019 年 11 月及 2019 年 12 月的纳税申报记录，税款所属期分别为 2019 年 10 月及 2019 年 11 月，其中穆某某 2019 年 12 月的纳税申报记录系 CJ 公司代扣代缴，之后无任何申报记录。

北京市朝阳区人民法院经审理认为，根据《保密、竞业限制及知识产权协议》的约定，穆某某不可撤销地声明及保证离职之日起 2 年内履行竞业限制义务，结合穆某某提交的证据，一审法院认定穆某某在离职后已经依约履行了竞业限制义务。CJ 公司虽抗辩称未通知穆某某履行竞业限制义务，但 CJ 公司通知与否并非系竞业限制的启动条件，故一审法院认定 CJ 公司应按照约定支付穆某某竞业限制补偿金 195000 元。

CJ 公司不服一审判决，上诉至北京市第三中级人民法院，请求撤销一审判决，改判支持 CJ 公司一审全部诉讼请求。

北京市第三中级人民法院经审理认为，本案中，在案《保密、竞业限制及知识产权协议》显示 CJ 公司与穆某某就穆某某离职后的竞业限制义务及补偿金曾有明确约定，结合穆某某一审提交的证据，能够证明其在离职后已依约履行相应竞业限制义务，其有权向 CJ 公司主张支付竞业限制补偿金。CJ 公司主张其并未明确告知穆某某履行竞业限制义务。对此北京市第三中级人民法院认为，《保密、竞业限制及知识产权协议》约定"乙方在此不可撤销地声明及保证其于甲方任职期间及自甲方离职之日起 2 年内不得……"，又约定"甲方有权以书面方式告知乙方是否要求其遵守上述竞业限制义务；若甲方不要求乙方履行劳动合同项下之任何竞业限制义务，则甲方无须向乙方支付竞业限制补偿金。在竞业限制期限开始后至届满前，甲方有权随时以书面通知的方式提前终止本协议项下之竞业限制要求，并相应停止向乙方支付竞业限制补偿金"。从该约定的文义角度理解，在双方在先明确存在竞业限制具体约定的前提下，CJ 公司其后应以书面方式明确告知穆某某无需履行竞业限制义务。但根据已查明的事实，CJ 公司自始至终并未就竞业限制事宜向穆某某进行告知，由此应认定为CJ公司就双方正常履行竞业限制协议的默示。一审法院认定CJ公司应向穆某某依约支付竞业限制补偿金，并要求CJ公司向穆某某开具离职证明，判决并无不当。

北京市第三中级人民法院判决驳回CJ公司上诉请求，维持一审判决。

四、争议焦点分析

1. 确定争议焦点

本案中CJ公司主张其无需支付竞业限制补偿金，理由有多个：穆某某不属于法律规定的竞业限制人员范围；竞业限制的启动应明确告知，而CJ公司并未对穆某某启动竞业限制，穆某某也并未就其履行竞业限制义务主动向CJ公司进行告知；等等。法院在审查过程中，虽对各个理由均进行了回应，但本案焦点为双方是否存在合法有效的竞业限制约定。首先是关于穆某某是否属于竞业限制人员，二审法院以"CJ公司在穆某某入职之初，在明知其招录员工岗位职责的情形下，不予区分员工是否系属公司高级管理人员、高级技术人员或其他负有保密义务的人员即径自与员工签署竞业限制协议，在员工离职时又以其不属于竞业限制人员范围而主张其无需履行竞业限制义务，实属不当"为由直接认定穆某某属于竞业限制人员；其次就是双方之间的竞业限制协议是否生效或是否解除，关于此争议焦点，需要结合本案双方的协议约定进行分析。

2. 拆分争议焦点，确定举证方向

关于本案中穆某某与CJ公司之间的竞业限制约定是否生效或是否解除，应当结合双方协议约定予以确定。双方于2017年5月17日签署的《保密、竞业限制及知识产权协议》中约定穆某某不可撤销的声明及保证其负有竞业限制义务，且协议约定CJ公司有权以书面方式随时通知穆某某提前终止本协议项下的竞业限制义务，本案一审、二审法院均认为这是合法、有效且明确的竞业限制约定。就此，穆某某已经提供了证据证明双方存在竞业限制约定，如CJ公司主张双方之间不存在竞业限制约定，则应当举证证明其按照协议的约定书面告知了穆某某无需履行竞业限制义务，否

则，应当认定双方之间的竞业限制协议持续合法有效。但本案中，CJ 公司自认从未发送此类通知，且穆某某已经通过纳税记录举证证明了自己离职后至诉讼期间无就职记录，虽然穆某某并未按照约定履行其告知义务，但法院仍然认定 CJ 公司应当按照协议约定向穆某某支付竞业限制经济补偿金。

五、律师建议

1. 举证建议

在员工要求企业支付竞业限制补偿金的案件中，员工对于双方存在竞业限制约定负有举证义务，一般情况下有《劳动合同》《保密及竞业限制义务协议书》《履行竞业限制义务告知书》等书面文件。需要注意的是，有些企业为避免员工持有竞业限制相关的证据，会以企业盖章走流程等名义将协议收走由企业保管，此时员工应注意及时提醒企业交付竞业限制协议文书，并在离职时要求企业书面明确是否履行竞业限制义务及履行期限，否则一旦发生纠纷，员工自身权益可能难以得到保障。

企业作为被诉一方，则应当举证证明双方的竞业限制约定不构成完整、有效、明确的竞业限制约定。就此，企业可以提供内部的规章制度用以证明常规情况下要求员工履行竞业限制义务的流程。需要注意的是，该规章制度应当履行相应的民主公示程序，且应当在劳动合同或竞业限制协议中予以披露，否则难以达到证明效果。

2. 实操建议

竞业限制本身系针对高级管理人员、高级技术人员及其他负有保密义务人员而设置的制度，如"全员化"适用则本身就存在合法性和合理性遭到质疑的可能性，本案中法院也对此种做法进行了批评。为了避免出现类似的情形，我们建议企业在进行竞业限制制度设计时注意以下几点：

第一，针对性设置竞业限制制度，明确需要启动竞业限制的对象，避免出现员工签署竞业协议却实际上不属于竞业限制人员的情形；

第二，动态跟进员工的工作内容变化，及时调整竞业限制的范围和期限。很多情况下，员工的工作内容或者岗位是变动的，可能存在入职时无法接触保密信息，但随着工龄增长和职位提升导致工作内容涉及了保密信息，也有可能因为岗位调整导致从接触保密信息岗位变更为不接触的岗位，此时就应当注意签署/解除竞业限制协议；

第三，制定流程化、规范化的离职手续，在员工离职前即对员工在职期间的工作内容以及签署的协议进行梳理、复盘，确定员工是否负有竞业限制义务或是否启动/解除竞业限制，避免增加企业此方面成本；

第四，要求员工履行告知义务，并对员工告知的就职情况等及时进行调查核实。

竞业限制业务范围过大违反法律法规的规定，无效——SZM（北京）医疗器械贸易有限公司与宋某竞业限制纠纷案①

一、案件要旨

对于集团企业，多数公司偏向于在劳动合同或竞业限制协议中与员工约定超过用人单位经营范围的竞业限制范围。将用人单位的全部关联企业或集团企业中的全部公司的经营范围作为竞业限制范围。虽然超出用人单位经营范围的约定并非必然无效，但是约定范围过大有可能造成法院认为其违反"法律法规的规定"，进而认定竞业限制范围的相关约定无效的不利后果。

二、案情简介

2014 年 5 月 12 日，宋某入职 SZM（北京）医疗器械贸易有限公司（下称"SZM 公司"），SZM 公司作为甲方、宋某作为乙方签订了书面《劳动合同》，约定宋某担任总经理一职，《劳动合同》第 38 条约定："在双方劳动关系解除或终止时（无论因何种原因），乙方将受到竞业限制义务的约束，竞业限制的范围涉及甲方和 SZM 集团的全部业务领域，包括但不限于：口腔种植体、牙医学领域的骨骼和软组织再生、牙医实验设备、牙医 CAD/CAM 技术和相关种植假体修复。乙方不得从事任何与甲方和 SZM 集

---

① 案件来源：北京市朝阳区人民法院（2020）京 0105 民初 1039 号、北京市第三中级人民法院（2021）京 03 民终 14055 号判决书。

团竞争的活动。尤其是，乙方不得自营任何与甲方、SZM 股份有限公司或任何属于 SZM 集团的公司有竞争关系的企业，乙方也不得以任何方式为该等企业服务，或者成为该等企业的股东。本合同规定的竞业限制的地域范围为大中国区包括中国大陆、台湾、香港及澳门。竞业限制的期限为双方劳动关系终止或解除之日起一年内，在乙方的劳动关系解除或终止前，甲方有权通过书面通知乙方的方式免除乙方的竞业限制义务……" 2018 年 9 月 27 日，宋某发送标题为"辞职信"的电子邮件，邮件中，宋某提出辞职请求并表示工作至 2018 年 12 月 31 日。后 SZM 公司为宋某出具了《离职证明》，载明双方于 2019 年 1 月 1 日解除劳动关系。同时，SZM 公司向宋某发出《关于履行竞业限制的通知函》，该通知函载明："宋某与 SZM 公司之间的劳动关系于 2018 年 12 月 31 日终止。根据双方于 2014 年 5 月 12 日签订的《劳动合同》中关于竞业限制的相关约定，现公司特此通知，公司要求宋某在竞业限制期内（即劳动关系终止日后一年内）按照劳动合同的约定履行相关竞业限制义务。1. 竞业限制期为 1 年，自与公司终止劳动关系之日起算（即自 2019 年 1 月 1 日至 2019 年 12 月 31 日）。2. 竞业限制补偿款金额为每月税前 142633.33 元，公司将在每月 31 日支付至您原来的工资账户（您的第一笔竞业限制补偿金已于 2019 年 1 月 25 日发放）……3. 您的竞业限制义务的具体内容及范围以劳动合同中的相关约定为准。需要着重强调的是，您在未取得公司事先书面许可前，不得在大中国区包括中国大陆、台湾、香港及澳门地区直接或间接任职于与公司及/或任一家 SZM 集团所属公司相似或存在竞争业务关系的企业，上述企业的经营范围包括但不限于口腔种植体、牙医学领域的骨骼和软组织再生、牙医实验设备、牙医 CAD/CAM 技术和相关种植假体修复及其他相关的医疗器械及其零部件医疗科技领域的技术开发等……"

后 SZM 公司发现，宋某离职后在竞业限制期限内入职了 YSM 公司，并担任高级职务，承担管理职责。SZM 公司认为 YSM 公司的业务与 SZM 公司的主营业务构成竞争关系，宋某已经从事竞争性业务，直接违反了《劳动合同》规定的竞业限制义务，并发函要求宋某立即终止在竞品公司的任职，并停止从事竞争性业务，继续履行《劳动合同》所约定的竞业限制义务。

SZM 公司主张 YSM 公司与其存在竞争的业务为牙齿正畸、隐形矫正业务。

SZM 公司要求宋某支付其违反竞业限制义务的违约金 1711599.96 元。

三、法院审理

一审庭审中，SZM 公司向法院提交了 YSM 公司所在集团内部关于宋某任职的通知公证书等，用以证明宋某在 YSM 公司就职；提交了 SZM 公司和 YSM 公司官网中关于口内扫描仪的相关产品介绍、公司宣传文章等，用以证明 YSM 公司与 SZM 公司存在竞争关系。宋某主张其离职后加入的新公司系注册在新加坡的公司，该公司与 SZM 公司的业务范围不同，不存在竞争关系，且其负责南亚及环太平洋地区的业务，不涉及双方关于竞业限制约定的中国大陆、台湾、香港、澳门地区，其不存在违反竞业限制义务的情形，故不应向 SZM 公司支付违反竞业限制义务的违约金。

北京市朝阳区人民法院经审理认为，用人单位与劳动者可以在劳动合同中约定保守用人单位的商业秘密和与知识产权相关的保密事项。对负有保密义务的劳动者，用人单位可以在劳动合同或者保密协议中与劳动者约定竞业限制条款，并约定在解除或者终止劳动合同后，在竞业限制期限内按月给予劳动者经济补偿。

竞业限制的人员限于用人单位的高级管理人员、高级技术人员和其他负有保密义务的人员。竞业限制的范围、地域、期限由用人单位与劳动者约定，竞业限制的约定不得违反法律法规的规定。本案中，SZM 公司提交的《劳动合同》对竞业限制的范围、地域、期限进行了约定，但其关于范围的约定扩大至 SZM 集团的全部业务领域，违反了相关法律规定。且该公司主张 SZM 公司与案外某科技公司的主要经营范围存在重合与竞争关系，但宋某入职的系注册在新加坡的 YSM 公司，其负责的区域亦为环太平洋及南亚地区，并不包括《劳动合同》中竞业限制约定的"中国大陆、香港、澳门和台湾"，故 SZM 公司以此认定宋某存在违反竞业限制约定的情形不妥。另，现有证据显示宋某于 2018 年 12 月 31 日离职，而 SZM 公司的"牙齿正畸"类业务于 2019 年年中才陆续开展。综上，现有证据尚不足以证明宋某违反了竞业限制义务的约定，故对 SZM 公司要求宋某支付违约金的请求，法院不予支持。

SZM 公司不服一审判决，上诉至北京市第三中级人民法院。二审法院在审理过程中认定本案的争议焦点有三：一为双方约定的竞业限制条款是否违反法律规定；二为宋某新加入公司所从事的业务与 SZM 公司业务是否有竞争关系；三为宋某在新加入公司中负责区域是否包括大中国区。

关于争议焦点一。竞业限制只能限制员工的择业权，而不能剥夺其就业权，即竞业限制不能涉及员工的就业生存权利。SZM 公司注册地在北京市，经营具有一定区域性、行业性特点，但 SZM 公司提交的《劳动合同》对宋某竞业限制业务范围的约定，扩大至 SZM 集团所有公司的全部业务领域，因业务领域范围过大，一审判决认定违反相关法律规定无误。

关于争议焦点二。宋某于 2018 年 12 月 31 日离职，SZM 公司主张其"牙齿正畸"类业务于 2018 年即在筹备阶段，宋某离职前已深度参与了 SZM 公司开展的牙齿正畸、矫治相关项目。对此，SZM 公司提交的相关证据均为第三方出具的报告，且仅为只言片语笼统提到此事，若 SZM 公司确实自 2018 年即开始进行"牙齿正畸"类业务，应当有一定宣传、销售、业绩报表等证据予以证明，但其未提交此类证据，因此本院对 SZM 公司该主张不予采信。一审判决认定宋某在新入职公司所从事的业务未违反竞业限制条款并无不当。

关于争议焦点三。SZM 公司主张宋某在 YSM 公司负责范围包括大中国区，但其未就此提交证据。宋某表示其在 YSM 公司的工作地点范围为南亚和环太平洋地区，不含竞业限制条款约定的中国大陆、香港、澳门、台湾。本院认为，SZM 公司应当就其主张进行举证，而不能仅从常理推断，现 SZM 公司未提交相应证据，应当承担不利后果。故一审判决认定宋某在新入职公司负责的工作区域不包括竞业限制区域，具有事实及法律依据。

北京市第三中级人民法院驳回 SZM 公司的诉讼请求，维持一审判决。

四、争议焦点分析

1. 确定争议焦点

本案中，结合双方的举证情况可知，双方均认可存在竞业限制约定，且宋某在竞业限制期限内入职了新加坡一家同行业但主营业务不同的公司。SZM 公司主张宋某违反了竞业限制义务，应当证明双方之间的竞业限制约定合法有效，证明宋某所入职的公司与 SZM 公司存在竞争关系，只有证明上述事实，SZM 公司的诉讼请求才能够得到法院的支持，一审法院及二审法院的审理思路也是以此展开的。鉴于竞争关系部分将在本章第三节予以详述，本文仅就双方之间的竞业限制约定是否合法有效进行分析。

2. 拆分争议焦点，确定举证方向

竞业限制约定是否有效应从以下两点判断：

第一，员工是否属于高级管理人员、高级技术人员或其他负有保密义务的人员。本案中宋某并未就此进行否认或抗辩，故不将此作为本案的焦点；

第二，竞业限制的业务范围、地域、期限约定是否违反法律法规的规定。本案中，竞业限制期限为一年，符合《中华人民共和国劳动合同法》（以下简称《劳动合同法》）第二十四条规定的不超过二年的要求；竞业限制的地域范围为全国，系 SZM 公司经营业务所涉及的范围，不违反法律规定；但是对于竞业限制的业务范围约定为甲方和 SZM 集团的全部业务领域，本案判决中并未详细陈述具体的业务领域即径直认定该范围过大，违反法律法规的规定，且并未明确所违反的是哪一条规定，我们认为此项认定有待商榷。

从以上争议焦点分析可以得出，本案中关于竞业限制协议效力的争议焦点为双方约定的业务领域是否违反法律法规的规定，就此我们认为，如能够提交证据证明虽然所约定的业务领域较大，但是结合员工的工作内容、公司经营特点及业务关联性关系，此种约定是合理的，也可以证明约定系合法有效的。如现阶段，较多互联网集团企业的业务交叉程度较高，虽然员工系与某一用人单位签署的劳动合同，但员工的工作内容其实涉及多个公司的保密信息，此种情况下认定关联公司的经营业务也应当作为竞业限制业务范围是合理的。本案中，SZM 公司虽然就其与宋某约定的竞业限制范围、地域与 SZM 公司及 SZM 集团业务特性、宋某岗位特性之间具有密切联系进行了说明，但是否准确、是否全面从判决中无从得知。

五、律师建议

1. 举证建议

在此类涉及竞业限制业务范围是否有效的案件中，归根结底其实是要审查用人单位是否确实存在经营此类业务的现实情况。本案中，法院认定 SZM 公司自己虽然有"牙齿正畸"等类似业务，但是在宋某离职后才开始的，SZM 公司不能以此为由主张宋某不得在竞业限制期内从事"牙齿正畸"等业务。且双方的竞业限制业务范围约定为集团全部业务领域，在法院认为业务范围约定过大，违反了法律法规的规定的情况下，就更难认定宋某从事"牙齿正畸"等业务违反了竞业限制义务。

就此，我们认为企业主张自己的经营范围具体内容应当从登记的经营范围、官网的经营业务信息、对外签署的业务合同、内部会议纪要（离职员工签字确认）等角度证明企业的实际营业范围，并结合企业的经营模式和业务特点进行细化说明，必要情况下可以由企业的管理人员出庭作证。

2. 实操建议

竞业限制本身系企业与员工在劳动合同外的约定，在不违反法律规定的前提下，还是应当尊重企业与员工的意思自治。所以我们建议，企业在与员工约定竞业限制范围时，可以通过员工所掌握的商业秘密等保密信息的类型、范围，明确界定竞业限制的范围，产生纠纷后可以通过合同约定内容主张，不仅有利于保护企业的保密信息，也可以在诉讼程序中节省较多的举证成本。但需要注意的是，如在竞业限制协议中约定竞业限制的范围包含企业将来可能经营的业务但并未将具体经营的业务范围明确约定在竞业限制协议中，或企业无法举证证明开展了此类业务或员工知晓或参与过此类业务的开展，则可能难以得到司法机关的认可。

劳动者书面放弃竞业补偿是否有效——宁波 ZL 网络股份有限公司与李某某竞业限制纠纷案①

一、案件要旨

《劳动合同法》第二十三条规定了对负有保密义务的劳动者，用人单位可以与劳动者约定竞业限制条款，并约定在解除或者终止劳动合同后，

---

① 案件来源：浙江省宁海县人民法院（2020）浙 0226 民初 5801 号、浙江省宁波市中级人民法院（2021）浙 02 民终 3078 号。

在竞业限制期限内按月给予劳动者经济补偿。实践中存在用人单位与劳动者约定劳动者应承担竞业限制义务，但用人单位无需支付竞业限制经济补偿金的情况，此种约定并不必然无效。部分法院认为，用人单位与劳动者在协议中约定了各自的权利义务，劳动者自愿放弃竞业限制补偿金，系双方的真实意思表示，合法有效，劳动者应履行双方竞业限制的约定。

二、案情简介

2015 年 10 月 7 日，李某某与宁波 ZL 网络股份有限公司签订《劳动合同》，约定李某某的岗位为总经理，合同期为无固定期限，即自 2015 年 10 月 8 日起至法定的或合同约定的终止条件出现时止，同时约定李某某负有保密义务。2016 年 12 月，双方签订《竞业限制协议》，约定竞业限制业务为宁波 ZL 网络股份有限公司或其关联企业从事或计划从事的业务和与宁波 ZL 网络股份有限公司或其关联企业所经营的业务相同、相近或相竞争的其他业务；有竞争业务的单位包括与宁波 ZL 网络股份有限公司直接竞争的单位及其直接或间接参股或控股或受同一公司控制的单位；竞业限制范围为宁波 ZL 网络股份有限公司或其关联企业从事或计划从事其各自业务的全国范围；竞业限制期限为双方劳动关系解除或终止后二年内；李某某从宁波 ZL 网络股份有限公司离职时，应提前 15 日与宁波 ZL 网络股份有限公司确认其是否开始在离职后履行本协议义务，宁波 ZL 网络股份有限公司根据李某某在劳动合同期间获得的保密信息等确认李某某是否需要履行本协议义务，宁波 ZL 网络股份有限公司确认李某某需要履行竞业限制义务的，向李某某出具《竞业限制开始通知书》，李某某离职后竞业限制义务开始，宁波 ZL 网络股份有限公司向李某某支付竞业限制补偿金，李某某拒绝领取竞业限制补偿金的，不免除其履行本协议义务；李某某不履行本协议所规定的义务，应承担违约责任，李某某已离职的，须向宁波 ZL 网络股份有限公司一次性支付违约金 50000 元。2018 年 12 月，双方又签订《竞业限制协议（2018 年补充协议条款）》，约定竞业范围在原基础上修改为宁海县范围内；竞业期限为双方劳动关系解除或终止后二年内，劳动合同的解除或终止以宁波 ZL 网络股份有限公司中断缴纳李某某社保为实际计算日期；另补充约定，鉴于李某某任职期间未完成业绩考核指标，经友好协商，宁波 ZL 网络股份有限公司不再追究李某某失职之责，在 2018 年 12 月 30 日前发放完剩余工资 36000 元，李某某自愿放弃竞业限制协议的补偿金，不会以宁波 ZL 网络股份有限公司未支付竞业限制补偿金为由否认协议的有效性，且承认原竞业限制协议条款及补充条款继续有效。

宁波 ZL 网络股份有限公司登记的经营范围包括教育项目开发、教材开发、教育信息咨询等，法定代表人为张某某，宁波 ZL 网络股份有限公司还投资 A 人力资源有限公司、B 教育培训学校、C 职业培训学校。2014 年 8 月 19 日，A 人力资源有限公司成立，法定代表人为张某某（与宁波 ZL 网络股份有限公司法定代表人相同），系宁波 ZL 网络股份有限公司独资，登记的经营范围包括人才供求信息收集、整理、储存、发布和咨询服务，人才信息网络服务，人才推荐，人才招聘，人才派遣，企业管理咨询等。2016 年 8 月 11 日，B 教育培训学校成立，法定代表人为张某某（与宁波 ZL 网络股份有限公司法定代表人相同），登记的业务范围为成人教育培训、青少年文化及素质拓展培训。2016 年 11 月 18 日，C 职业培训学校成立，法定代表人为张某某（与宁波 ZL 网络股份有限公司法定代表人相同），登记的业务范围为企业人力资源管理师、电子商务师、工具钳工、模具设计师等职业培训。

2016 年 11 月开始，李某某担任法定代表人的多个学校、公司成立，具体如下：

2016 年 11 月 24 日，宁海县 HSG 职业培训学校成立，李某某系法定代表人，登记的业务范围包括模具制造、模具设计、维修电力等技能培训；

2017 年 2 月 8 日，宁海县 HSG 教育培训学校成立，李某某系法定代表人，登记的业务范围包括中小学学科培训、成人教育培训；

2017 年 9 月 4 日，浙江 HC 教育科技有限公司成立，李某某系法定代表人及股东，登记的经营范围包括教育软件的研发、教育信息咨询、教育项目投资、企业管理咨询等；

2017 年 9 月 29 日，宁海 SX 教育科技有限公司成立，李某某系法定代表人，登记的经营范围包括教育软件的研发、教育信息咨询、企业管理咨询等；

2018 年 4 月 18 日，浙江 ZR 人力资源有限公司成立，李某某系法定代表人及股东，登记的经营范围包括人才中介、职业规划咨询服务、人力资源信息咨询、企业管理咨询等；

2019 年 3 月 13 日，宁波 HL 企业管理咨询有限公司成立，李某某系法定代表人及股东，登记的经营范围包括企业管理咨询等，该公司同时开办了微信公众号"宁海某某学院"。

李某某于 2016 年 5 月 30 日前还是宁波 TC 人力资源有限公司（名称变更前为宁波 JZ 企业管理咨询有限公司）的股东，该公司登记的经营范围包括劳务派遣业务、企业管理咨询、市场信息咨询等。

后宁波 ZL 网络股份有限公司以李某某存在违反竞业限制义务行为为由向宁海县劳动人事争议仲裁委员会申请仲裁，宁海县劳动人事争议仲裁委员会作出浙宁海劳人仲案（2020）367 号仲裁裁决，李某某不服该仲裁裁决，诉至浙江省宁海县人民法院。

三、法院审理

浙江省宁海县人民法院经审理认为：用人单位与劳动者可以在劳动合同中约定保守用人单位的商业秘密和与知识产权相关的保密事项；对负有保密义务的劳动者，用人单位可以在劳动合同或者保密协议中与劳动者约定竞业限制条款，劳动者违反竞业限制约定的，应当按照约定向用人单位支付违约金。关于李某某主张宁波 ZL 网络股份有限公司恶意免除竞业限制补偿金没有法律约束力的问题，一审法院认为，双方在协议中约定了各自的权利义务，其中包括李某某自愿放弃竞业限制补偿金，系双方的真实意思表示，合法有效，本案中不存在因用人单位原因导致未支付竞业限制补偿金的情况，故李某某应履行双方对竞业限制的约定。双方对竞业限制的范围约定明确，即李某某在宁海县区域内不得从事宁波 ZL 网络股份有限公司或其关联企业从事或计划从事的业务，不违反法律规定，合法有效。本案李某某在劳动关系解除前后在多家与宁波 ZL 网络股份有限公司或其关联企业经营范围重合的公司担任法定代表人或股东，甚至存在同类竞争业务的单位，李某某的上述行为违反了竞业限制的约定，应按约定承担违约责任，即赔偿宁波 ZL 网络股份有限公司违约金 50000 元。据此，一审法院判决：李某某支付宁波 ZL 网络股份有限公司违约金 50000 元。

李某某不服一审判决，上诉至浙江省宁波市中级人民法院，针对双方签署的竞业限制协议的效力，李某某认为：恶意免除支付经济补偿义务的竞业禁止协议没有法律约束力。2018 年 12 月签订的补充协议条款变更了经济补偿的约定为"自愿放弃竞业限制的补偿费"与所谓业绩未达标的失责互相抵消。被上诉人的通俗逻辑是劳动者要为公司经营未达预期效益承担损失赔偿，而该赔偿与应获竞业限制的经济补偿金相抵。但劳动合同仅约定了 30 万元的年薪，被上诉人始终未对履职不当、经营损失、后果归责等事实作出明确陈述，也未提供任何证据。劳动者不应承担公司经营风险，即使是因劳动者故意或重大过失给用人单位造成的经济损失，按月抵扣劳动者工资的也不应超过当月工资金额的 20%。这样的条款恶意免除了竞业限制的经济补偿，严重损害劳动者的合法利益，不应被适用。被上诉人从未支付过竞业限制补偿，则其要求上诉人承担违约金的主张就无法律依据。本案不属于竞业限制协议未约定经济补偿或约定的经济补偿过低的情形，是违法约定免除竞业限制补偿的情形，因此竞业限制协议及补充协议应被认定无效。

浙江省宁波市中级人民法院经审理认为：一审法院根据双方约定李某某自愿放弃竞业限制协议的补偿金，不会以宁波 ZL 网络股份有限公司未支付竞业限制补偿金为由否认协议的有效性，且承认原竞业限制协议条款及补充条款继续有效的事实，认定李某某在劳动关系解除前后在多家与宁波 ZL 网络股份有限公司或其关联企业经营范围重合的公司担任法定代表人或股东，甚至存在同类竞争业务的单位，李某某的上述行为违反了竞业限制的约定，应按约定承担违约责任，即赔偿宁波 ZL 网络股份有限公司违约金 50000 元。浙江省宁波市中级人民法院驳回了李某某的上诉，维持一审判决。

四、争议焦点分析

1. 确定争议焦点

本案用人单位主张劳动者负有竞业限制义务且存在违反竞业限制义务的行为，劳动者主张双方之间虽然签署了竞业限制协议，但协议中免除了用人单位支付竞业限制补偿金的义务，属于恶意免除用人单位义务，故竞业限制约定无效，故双方约定用人单位无需支付竞业限制补偿金但劳动者仍需履行竞业限制义务的约定是否有效系本案争议焦点之一。

2. 拆分争议焦点，确定举证方向

关于竞业限制协议是否有效，根据法律规定，应当分析以下几点：首先，劳动者是否属于竞业限制对象；其次，竞业限制约定的范围、地域等是否合法合理；最后，用人单位是否依约支付经济补偿金超过3个月，劳动者是否主张了解除竞业限制约定。本案中，劳动者未抗辩自身不属于竞业限制的对象，虽然主张竞业限制的业务范围过大，限制了劳动者的就业权，但法院认为该约定不违反法律规定，约定有效。关于竞业限制补偿金支付问题，本案中，用人单位与劳动者约定用人单位无需支付竞业限制补偿金，该条款系双方协商一致的结果，用人单位未支付竞业限制补偿金并非用人单位自身原因导致，双方的竞业限制约定合法有效。但是，本案中虽然存在上述约定，我们认为用人单位仍应当举证证明约定不予支付竞业限制补偿金的合理性。值得注意的是，2018年12月双方签订的《竞业限制协议（2018年补充协议条款)》中就为何用人单位无需支付竞业限制补偿金进行了合理解释，明确载明李某某自愿放弃竞业限制协议的补偿金，不会以宁波ZL网络股份有限公司未支付竞业限制补偿金为由否认协议的有效性，且承认原竞业限制协议条款及补充条款继续有效。

五、律师建议

1. 举证建议

竞业限制纠纷中涉及的竞业限制协议的效力问题往往有很多细节需要注意，司法机关在裁判过程中也会结合案件细节予以认定，仅以双方存在书面的竞业限制协议为由主张劳动者应当履行竞业限制义务并不一定能够得到司法机关的支持。在用人单位未支付经济补偿金的情况下，我们应当结合双方约定判断是否一定构成解除竞业限制协议的前提条件。此外，本案中，如劳动者能够证明其业绩达标、补充协议非其真实意思表示，系用人单位利用强势一方地位要求劳动者签署的，则劳动者主张双方补充协议无效存在一定的法律和事实基础，有可能得到司法机关的认可。

2. 实操建议

按照《劳动合同法》第二十三条的规定，支付竞业限制经济补偿金系用人单位的法定义务。但在本案中我们看到，用人单位可以和劳动者约定用人单位无需支付竞业限制补偿金，对此我们认为，为了保障劳动者的基本权益，《劳动合同法》及相关法律法规对于社保、最低工资等进行了规定，这些规定是无法通过劳动者承诺予以放弃的，但是竞业限制系双方需要另行约定的内容，且从竞业限制的对象范围可以知道，负有竞业限制义务人员一般情况下文化素质或法律素养较高、市场议价能力较强，如劳动者承诺放弃竞业限制约定中的部分权利，并不当然无效。但是从用人单位角度来说，主张竞业限制协议有效应当注意：

（1）签署书面竞业限制协议，明确劳动者掌握的保密信息范围及与本单位所经营业务的关系；

（2）明确约定竞业限制的业务范围和地域范围；

（3）依法依约支付竞业限制补偿金，如劳动者承诺放弃补偿金，则应当就其合理性进行提前取证并要求劳动者书面确认；

（4）劳动者放弃相关权利的承诺中应明确载明劳动者仍应继续履行竞业限制义务。

第二节　竞业限制的对象

竞业限制的对象："部长"也不一定是高管——任某某、沈阳 YPRS 家具有限公司劳动争议案[①]

一、案件要旨

在评判员工与公司签订的《保密及竞业限制协议》是否合法有效时，应判定该员工是否为用人单位的高级管理人员、高级技术人员或其他负有保密义务的人员。其中，就"高级管理人员"的认定，司法机关通常着眼

[①] 案件来源：辽宁省沈阳市中级人民法院（2021）辽 01 民终 14349 号民事判决书。

于该员工的相关任命文件及工作职责。公司的经理、副经理、上市公司董事会秘书等当然地属于"高级管理人员"的范畴，不过，就"部长"职位而言，虽然其在公司内部亦管理数个甚至数十个部门员工，但并不等同于高级管理人员。若公司无其他证据证明"部长"掌握公司的商业秘密，属于其他负有保密义务的人员，则与其签订的竞业限制协议有可能因主体不适格而存在被司法机关认定为无效的风险。

二、案情简介

2015 年 7 月至 2019 年 1 月期间，任某某先后与沈阳 YPRS 家具有限公司（下称"YP 公司"）签订三份劳动合同，最后一份劳动合同期限至 2021 年 12 月 31 日。在 YP 公司就职期间，任某某先后担任品管部部长、后勤部部长。

2021 年 3 月，任某某提出离职。

2021 年 3 月 12 日，任某某向沈阳市沈北新区劳动人事争议仲裁委员会提出仲裁申请，请求 YP 公司给付任某某双倍工资差额、支付拖欠工资及年终奖金、支付被迫辞职的经济赔偿金、支付年休假工资，并请求裁决确认双方签订的竞业限制协议无效。

2021 年 3 月 12 日，沈阳市沈北新区劳动人事争议仲裁委员会作出沈北劳人仲不字（2021）37 号不予受理通知书，任某某遂诉至法院，诉讼请求与仲裁请求主张一致。

三、法院审理

就任某某与 YP 公司间《竞业限制协议》的效力问题，一审法院经审理认为，我国《劳动合同法》将竞业限制的人员限于用人单位的高级管理人员、高级技术人员和其他负有保密义务的人员，《中华人民共和国公司法》（简称《公司法》）第二百一十六条规定："高级管理人员是指公司的经理、副经理、财务负责人，上市公司董事会秘书和公司章程规定的其他人员。"根据任某某与 YP 公司签订的劳动合同，任某某先后在 YP 公司任品管部部长、后勤部部长，YP 公司无证据证明任某某属于高级管理人员或者高级技术人员，亦未举证证明任某某接触了除普通工作信息外的商业秘密，因此任某某亦不属于其他负有保密义务的人员。综上，一审法院认定任某某与 YP 公司签订的《竞业限制协议》无效。除此之外，一审法院支持了任某某关于工资的部分主张，驳回了任某某其他诉讼请求。

一审判决后，任某某与 YP 公司均不服判决，向沈阳市中级人民法院提起上诉。其中，YP 公司上诉理由之一即认为任某某负有保密义务，公司与任某某签订的《竞业限制协议》系双方真实意思表示，不违反法律、行政法规的强制性规定，合法有效，故请求法院撤销一审判决，改判驳回任某某的全部诉讼请求；就此，任某某辩称，其任职品管部部长，工作内容是检查产品质量，属于质检员工作，而非高级管理人员或高级技术人员，亦未接触 YP 公司产品的生产、研发、设计环节及其主张的商业秘密，且《竞业限制协议》内容违反公平原则，严重损害劳动者自主择业权，应为无效协议。

沈阳市中级人民法院经审理认为，竞业限制人员应当严格限于《劳动合同法》第二十四条第一款规定的高级管理人员、高级技术人员和其他负有保密义务的人员。本案中，任某某先后任职品管部部长、后勤部部长，不属于高级管理人员或高级技术人员，YP 公司亦无证据证明任某某能够接触到该公司的商业秘密、属于负有保密义务的人员，故一审判决认定双方签订的《竞业限制协议》无效并无不当。综合对上诉人其他上诉理由的分析，沈阳市中级人民法院作出了驳回上诉、维持原判的二审判决。

四、争议焦点分析

1. 确定争议焦点

本案争议焦点之一即为任某某与 YP 公司签订的《竞业限制协议》的效力问题。就此，任某某认为自己并非《劳动合同法》中规定的负有竞业限制义务的人员，进而主张竞业限制协议无效；而 YP 公司认为，任某某先后担任公司品管部部长、后勤部部长，属于高级管理人员，负有保密义务及竞业限制义务，竞业限制协议约定合法有效，任某某应当予以遵守。

劳动者的保密义务及竞业限制义务、竞业限制的范围和期限主要规定于我国《劳动合同法》第二十三条及第二十四条：对负有保密义务的劳动者，用人单位可以在劳动合同或者保密协议中与劳动者约定竞业限制条款，竞业限制的人员限于用人单位的高级管理人员、高级技术人员和其他负有保密义务的人员。

因此，对《竞业限制协议》法律效力的判断实际上指向"任某某是否为合法的竞业限制对象"这一问题。在本案中，YP公司主张任某某系高级管理人员，但任某某辩称其工作内容为检查产品质量，属于质检员工作，并非高级管理人员，其亦未曾接触公司的商业秘密，不是其他负有保密义务的人员，不属于竞业限制的对象。由此，我们将该争议焦点进一步细化，即任某某是否为YP公司高级管理人员，是否负有竞业限制义务。

2. 拆分争议焦点，确定举证方向

任某某主张自己并非竞业限制对象，YP公司主张任某某系公司高级管理人员，应依照《竞业限制协议》履行竞业限制义务。YP公司作为主张积极事实的一方，应当承担举证责任，否则将承担不利证明后果。

在实践中，证明高级管理人员身份的书面文件主要包括公司章程中的有关规定、股东会决议、董事会决议、任命文件、公司组织架构图、劳动合同、聘用合同等，以证明高级管理人员的受聘过程。除此之外，公司还应提交员工的相关工作文件，以证实其对内实际履行高级管理人员职权，对外实际承担高级管理人员职能。公司还可提交该员工的工资流水等，以证明其工资标准与高级管理人员的薪资相匹配。

在本案判决中，法院并未就YP公司提交的证据予以列明，但在判决说理部分，我们发现，YP公司就该部分争议，可能仅提交了《劳动合同》及《竞业限制协议》，且上述文件可能仅仅载有任某某的岗位名称，未写明其岗位职责。除此之外，YP公司也未能提供任某某在工作过程中接触商业秘密的相关证据。并且，《劳动合同》中记载的任某某工资标准为3500元。由此，法院并未认定任某某系公司高级管理人员或系其他负有保密义务的人员，任某某与YP公司的《竞业限制协议》由此被判决无效。

五、律师建议

竞业限制制度一方面系用人单位保护其商业秘密、维护其经济利益的重要手段，但另一方面，该制度与劳动者的自由择业权之间存在利益冲突。因此，《劳动合同法》并未将竞业限制制度不加区别地适用于所有劳动

者，而是将竞业限制的对象限于用人单位的高级管理人员、高级技术人员和其他负有保密义务的人员。

就该三类可进行竞业限制的人员，《劳动合同法》未再进行进一步规定或列举，但实践中，高级管理人员通常被认为是在公司中承担决策、执行等多重职能，兼具管理者和劳动者双重属性，对公司决策、经营、管理负有领导和指挥职责的自然人。《公司法》中关于高级管理人员的规定或可作为《劳动合同法》第二十四条的适用参考，其中明确，公司高级管理人员是指"公司的经理、副经理、财务负责人、上市公司董事会秘书和公司章程规定的其他人员"。

通常情况下，对于高级管理人员身份的审查，法院往往先以《公司法》和公司章程的相关规定为判断依据，同时结合公司对该人员的任免程序来综合认定。在本案中，一、二审法院在判断任某某是否属于 YP 公司高级管理人员时，亦是先从该角度进行审查。在该视角下，仅凭任某某的"部长"身份确实无法证实其为公司高级管理人员。

在公司无法提供章程规定及任免决议等文件来证明员工为《公司法》或公司章程中规定的高级管理人员的情形下，公司亦可通过其他证据证明员工实际履行高管职能，应负有竞业限制义务，如可提供证据证明员工负责的工作系公司治理层面的决策和管理，其职权的行使将对公司整体利益产生影响，或证明员工曾对外以公司负责人或授权代表的身份签订相关协议，或证明公司曾向员工安排高管工作，而员工以高管名义实际履行，或证明员工虽非高管职位，但享受高管职级对应的薪资待遇……若不存在相反证据，法院也有可能据此认定该员工属于公司的高级管理人员。但很遗憾的是，在本案中，YP 公司并未充分举证，进而使《竞业限制协议》被法院认定无效。

由此可见，实践中，司法机关对高级管理人员的认定相对严格，需要公司予以充分证明，否则其将承担不利证明后果。我们建议，若公司认为员工属于高级管理人员，从而负有竞业限制义务，应从该员工的任免程序及其工作内容两方面收集相关证据并予以固定。在公司无法提供相应证据证明员工系高级管理人员的情形下，应进一步考量该员工在日常工作中是否有机会接触公司的商业秘密，是否属于其他负有保密义务的人员。就该类人员的认定，同样需要公司提供涉及员工工作职责，其有机会接触公司的经营信息及技术信息且该类信息系公司商业秘密的相关证据。因此，我们建议公司在对员工（尤其是重要核心岗位员工）管理的全过程中应妥善保存相关文件并进行归档与留痕，以应对可能产生的相关纠纷。

"高级技术人员"的认定——符某等竞业限制纠纷案①

一、案件要旨

在评判员工与公司签订的《保密及竞业限制协议》是否合法有效时，应判定该员工是否为用人单位的高级管理人员、高级技术人员或其他负有保密义务的人员。其中，就"高级技术人员"的认定，司法机关通常着眼于该员工的工作岗位及工作职责，在实践中一般依据相关任命文件作出判断。若员工认为自己不属于高级技术人员，则由员工进行举证。从用人单位角度来看，用人单位可通过提供劳动合同、向劳动者发放的任命书、离职时与员工订立的载有岗位信息的竞业限制通知书、离职证明等，证明员工属于"高级技术人员"。

二、案情简介

2015年4月3日，符某入职TX科技（北京）有限公司（下称"TX公司"），双方订立了期限至2024年9月30日的劳动合同，约定符某职务为高级工程师，其在离职后应当履行竞业限制义务，TX公司向符某支付竞业限制补偿金，符某违反竞业限制义务的，应当向TX公司退还已经支付的竞业限制补偿金并支付违约金，违约金标准为按照符某离职前12个月税前月平均工资标准计算的24个月工资总额。

2019年2月20日，符某以个人原因提出辞职。

2019年2月28日，符某与TX公司签订《竞业限制通知书》，明确符某的竞业限制期限为2019年3月2日至2019年9月1日。同日，符某自TX公司正式离职。

---

① 案件来源：北京市海淀区人民法院（2020）京0108民初18059号民事判决书、北京市第一中级人民法院（2021）京01民终2601号民事判决书。

符某离职后，TX 公司依约向其支付经济补偿金。后 TX 公司认为符某违反竞业限制约定，入职竞品公司 Z 公司，故提出仲裁申请，要求符某返还已经领取的竞业限制补偿金、支付违反竞业限制义务的违约金及因本案产生的公证费。

北京市海淀区劳动人事争议仲裁委员会裁决驳回了 TX 公司的全部仲裁请求。TX 公司不服该裁决，诉至北京市海淀区人民法院，诉讼请求与仲裁请求主张一致。

三、法院审理

北京市海淀区人民法院经审理认为，根据我国《劳动合同法》第二十三条、第二十四条之规定，竞业限制的人员限于用人单位的高级管理人员、高级技术人员和其他负有保密义务的人员。TX 公司主张符某任职高级工程师，平台产品技术部高级工程师主要负责 TX 公司广告在线系统广告模块的选取工作，熟悉掌握广告播放节选过程及该领域最新技术信息，属于高级技术人员。符某离职时，TX 公司再次向符某送达《竞业限制通知书》，且 TX 公司依约履行支付竞业限制补偿金的义务后，符某也并未提出异议，亦未退还竞业限制补偿费用。因此，一审法院认定双方关于竞业限制的约定合法有效。

在认定符某属于应当履行竞业限制义务的人员后，一审法院进而依据本案其他证据，认定符某行为构成违反竞业限制义务，其应当向 TX 公司返还竞业限制补偿金并支付违反竞业限制义务的违约金。

一审判决后，符某不服，向北京市第一中级人民法院提起上诉。上诉理由之一即认为符某不属于适格竞业限制义务主体，且 TX 公司未举证证明符某属于高级技术人员以及负有保密义务的人员，符某仅为 TX 公司普通员工中的一员，双方对于竞业限制的约定无效，故请求二审法院撤销一审判决，改判符某无需返还竞业限制补偿金，无需支付 TX 公司违反竞业限制义务违约金。

二审中，符某与 TX 公司均未提交新证据。

北京市第一中级人民法院经审理，对原审法院查明的事实予以确认，并认为，用人单位和劳动者可以签订竞业限制协议，约定在解除或者终止劳动合同后，劳动者需履行竞业限制义务，用人单位需在竞业限制期内按月给付劳动者竞业限制补偿金。本案中，符某与 TX 公司签订了《劳动合同》《竞业限制通知书》，对符某的竞业限制义务进行了明确约定，要求符某在职期间以及离职之后，遵守竞业限制义务，不得去 Z 公司（及其关联公司）等有竞争关系的公司，该约定合法有效，符某应当严格遵守。

同时，北京市第一中级人民法院认为，符某关于并非适格竞业限制义务主体的上诉理由亦不能成立。TX 公司作为一家对互联网技术具有高度依赖性的公司，对于产品及服务的技术保密性要求，远高于社会一般企业。符某作为 TX 公司平台产品技术部成员，对其工作中所接触的相关秘密应当予以保守。符某签署《劳动合同》《竞业限制通知书》《离职承诺书》《离职证明》等多份涉竞业限制文件，说明其对自身负有的保密义务是明确知悉并予以认可的。现符某在实际领取竞业限制补偿金后，再主张自身并非竞业限制人员范围，无事实依据，且违背诚实信用原则。

综上所述，北京市第一中级人民法院作出了驳回上诉、维持原判的二审判决。

四、争议焦点分析

1. 确定争议焦点

本案中，TX 公司认为双方签署了《保密及竞业限制协议》，符某负有竞业限制义务，在竞业限制期限内，符某违反竞业限制义务，入职竞品公司 Z 公司，故符某应当按照双方约定承担违反竞业限制义务的法律责任，返还已收取的竞业限制补偿金、支付竞业限制违约金并赔偿相关损失。但符某认为，其仅为 TX 公司普通员工，并非《劳动合同法》中明确规定的竞业限制人员，双方竞业限制约定无效。符某还提出了离职时签订的《竞业限制通知书》较入职时的《劳动合同》中新增 Z 公司，不当扩大竞业范围，且符某并未实际入职 Z 公司等抗辩理由。上述问题均为本案争议焦点，但囿于篇幅有限，本文仅就双方竞业限制约定是否合法有效，符某是否属于应当履行竞业限制义务的人员这两个问题进行探讨。

我国《劳动合同法》第二十三条及第二十四条中，就劳动者的保密义务及竞业限制义务、竞业限制的范围和期限进行了规定：对负有保密义务的劳动者，用人单位可以在劳动合同或者保密协议中与劳动者约定竞业限制条款，竞业限制的人员限于用人单位的高级管理人员、高级技术人员和其他负有保密义务的人员。

故对《劳动合同》中竞业限制条款以及《竞业限制通知书》法律效力的判断，对符某是否属于应当履行竞业限制义务人员的判断，本质上指向同一问题，即符某是否属于 TX 公司的高级管理人员、高级技术人员或其他负有保密义务的人员。该判断直接决定若符某离职后入职竞品公司，TX 公司有无法律或合同依据要求符某返还竞业限制补偿金并支付违约金。

在本案中，TX 公司主张符某任职高级工程师，平台产品技术部高级工程师主要负责 TX 公司广告在线系统广告模块的选取工作，熟悉掌握广告播放节选过程及该领域最新技术信息，属于高级技术人员；但符某辩称自己仅为 TX 公司普通员工中的一员，不属于竞业限制的对象。由此，我们将本部分争议焦点进一步细化，即符某是否为 TX 公司高级技术人员，是否负有竞业限制义务。

2. 明确举证方向

公司作为主张员工属于竞业限制对象的一方，应当承担举证责任，否则将承担不利证明后果。在本案判决中，法院并未就 TX 公司提交的全部证据予以列明，但在判决说理部分，我们发现，TX 公司针对"符某属于高级技术人员"这一事项，可能提交了《劳动合同》《竞业限制通知书》《离职证明》等载有员工岗位名称及岗位职责，并经双方签字确认的入职及离职文件，以证明符某的职位为高级工程师。基于其岗位职责，符某熟悉 TX 公司广告在线系统广告模块的选取工作，熟悉掌握 TX 公司广告播放节选过程及该领域最新技术信息，属于高级技术人员。TX 公司有可能同时提交了载有本公司经营范围或主营业务的企业信用信息报告或相关采访、报道等与公司经营业务范围相关的证据，以证明公司系具有高度技术依赖性的互联网公司，其技术人员应负有远高于社会一般人员的保密义务，对其进行竞业限制并无不当。

五、律师建议

如何才能证明员工属于高级技术人员？我们结合相关司法实践建议：

企业在基于员工系企业高级技术人员而主张劳动合同中的竞业限制条款，或是单独的竞业限制协议合法有效时，应当从员工岗位名称、岗位职责角度予以证明，若企业技术依赖度较高，亦可提交相关证据作为辅助。

在实践中，与其他负有保密义务的人员的认定不同，企业在提交《劳动合同》《任命书》或载有劳动者岗位或职责的《竞业限制通知书》《离职证明》等文件后，法院便会初步就该员工是否为高级技术人员作出认定，无须企业就员工有机会接触商业秘密或技术秘密以及相关信息属于商业秘密或技术秘密进行进一步举证。员工以企业未提供证据证明其掌握企业商业秘密为由进行抗辩的，法院通常不予支持。① 因此，若企业主张该员工为高级技术人员，其举证难度及应诉成本相对较低，仅需提交与员工岗位名称、岗位职责相关的工作证明即可。

其他竞业限制纠纷案例中，在房产企业担任总工程师②、在科技企业担任研发部经理③、在科技企业担任高级软件开发工程师④等的人员，均被法院认定为"高级技术人员"，在有相关约定的情形下，负有竞业限制义务。

需说明的是，尽管判断员工是否属于高级技术人员似乎较为容易，但企业在准备证据时亦不能掉以轻心。在不公开企业相关商业秘密及技术秘密的前提下，我们建议企业围绕员工岗位信息及工作职责、实际工作内容尽量充分举证；同时，尽管从岗位名称上已经能够"直观"判断该员工是否属于高级技术人员的范畴，但企业仍需就员工的日常工作职责予以详述并提供相应证据，尤其是在该岗位实际接触大量技术信息，但岗位名称相对缺乏技术指向性的情形中。⑤

---

① 本案即为此种情形。类似案例可参考江苏省常州市中级人民法院（2012）常民终字第842、843号民事判决书，其中载明"上诉人罗某某原系被上诉人YMK公司技术中心副主任，属于高级技术人员之列，因此，YMK公司与罗某某约定竞业限制是基于其高级技术人员的身份，无需另行提供证据证明罗某某知晓其公司商业秘密"。

② 江苏省苏州市中级人民法院（2011）苏中民终字第2274号民事判决书。

③ 广东省佛山市中级人民法院（2019）粤06民终10345号民事判决书。

④ 北京市朝阳区人民法院（2014）朝民初字第25606号民事判决书。

⑤ 如在北京市第一中级人民法院审理的（2020）京01民终4991号案件中，朱某入职时为软件产品经理，离职时任BTC.com产品经理，朱某认为其不属于负有竞业限制义务的人员；但法院经审理认为，"朱某主张其不属于负有竞业限制义务的人员，但从其所从事的工作内容可见，朱某属于高级技术人员，具有履行竞业限制义务的主体资格"。

此外，我们建议，企业应在员工入职证明、离职证明上明确写明员工工作岗位及工作职责，妥善保存相关文件原件，若涉及员工在职期间岗位调动或工作内容变动，亦应通过与员工签署相关协议或告知书/承诺书等方式予以留痕。就员工在职期间载有其工作内容的工作报告如月报、年报等，亦建议进行管理与归档，以应对可能产生的相关纠纷。

"其他负有保密义务人员"如何认定——江苏 LW 智能装备有限公司与杭某竞业限制纠纷案[①]

一、案件要旨

在评判员工与企业签订的《保密及竞业限制协议》是否合法有效时，应判定该员工是否为用人单位的高级管理人员、高级技术人员或其他负有保密义务的人员。其中，就其他负有保密义务人员的认定，应着眼于员工工作内容是否涉及企业的商业秘密。企业应从商业信息的秘密性、保密性、价值性三方面举证证明员工在日常工作中接触到的信息属于企业的商业秘密，员工负有保密义务。否则，企业与员工订立的《保密及竞业限制协议》存在被法院认定无效的风险。

二、案情简介

2017 年 4 月 19 日，甲方江苏 LW 智能装备有限公司（下称"LW 公司"）与乙方杭某签订《保密及竞业限制协议》，载明因乙方工作范围涉及企业商业秘密，达成该协议。签订时协议中所有涉及具体权利义务的内容均为空白，系在杭某离职后由 LW 公司单方添加，而后由 LW 公司员工告知杭某，该协议中涉及的空白内容包括：甲方是否要求乙方承担竞业限制义务，如甲方要求乙方承担竞业限制义务的期限，每月竞业限制补偿金金额、支付周期、支付方式以及乙方违反保密义务和不引诱义务的违约金金额，乙方违反竞业限制义务的违约金金额等。

2020 年 4 月 9 日，杭某自 LW 公司离职。杭某离职后 LW 公司每月向

---

① 案件来源：江苏省宜兴市人民法院（2020）苏 0282 民初 10240 号、江苏省无锡市中级人民法院（2021）苏 02 民终 4218 号民事判决书。

杭某支付竞业限制补偿金，2020 年 4 月 13 日支付 2170 元、2020 年 5 月 30 日支付 3100 元、2020 年 6 月 30 日支付 3100 元……上述款项杭某均已全部退还。LW 公司在 2020 年 4 月 13 日、2020 年 6 月 30 日两次向杭某发出律师函，告知杭某竞业限制协议有效，LW 公司已按协议约定支付竞业限制补偿金，要求杭某履行相应义务，否则将采取法律手段。杭某于 2020 年 6 月 18 日向 LW 公司发送《解除函》，明确表明不认可上述竞业限制协议。

LW 公司遂提起劳动仲裁。2020 年 9 月 2 日，宜兴市劳动人事争议仲裁委员会作出宜劳人仲案字〔2020〕第 696 号仲裁裁决书，裁决确认双方签订的《保密及竞业限制协议》有效，杭某应继续履行竞业限制协议并支付 LW 公司违约金 8 万元。

杭某不服该仲裁裁决，遂诉至宜兴市人民法院，请求法院确认 LW 公司、杭某于 2017 年 4 月 19 日签订的《保密及竞业限制协议》不具有法律效力，并判令杭某无需支付违约金 8 万元。

三、法院审理

宜兴市人民法院经审理认为，杭某与 LW 公司之间建立劳动关系，双方约定的权利义务不得违反《劳动合同法》的强制性规定。竞业限制的人员限于用人单位的高级管理人员、高级技术人员和其他负有保密义务的人员。竞业限制的范围、地域、期限由用人单位与劳动者约定，竞业限制的约定不得违反法律法规的规定。本案中的杭某系 LW 公司的销售人员，不属于用人单位的高级管理人员、高级技术人员，LW 公司提交的销售合同、规划图及加密软件的购买、升级、维护合同等证据，也不能证明杭某属于其他负有保密义务的人员。

因此，杭某不属于竞业限制协议管理的人员，不适用竞业限制的规定，案涉《保密及竞业限制协议》违反了《劳动合同法》关于竞业限制的人员范围的规定，应属无效，其对杭某和 LW 公司均无法律效力，杭某无需支付违约金。综上，一审法院依照《劳动合同法》第二十三条、第二十四条之规定，判决：确认杭某与 LW 公司于 2017 年 4 月 19 日签订的《保密及竞业限制协议》无效；杭某无需支付 LW 公司违约金 8 万元。

一审判决后，LW 公司不服，向江苏省无锡市中级人民法院提起上诉。

主要上诉理由为：销售人员掌握着公司最核心的商业秘密即客户名单，公司对销售人员进行为期三个月的各项产品知识和应用场景培训，使其具备规划服务能力，该规划服务能力亦是公司的核心竞争力，公司可以与杭某签订竞业限制协议，对其进行竞业限制；公司为培养销售人员支出了不菲的培训费用，一年差旅费支出达20余万元，认定杭某不负有竞业限制义务显然对LW公司不公平；LW公司对销售部和技术部人员的电脑加装了加密软件，采取了防止商业秘密泄露的措施，杭某属于其他负有保密义务的人员。故LW公司请求二审法院撤销一审判决，改判驳回杭某一审诉请。

江苏省无锡市中级人民法院经审理，对原审法院认定的事实及质证经过情况予以确认。同时认为，竞业限制制度不仅与用人单位商业秘密等利益之保护相关，更关涉劳动者的劳动权、自由择业权甚至生存权。其实质是通过对劳动者劳动择业自由权加以合理限制以充分保护用人单位的商业秘密等利益。故法律仅规定对负有保密义务的劳动者，用人单位才可以在劳动合同或保密协议中约定竞业限制条款。竞业限制的人员限于用人单位的高级管理人员、高级技术人员及其他负有保密义务的人员。

具体到本案，被上诉人杭某系销售人员，不属于高级管理人员、高级技术人员，故在评判杭某与LW公司签订的《保密及竞业限制协议》是否有效时，应判定杭某是否属于其他负有保密义务的人员。一般认为，商业秘密具有不为公众所知悉、能为权利人带来经济利益、经权利人采取保护措施等特性。LW公司在本案中主张的商业秘密包括销售价格、成本构成、规划服务能力、客户名单等。对于客户名单，LW公司陈述既包括公司提供给销售人员的，又有销售人员自行开发的。法院认为，对于销售价格、成本构成、规划服务能力，LW公司未提供证据证明其为商业秘密。至于LW公司提到的客户名单，LW公司未能说明其系区别于相关公知信息的特殊客户信息，且客户名单含有销售人员自行开发的内容，对此不应将其认定为需要保密的信息。

此外，对于上诉人LW公司认为的商业秘密，LW公司提供的证据仅证明公司曾经购买加密软件管理系统，并未证明将该系统加装到杭某办公电脑，且杭某亦否认办公电脑安装了加密软件，因此应认定为LW公司未提供证据证明其采取了特殊保密手段。对于上诉人LW公司关于对销售人员进行培训、支出差旅费的上诉主张，法院认为该行为并不是竞业限制的考量因素。因此，被上诉人杭某不属于法律规定的竞业限制主体，LW公司未提供证据证明杭某接触了公司的商业秘密，杭某与LW公司签订的《保密及竞业限制协议》无效，对LW公司的主张，二审法院同样未予支持。

综上所述，江苏省无锡市中级人民法院作出了驳回上诉、维持原判的二审判决。

四、律师建议

本案中，原告杭某认为《保密及竞业限制协议》不具有法律效力，己方无需支付违约金；被告LW公司则主张杭某作为销售人员掌握公司核心商业秘密，公司与其订立的《保密及竞业限制协议》合法有效，杭某需履行竞业限制义务并向公司支付违约金。因此，本案首先应解决的问题即为《保密及竞业限制协议》的效力问题。

依据我国《劳动合同法》第二十三条及第二十四条规定，对负有保密义务的劳动者，用人单位可以在劳动合同或者保密协议中与劳动者约定竞业限制条款，竞业限制的人员限于用人单位的高级管理人员、高级技术人员和其他负有保密义务的人员。故在认定《保密及竞业限制协议》的效力问题时，首先应判断杭某是否为LW公司的高级管理人员、高级技术人员或者其他负有保密义务的人员。

本案中，杭某作为LW公司的销售人员，不属于高级管理人员与高级技术人员的范畴，故焦点在于杭某是否为其他负有保密义务的人员，其工作内容是否能够接触到公司的商业秘密。这便将案件的核心继续指向杭某工作内容、工作职责的明确，以及其在工作中接触何种商业或技术信息，该商业或技术信息能否被认定为商业秘密。

商业秘密主要被规定于《中华人民共和国反不正当竞争法》（以下简称《反不正当竞争法》）中，指不为公众所知悉、具有商业价值并经权利人采取相应保密措施的技术信息、经营信息等商业信息。LW公司提交销售合同、规划图及加密软件的购买、升级、维护合同等证据，主张杭某在工作中接触的销售价格、成本构成、规划服务能力、客户名单构成商业秘密，杭某属于负有保密义务的人员；但就其主张，LW 公司的前述举证并不充分，由此承担了败诉风险。

我们建议，企业在主张某项商业信息构成商业秘密时，应当从该信息的秘密性、保密性、价值性三方面加以举证说明，具体内容如下。

在秘密性方面，企业应说明构成商业秘密的商业信息满足具体性与创造性要求，并具备不为公众普遍知悉与不容易获得两个条件。企业应证明其主张的商业秘密是具体、确切、体现创造性要求的，并对秘密内容及其创造性进行明确说明。若企业以某项模糊的理论或概念主张其构成商业秘密，或将行业领域内一般常识、行业惯例、无需付出一定代价而容易获得的商业信息主张为商业秘密，则将较难得到法院支持。此外，企业还需证明该商业信息无法从公开渠道直接获取，且该信息并非容易获得，获取信息需要付出一定的代价。此处的获取难度在一定程度上与前述创造性要求相联结，若某项信息被法院认为仅由普通劳动者不需要付出任何创造性智力劳动即可获知，则司法机关较大可能会否认该信息构成商业秘密。

在保密性方面，需要企业举证证明，其为防止信息泄露采取了与其商业价值等具体情况相适应的合理保护措施，该措施在正常情况下足以防止涉密信息的泄露。本案中 LW 公司提供证据证明公司曾购买加密软件管理系统，但并未证明将该系统加装到杭某的办公电脑，也即未能证明其对杭某接触的商业信息采取特殊保密手段，这也是其请求未能得到法院支持的重要原因。我们建议，公司在日常经营管理过程中，应以劳动合同、专门的保密协议、工作纪律等形式明确员工的保密义务，并对公司认为构成商业秘密的文件采取保密措施，具体可就涉密文件的管理控制程序、借阅归档程序作出特殊规定；对于员工工作内容涉及对保密信息加工处理的部分，企业应明确告知其该信息属于商业秘密，并在相关往来文件中标注"保密"字样；此外，就文档或数据的启动、查阅、编辑、传输等设置加密途径。在争议解决过程中，企业的上述措施均可作为对商业信息采取的有效保密手段的行为，以证据的形式提交仲裁或诉讼，证明员工在工作过程中接触的信息系企业商业秘密。

价值性即该商业信息具有现实的或潜在的商业价值，能够为企业带来经济利益或潜在的市场竞争优势，主要指向商业信息的可应用性。如企业可以提交利用该信息订立的销售、服务合同或其他合同等作为证据，以证明该信息能够为企业带来经济利益，具有价值性。

企业应就上述秘密性、保密性、价值性三个方面列举相关证据，用以证明员工在日常工作中接触到的商业信息系企业商业秘密，员工基于其工作职责与工作内容，在企业中系负有保密义务的人员，企业有权在其离职时与其订立《保密及竞业限制协议》，要求员工履行竞业限制义务。

此外，在本案中 LW 公司主张杭某接触到的商业秘密中，有一项内容系客户名单。在实践中，就客户名单是否构成商业秘密、满足何种条件能够构成商业秘密这两个问题，也存在诸多讨论。2007 年最高人民法院在其审结的宁夏正洋物产进出口有限公司与宁夏福民蔬菜脱水集团有限公司、马某、刘某侵犯商业秘密纠纷案①中认为，构成商业秘密的客户名单，不应是简单的客户名称，通常还必须有名称以外的深度信息，一般是指客户的名称、地址、联系方式以及交易的习惯、意向、内容等，其构成包括汇集众多客户的客户名册以及保持长期稳定交易关系的特定客户；2019 年最高人民法院在其审结的麦达可尔（天津）科技有限公司与华阳新兴科技（天津）集团有限公司等侵害商业秘密纠纷再审案②中，在一、二审法院均认定涉案客户名单构成商业秘密的情形下，认为，当前网络环境下，相关需求方信息容易获得，且相关行业从业者根据其劳动技能容易知悉，订单记载信息均为一般性罗列，未反映某客户的交易习惯、意向及区别于一般交易记录的其他内容，未涵盖深度信息，因此不构成商业秘密。

除相关判例外，基于该类纠纷的增加，最高院在司法解释中同样提及客户名单构成商业秘密的认定：《最高人民法院关于审理不正当竞争民事案件应用法律若干问题的解释》③ 第十三条规定："商业秘密中的客户名单，一般是指客户的名称、地址、联系方式以及交易的习惯、意向、内容等构成的区别于相关公知信息的特殊客户信息，包括汇集众多客户的客户名册，以及保持长期稳定交易关系的特定客户。"

---

① 参见最高人民法院（2007）民三终字第 1 号民事判决书。

② 参见最高人民法院（2019）最高法民再 268 号民事判决书。

③ 2022 年 3 月 20 日起《最高人民法院关于适用〈中华人民共和国反不正当竞争法〉若干问题的解释》施行，《最高人民法院关于审理不正当竞争民事案件应用法律若干问题的解释》（法释〔2007〕2 号）同时废止。

在本案中，由于我们仅接触案件判决，未能得知 LW 公司主张构成商业秘密的客户名单究竟包含何类内容，但由上述司法判例及司法解释可知，若公司主张其销售人员接触或掌握的客户名单构成商业秘密，其需要负有较高程度的证明义务。我们建议，在证据载体上，公司尽量提交能够直接证明客户名单内容的载体。在证据内容上，其客户名单体现的客户信息不仅应包括通常的客户名称、联系方式，还应包括客户需求、交易习惯、经营规律、价格承受能力等深度客户信息，并且，该信息应尽量为长期、稳定的客户往来（当然，公司可将其客户名单进行脱密提交，或将其作为保密证据提交）；除此之外，公司还应举证证明公司对该名单采取了相关保密措施。在前述内容得以证实的前提下，客户名单才能够被法院认定为公司商业秘密，接触该名单的员工才能够作为其他负有保密义务的人员，进而公司与该员工订立的离职竞业限制协议才具有合法性与有效性。另外，在提交证据的方式上，我们也建议通过保密证据的形式提交，在证明己方欲证明的待证事实的同时，也能保障商业秘密不因司法程序而出现被对方再次掌握、二次泄露的可能性。

如何举证劳动者为负有保密义务的人员——以肖某与 TX 公司劳动争议案件①，何某与 FR 公司竞业限制纠纷案件②，王某与 JR 学校劳动争议、人事争议案件③为例

一、案件要旨

在劳动争议竞业限制纠纷中，举证劳动者为负有保密义务的人员，应当提供竞业限制协议、劳动者岗位职责、劳动者工作内容、劳动者工作记录等证据，以劳动者是否接触和掌握商业信息以及该商业信息价值性、秘密性来判断劳动者是否属于负有保密义务的人员，是否属于竞业限制主体。

本文将结合多个案例就如何认定不同岗位的员工是否属于负有保密义

---

① 北京市第一中级人民法院（2021）京 01 民终 2802 号。
② 江苏省无锡市中级人民法院（2020）苏 02 民终 2886 号。
③ 北京市第一中级人民法院（2022）京 01 民终 205 号。

务的人员进行分析讨论。

二、案件情况

案例一：肖某与 TX 公司劳动争议案件

（一）案情简介

肖某于 2017 年 7 月 5 日入职 TX 公司，双方订立了期限至 2020 年 9 月 30 日的劳动合同，合同约定肖某在离职后应当履行竞业限制义务，TX 公司向肖某支付竞业限制补偿金，肖某违反竞业限制义务的，应当向 TX 公司退还已经支付的竞业限制补偿金并向 TX 公司支付违约金，违约金标准为按照肖某离职前 12 个月税前月平均工资标准计算的 24 个月工资总额。

2019 年 3 月 19 日，肖某以个人原因提出辞职。

2019 年 3 月 13 日，肖某与 TX 公司签订《竞业限制通知书》，明确肖某的竞业限制期限为 2019 年 3 月 20 日至 2019 年 9 月 19 日。同日，肖某自 TX 公司正式离职。

TX 公司主张肖某自 TX 公司离职后，其依约支付了竞业限制补偿金，但肖某却入职了竞争对手 ZD 公司。就其上述主张，TX 公司提交工资及年终奖支付明细表、竞业限制补偿费支付明细表、银行转账记录、公证书视频光盘、视频截图说明、新闻报道、国家企业信用信息公示系统打印信息等证据予以证实。其中，TX 公司主张其提供的公证书视频光盘内容显示，肖某在 2019 年 8 月 5 日、2019 年 8 月 7 日一周内连续多次进入北京 ZD 公司的办公场所，且肖某在上班时间点手拿办公文件走动，进入办公区域未受到保安阻拦。TX 公司提交的证据公证书中载明了肖某工作邮件内容，往来邮件中显示出 TX 公司筛查汇总客户消耗日报等往来数据分析。

肖某主张，其仅为普通员工，不属于《劳动合同法》规定的高级管理人员、高级技术人员和负有保密义务的人员，双方关于竞业限制的约定无效；《劳动合同书》中约定的违约金标准过高，法院应当予以调减；《劳动合同书》并未列明 ZD 公司为与 TX 公司有竞争关系的公司，而在《竞业限制通知书》中却新增 ZD 公司，超出了在先竞业限制协议的约定范围，限制了劳动者就业权利，明显放大劳动者义务；对 TX 公司所拍摄视频的真实性、关联性、合法性均不认可，认为上述视频不能证明系在竞业限制期限内拍摄，无法证明肖某违反竞业限制义务，视频拍摄未经当事人许可，侵犯了肖某隐私。肖某表示其已从 TX 公司离职，无法再使用公司邮箱，无法核实公证书中邮件内容。肖某亦表示其仅收到 5 个月的竞业限制补偿金。TX 公司为反驳肖某的主张向一审法院提交银行转账交易明细，交易明细与 TX 公司主张相吻合。

（二）法院审理

1. 一审法院审理

一审法院认为，本案争议焦点有四，一是肖某是否属于应当履行竞业限制义务的人员；二是肖某是否违反了竞业限制义务；三是肖某是否应向 TX 公司返还竞业限制补偿金；四是肖某是否应向 TX 公司支付违约金以及数额如何确定。

关于争议焦点一，肖某是否属于应当履行竞业限制义务的人员。根据《劳动合同法》第二十三条、第二十四条之规定，竞业限制的人员限于用人单位的高级管理人员、高级技术人员和其他负有保密义务的人员。现查明肖某不属于高级管理人员和高级技术人员，双方就肖某是否属于"其他负有保密义务的人员"存有争议。TX 公司主张肖某任职销售经理，主要负责零售行业广告售卖，接触公司多个流量产品，掌握公司大量秘密的数据信息。根据 TX 公司提交的证据公证书中所载明的邮件内容，能体现出肖某知悉公司商业活动的数据分析报告，可见肖某确有可能接触到 TX 公司的商业秘密，属于负有保密义务的人员。此外，肖某明知与 TX 公司约定有竞业限制义务，且 TX 公司依约履行支付竞业限制补偿金的义务后，其并未退还竞业限制补偿费用。因此，一审法院认定肖某属于"其他负有保密义务的人员"，双方关于竞业限制的约定合法有效。

关于争议焦点二，肖某是否违反了竞业限制义务。一审法院认为，TX 公司提供证据显示，肖某在 2019 年 8 月 5 日、2019 年 8 月 7 日的一周内连续多次进入 ZD 公司的办公场所，其在上班时间点手拿办公文件走动，进入办公场所未受到安保人员阻拦询问，与一般的探访显然不同，而肖某在法院口头传唤情况下不予出庭，肖某代理人也不能就此做出合理解释。关于肖某入职其他公司的主张，其提交的社保缴费记录并不能证明劳动合同实际履行。在肖某不能提供其他充分证据证实其主张的情况下，一审法院认定肖某实际上违反了竞业限制义务。

关于争议焦点三，肖某是否应向 TX 公司返还竞业限制补偿金。TX 公司与肖某约定如肖某违反竞业限制义务，其应向 TX 公司返还竞业限制补偿金，上述约定并不违反法律的强制性规定，应属合法有效。据此，对 TX 公司依据约定要求肖某返还竞业限制补偿金，一审法院予以支持，具体数额以一审法院核算为准。

关于争议焦点四，肖某是否应向 TX 公司支付违约金以及数额如何确定。根据双方约定，肖某违反竞业限制义务的，应向 TX 公司支付违约金。就违约金的数额，一审法院结合劳动者掌握商业秘密的程度、离职前月工资标准、任职年限、违反竞业限制义务的持续时间等予以酌定。

2. 二审法院审理

二审法院认为，用人单位和劳动者可以签订竞业限制协议，约定在解除或者终止劳动合同后，劳动者需履行竞业限制义务，用人单位需在竞业限制期内按月给付劳动者补偿金。本案中，肖某与 TX 公司签订了《员工劳动合同》《竞业限制通知书》，对肖某的竞业限制义务进行了明确约定，要求肖某在职期间以及离职之后，遵守竞业限制义务，不得去 ZD 公司（含关联公司）等有竞争关系的公司，该约定合法有效，肖某应当严格遵守。

劳动者违反竞业限制约定的，应当按照约定向用人单位支付违约金。现在案证据明确显示，肖某在竞业限制期内，为 ZD 公司（含关联公司）工作，该行为违反其与 TX 公司的竞业限制约定，应当按照约定向 TX 公司支付违约金。

违约金不同于损失赔偿，由双方约定。对违约金高低标准的认定，由人民法院基于公平原则，结合劳动者违约情节、竞业限制补偿金支付情况、劳动者收入能力以及双方当事人的过错等，综合认定。本案中，一审基于公平原则，综合衡量肖某违反竞业限制情形、个人收入能力等，酌定肖某应支付违反竞业限制义务违约金，并无不当，法院予以支持。

肖某关于并非适格竞业限制义务主体的上诉理由，亦不能成立。TX

公司作为一家对互联网技术具有高度依赖性的公司，对于产品及服务的技术保密性要求，远高于社会一般企业。肖某作为 TX 公司行业销售运营部成员，对其工作中所接触的相关秘密应当予以保守。肖某签署《员工劳动合同》《竞业限制通知书》《离职承诺书》《离职证明》等多份涉竞业限制文件，说明其对自身负有的保密义务是明确知悉并予以认可的。现肖某在实际领取竞业限制补偿金后，再主张自身并非竞业限制人员范围，没有事实依据，且违背诚实信用原则。

在劳动者违反竞业限制约定后，对于竞业限制补偿金是否需要返还，由双方约定确定。一审依双方约定认定肖某应返还税前竞业限制补偿金，并无不当。肖某对一审对于返还竞业限制补偿金范围的认定存在异议，就此法院认为，TX 公司在一审中确实就返还竞业限制补偿金之诉请存在表述不明确之情形，但鉴于 TX 公司证据指向明确、补充解释明确，且本着一次性解决纠纷的精神，法院采信 TX 公司系诉请肖某返还六个月竞业限制补偿金的主张。

案例二：何某与 FR 公司竞业限制纠纷案件

（一）案情简介

何某于 2016 年 6 月 2 日入职 FR 公司，双方签订了书面劳动合同，约定合同期限自 2016 年 6 月 2 日起至 2019 年 6 月 1 日止，从事人事岗位工作，实行标准工时制，基本工资每月 5000 元。入职当日，双方签订保密和竞业限制协议，约定何某对工作期间所知悉的商业秘密负有无条件保密义务，商业秘密包括但不限于客户名单、行销计划、采购资料、定价政策、财务资料、进货渠道等等，所有员工包括何某的薪资亦属公司机密。协议第三条第 2.2 款约定，双方解除或终止劳动合同后，在两年内何某不得到生产同类或经营同类业务的其他用人单位任职，或以其他任何方式为其他用人单位提供服务，也不得自办与 FR 公司有竞争关系的企业，不得从事与 FR 公司商业秘密有关的产品的生产或经营。协议第四条约定，FR 公司对何某保守商业秘密予以竞业限制补偿金，双方劳动合同解除或终止后 FR 公司按月向何某支付竞业限制补偿金 4500 元，每季度末发放。若 FR 公司不需要何某再继续保守商业秘密，需提前 1 个月通知何某，并不再支付竞业限制补偿金。协议第五条第 2.1 款约定，双方解除或终止劳动合同后，若何某违反竞业限制约定，应当承担违约责任，除应全部退还已支付的竞业限制补偿金外，还要一次性向 FR 公司支付相应违约金，违约金金额为100000 元。第五条第 2.4 款约定，若何某违反本协议的竞业限制义务，公司无义务支付竞业限制补偿金，并有权要求何某承担赔偿责任，同时何某的竞业限制义务并不解除。

2017 年 9 月 1 日，何某提出辞职。离职后即入职 SQ 公司上海分公司，从事人事工作，2018 年 6 月 21 日双方协商一致解除劳动合同关系。2018年 7 月 2 日，何某入职 FX 公司，职位为招聘主管。何某自述在 SQ 公司上海分公司期间月工资为 6000 元，在 FX 公司工作期间月工资为 8000 元。

2019 年 5 月 17 日，何某向南京市玄武区劳动人事争议仲裁委员会申请仲裁，南京市玄武区劳动人事争议仲裁委员会作出不予受理案件通知书，何某遂诉至法院。

（二）法院审理

1. 一审法院审理

一审法院认为：本案的争议焦点为双方签订的保密和竞业限制协议中有关竞业限制的约定是否有效，FR 公司应否支付何某竞业限制补偿金90000 元。

首先，劳动者对企业负有忠实义务，需保守公司商业秘密，此乃法定义务，但该义务的存在并不意味着所有劳动者均负有竞业限制的义务。竞业限制，也称竞业禁止，是指负有特定义务的员工在职期间或离开岗位后一定期间内不得自营或为他人经营与其所任职的企业同类的经营。竞业限制意味着劳动者在一定期限内不得从事与原用人单位相竞争的相同或类似职业，对劳动者的就业权、生存权均是妨碍，故其适用范围应有一定限制，即《劳动合同法》第二十四条规定的只适用于公司高级管理人员、高级技术人员以及其他知悉公司商业秘密的人员。对于竞业限制，当事人双方可以协商约定。但是对于不必要竞业限制的职工，即使订立了竞业限制条款，也应当认定有关竞业限制的约定无效，从而维护劳动者的择业自由和生存权。本案中，第一，何某虽认为其作为人事，掌握的招聘渠道、工资水平、人才信息、组织架构等均具有独特价值，但是保密和竞业限制协议中约定的商业秘密范畴中与何某履职相关的仅为全体员工工资，其余信息不属于双方约定的商业秘密范畴。第二，对于协议中约定的商业秘密及技术秘密，何某作为劳动者负有法定的保密义务，但这并不意味着其当然负有竞业限制义务。第三，根据《劳动合同法》第二十四条规定，"高级管理人员、高级技术人员"与"其他负有保密义务的人员"属并列关系，则这些人员所接触和掌握的公司商业秘密、技术秘密应当是相同、相当或类似密级、范畴及价值的，而何某既不属于公司高级管理人员或高级技术人员，所接触到的全体员工工资这一信息即使属于商业秘密，也显然与公司高级管理人员、高级技术人员所接触和掌握的公司商业秘密、技术秘密有极大差距。因此，何某并不属于法定的竞业限制人员范围，不应承担竞业限制义务，双方保密和竞业限制协议中约定的竞业限制条款违反法律规定，应属无效。

其次，何某并未履行竞业限制义务。竞业限制补偿金的支付对价为劳动者履行了竞业限制义务，在劳动合同解除或终止后一定期限内不到与原用人单位生产同类或经营同类业务的其他用人单位任职。本案中，何某从 FR 公司离职后先后在 SQ 公司上海分公司及 FX 公司担任人事工作，两家公司在经营范围上与 FR 公司均有重合之处，属经营同类业务的其他用人单位。因此，即使签订了保密和竞业限制协议，何某实际也未履行竞业限制义务，其择业权未受到妨碍，加之两家公司的工资收入也均高于 FR 公司，故其生存权也未受影响。

故何某要求 FR 公司支付竞业限制补偿金，缺乏有效依据，与事实不符，不予支持。

2. 二审法院审理

二审法院认为，本案争议的问题是何某是否负有保密义务，在明确这一问题后，才涉及竞业限制行为、违约责任等问题。

一方面，对负有保密义务的劳动者，用人单位可以在劳动合同或保密协议中约定竞业限制条款，竞业限制人员的范围为"单位的高级管理人员、高级技术人员和其他负有保密义务的人员"。本案中，关于何某的工作岗位，双方签订的劳动合同中载明为"人事岗位工作"。在一审中，双方对此一致认可。从何某的工作岗位来看，其不属于高级管理人员，亦不属于高级技术人员，故应确定何某是否属于其他负有保密义务的人员。因何某主张其属于这一范畴，能够接触到 FR 公司的商业秘密，故其应就该主张进行举证。二审中，何某陈述其接触到的商业秘密包括公司组织架构、员工通讯录、员工简历、员工薪资水平及薪资构成，但其又陈述这些信息其他员工也可以接触到。法院认为，所谓商业秘密，应具有不为公众所知悉、能为权利人带来经济利益、经权利人采取保护措施等特征。何某一审提供的商业秘密证据，只是一般性工作的反映，并不符合商业秘密的特征；何某在二审陈述的事项，从常情常理来看，亦不属于商业秘密，故何某并不属于其他负有保密义务的人员，双方保密和竞业限制协议中约定的竞业限制条款违反法律规定，应属无效。

另一方面，何某再就业是否受到保密和竞业限制协议的约束。本案中，何某从 FR 公司离职后先后在 SQ 公司上海分公司及 FX 公司担任人事工作，两家公司在经营范围上与 FR 公司均有重合之处。因此，即使在何某认为保密和竞业限制协议有效的前提下，何某实际也未履行竞业限制义务，其择业权并未受到妨碍。

综上所述，何某的上诉请求不能成立，应予驳回；一审判决认定事实清楚，适用法律正确，应予维持。

案例三：王某与 JR 学校劳动争议、人事争议案件

（一）案情简介

2017 年 11 月 15 日，王某入职 JR 学校，从事语文教学授课工作。双方签订有劳动合同。2018 年 1 月 18 日，双方签订《劳动合同补充协议之竞业限制及保密协议》。王某对该协议真实性不予认可，称其并不知晓协议内容，仅是于开会间隙在签字页签名，并未看见全部协议内容，且协议内容约定违反法律规定，违约金显失公平。王某实际工作至 2018 年 12 月 31 日。王某主张双方于 2018 年 12 月 31 日解除劳动关系。JR 学校另主张王某于 2018 年 12 月 13 日口头提出解除劳动合同，故双方劳动合同解除时间应为 2019 年 1 月 12 日。

关于双方争议的王某是否属于竞业限制之主体，JR 学校主张王某系语文产品经理，从事课程体系编写、试卷编写、教师培训、语文教学等工

作，其在职期间可以接触到课程体系、教师培训计划与内容、教学方法等保密信息。为此，JR 学校向法院提交了王某转正申请书及王某在职期间向部门领导王某发送的电子邮件。其中，转正申请书中列明的培训期完成工作包括编写语文新体系作文课程、参与招聘、培训新入职语文老师、完成其他工作。而电子邮件显示王某通过工作邮箱向部门主管发送题目为"一年级新卷、1—2 年级试卷分析"等邮件。王某对上述证据真实性予以认可，但主张其离职前仅为兼职教师，并不接触学校秘密，不属于高级管理人员，故不应当属于竞业限制义务之主体。为此，王某向法院提交了其与部门经理王某之微信聊天记录，显示其于 2018 年 8 月向经理王某申请转为兼职教师。JR 学校对上述证据不予认可，称是否转为兼职不影响其成为竞业限制之主体。

关于双方争议的王某是否存在违反竞业限制义务之情形，JR 学校主张王某在职期间存在自营同类竞争业务之情形，违反了竞业限制约定。为此，JR 学校向法院提交了 WYJ 公司企业信用信息以及该公司在多个第三方网站的截图，显示 WYJ 公司成立于 2012 年 10 月，王某为公司股东及法定代表人，经营范围为教育咨询等，该公司于 2017 年 12 月至 2018 年 12 月在上述加盟网站发布加盟信息，项目名称为"WYJ 作文培训"，并附有项目介绍等。王某对上述证据真实性予以认可，但主张 WYJ 公司系其入职 JR 学校前即成立的公司，该公司后来经营不善，故未再实际经营。之后其才入职 JR 学校。关于相关加盟网站信息，王某表示其最早于 2016 年 1 月至 2017 年 1 月曾通过全球加盟网进行过招商加盟，后来就停止了，其对于之后再次出现加盟信息不知情。为此，王某向法院提交了《全球加盟网会员合同》，显示期限为 2016 年 1 月至 2017 年 1 月。JR 学校对上述主张不予认可，称相关网站显示的入驻时间为 2017 年 12 月至 2018 年 12 月期间，故 WYJ 公司在上述期间仍然从事推广加盟活动，该公司一直在实际经营。

JR 学校另主张王某在离职后自营同类竞争业务，违反竞业限制约定，具体为 WYJ 公司于 2019 年 6 月至 2020 年 1 月期间仍在多个第三方网站发布加盟信息，项目名称为"WYJ 作文培训"，并附有项目介绍等。JR 学校另向法院提交了 WYJ 公司在 2019 年 12 月 3 日通过 ZL 网发布的招聘信息，显示招聘岗位为语文助教等。JR 学校另主张王某离职后入职 YELX 教育公司并担任语文负责人,该公司发布的 2020 年语文培训课程表中载有王某的姓名。为此,JR 学校向法院提交了 YELX 教育公司微信公众号截图、搜狐网文章截图等证据。王某表示对于 WYJ 公司的加盟信息以及招聘信息其不了解。关于 YELX 教育公司,王某表示该公司确实曾要求过王某前去授课,但王某并未同意。为此,王某向法院提交了 YELX 教育公司于 2020 年 5 月出具的《关于王某与我公司无业务瓜葛的声明》,内容载明:王某与我公司并无任何雇佣关系与业务往来,其未在我公司任职、授课。我公司股东崔某曾仰慕其才华,想聘请王某来我公司任职。在未征得对方同意的情况下,发出一些招生的宣传材料,向部分家长推荐课程。后来王某看到后提出反对,我公司已将不实宣传全部删除,并向其真诚道歉。JR 学校对上述证据不予认可,称王某实际已去 YELX 教育公司授课。

(二)法院审理

1. 一审法院审理

一审法院认为,当事人对自己提出的诉讼请求所依据的事实或者反驳对方诉讼请求所依据的事实有责任提供证据加以证明,没有证据或者证据不足以证明当事人的事实主张的,由负有举证责任的当事人承担不利后果。

关于双方争议的竞业限制义务,依据双方签署的协议,王某在职期间以及离职后负有竞业限制义务,JR 学校负有依约支付竞业限制补偿金之义务。王某虽主张其并非竞业限制义务主体,但结合法院查明的事实来看,王某负责语文教学并担任相关课程编写及教师培训等岗位,鉴于 JR 学校系教育培训机构,故王某属于竞业限制主体。关于双方签署的协议效力问题,该协议系双方自愿签署,并未违反相关法律强制性规定,故应属有效。关于王某是否存在违反竞业限制义务之情形,结合 JR 学校提交的证据可以看出,王某在职期间参与成立了经营范围含有"教育咨询"的公司,且在离职后该公司发布了相应加盟信息及招聘信息,证明该公司在实际经营并从事相关语文培训活动,故王某的上述行为已经构成违反竞业限制义务。JR 学校要求其支付违约金,具有事实及法律依据。庭审中,王某主张违约金约定过高,法院综合考虑王某在 JR 学校工作时间、王某主观恶意以及 JR 学校之损失等因素,对 JR 学校主张的违约金予以衡量酌减,王某应当支付 JR 学校违约金 300000 元。

关于 JR 学校要求王某继续履行竞业限制义务，因双方竞业限制期限已到期，故法院对其上述主张不予支持。

关于 JR 学校主张的经济损失，其未就相关损失向法院充分举证，亦未就相关事实与王某违反竞业限制义务之关联性向法院充分举证，故法院对其上述主张不予支持。

2. 二审法院审理

二审法院认为，关于王某是否负有竞业限制义务。首先，王某和 JR 学校签订的《劳动合同补充协议之竞业限制及保密协议》系双方真实的意思表示，王某作为具有完全民事行为能力的自然人，应对其实施的民事行为承担相应的法律责任。其次，《劳动合同法》第二十四条规定，竞业限制的人员限于用人单位的高级管理人员、高级技术人员和其他负有保密义务的人员。从工作内容看，王某可以接触到 JR 学校课程体系、教研方案、教学资料、教师培训计划与内容、教学方法等信息；从所处行业的性质看，王某在工作期间所接触到的信息关乎 JR 学校在教育行业领域的竞争力。因此，王某属于负有保密义务的人员，符合竞业限制的人员范围。最后，《劳动合同补充协议之竞业限制及保密协议》签订后至双方劳动关系解除，双方之间持续存在劳动关系，未发生对该协议解除的行为，王某是否转为兼职教师不影响该协议的法律约束力。

关于王某是否存在违反竞业限制义务的行为。王某和 JR 学校签署的《劳动合同补充协议之竞业限制及保密协议》约定："乙方（王某）同意，其将不会到与 JR 公司生产或经营同类产品、从事同类业务的有竞争关系的其他用人单位，或者自己开业生产或者经营同类产品、从事同类业务。"王某在职期间，其作为股东和法定代表人的 WYJ 公司在网站上发布加盟信息，项目名称为"WYJ 作文培训"；在其离职后，WYJ 公司继续发布加盟信息，还通过 ZL 网发布招聘信息，招聘岗位为语文助教，因此，一审法院认定 WYJ 公司在实际经营并从事相关语文培训活动、王某存在违反竞业限制义务的行为并无不当。

关于王某应当支付的违约金金额。JR 学校主张以王某 12 个月税前工资总额的 1 倍或 2 倍计算离职后和在职期间违约行为的违约金，共计

1036717.35 元，王某主张违约金约定过高。法院认为，一审法院综合考虑王某在 JR 学校工作时间、王某主观恶意以及 JR 学校之损失等因素，酌定王某向 JR 学校支付违约金 300000 元并无不当。JR 学校还主张王某的违约行为对其造成损失，在其团队建设、课程研发方面造成严重损害，导致其教师流失、学员流失等，但未提供任何证据加以证明。JR 学校另主张按照约定将王某的收益作为损失计算标准，请求依据 YELX 教育公司发布的课时信息计算出的课时费作为赔偿金额，但未能就王某实际授课并获得相应收益举证，故法院对 JR 学校的该主张不予认可。

综上所述，王某和 JR 学校的上诉请求均不能成立，应予驳回；一审判决认定事实清楚，适用法律正确，应予维持。

三、争议焦点分析

本专题的三个案例的争议焦点均包含劳动者是否属于竞业限制主体。根据《劳动合同法》第二十四条的规定，"竞业限制的人员限于用人单位的高级管理人员、高级技术人员和其他负有保密义务的人员"，即便用人单位与劳动者约定了竞业限制义务，也并不当然有效，只有劳动者属于上述法定的三类人员时，竞业限制条款才对该人员产生法律约束力，否则相关的竞业限制约定不能限制劳动者的就业自由。

案例一中，劳动者从事销售工作，用人单位提交了劳动者工作邮件的公证书，邮件内容有公司商业活动的数据分析报告，法院结合该证据及庭审各方陈述认定劳动者属于负有保密义务的人员，对工作中接触到的秘密应予保守。从该案例中可知，判定劳动者是否负有保密义务，要落脚于劳动者的具体工作内容，用人单位应当举证证明其在工作中所能接触到的信息应属于公司经营的重要信息，同时也是外界无法获取的秘密信息。

案例二中，劳动者从事人事工作，掌握招聘渠道、工资水平、人才信息、组织架构等信息，但法院认为，"其他负有保密义务的人员"所接触和掌握的秘密应与"高级管理人员、高级技术人员"接触和掌握的商业秘密、技术秘密具有相同、相当或类似密级、范畴和价值，如果仅是一般性工作，不符合商业秘密的特征，并据此认定涉案的竞业限制条款无效。从本案例中可以获知，法院在审理过程中着重审理了劳动者所掌握的信息是否为与高级管理人员、高级技术人员掌握的秘密信息同等重要，如劳动者的工作内容不涉及秘密信息，或虽然涉及，但重要程度完全不及高级管理人员、高级技术人员掌握的信息，则不能将其认定为属于"其他负有保密义务的人员"。因此，用人单位在举证过程中应当证明员工工作内容所涉及信息的重要性、秘密性以及与公司主营业务之间的密切关联性，以此确认员工是否负有保密义务。

案例三中，劳动者从事教育工作，可以接触到学校课程体系、教研方案、教学资料、教师培训计划与内容、教学方法等信息，由于所处行业性质，法院认为劳动者接触到的信息关乎学校在教育行业领域的竞争力，从而认定劳动者负有保密义务。在本案中，用人单位提供的劳动者工作证据主要为工作邮件，以此来证明劳动者所接触到的工作内容涉及学校的保密信息。可见，工作记录留痕、工作内容留痕对于认定员工负有保密义务十分重要，司法实践中证明力也较大。

四、律师建议

结合本专题的案例，在竞业限制劳动争议案件中，对于其他负有保密义务人员的认定应重点结合其工作内容予以确定，对此，用人单位可从以下几个方面入手，提前布局，在出现纠纷时保障自身的合法权益：

第一，明确员工的工作内容：在录用通知书、劳动合同、竞业限制协议、工作岗位要求、工作职责要求等书面文件中明确员工的工作内容。

第二，明确所属行业性质：用人单位所属的行业性质可以直接反映出劳动者工作内容对用人单位的重要性，也会影响法院对劳动者所在工作岗位接触和掌握的信息是否将影响到用人单位的经营发展和在行业中的竞争优势的判断，明确所属行业不仅有利于缩小认定范围，也可以在很大程度上减轻用人单位的举证责任。

第三，保密约定及保密措施的实施：与劳动者签订的保密协议、竞业限制协议中对于保密范围的约定十分重要，这是证明劳动者知晓保密义务的基础。此外，劳动者所接触和掌握的信息应具有秘密性，如果外界能够获取，或者其他员工均能获悉，则信息的秘密性、重要性将很难得到认可，而对员工可接触的信息采取有效的保密措施可以用来证明员工应负担保密义务。

第四，注意工作往来、工作内容的留痕：在竞业限制纠纷中，因未就工作内容和往来进行留痕而无法证明员工知晓公司保密信息的情况屡见不鲜，故注意留痕是此类争议中需尤为注意、提前布局的要点。在日常劳动用工管理过程中，用人单位应当就工作方式进行要求，通过工作邮件、会议记录、工作报告等方式对工作往来、工作内容等形成留痕的习惯，因为只有确定了工作内容，才能确定员工所接触和掌握的信息的密级和价值，从而明确员工是否须承担保密义务，进而确定员工是否属于竞业限制的对象。

第三节 竞争关系应如何证明

竞业限制案件中的竞争关系如何证明——TZ 网络科技（上海）有限公司与张某某竞业限制纠纷案等

一、案件要旨

竞业限制案件中，离职劳动者违反竞业限制义务的表现为：在解除或者终止劳动合同后入职与原单位生产或者经营同类产品、从事同类业务的有竞争关系的其他用人单位，或者自己开业生产或者经营同类产品、从事同类业务。就竞争关系的认定，既要关注竞业限制协议中对竞品公司的列举与约定，也要证明新单位与原单位经营业务存在重合。在实践中，仅凭两公司营业执照登记的经营范围重合，很有可能被法院认为不足以证明双方实际经营业务存在直接或者间接竞争关系，从而驳回用人单位的诉讼请求。因此，还需要用人单位就原单位与新单位的实际经营业务、目标市场、客户群体等存在重合进行初步举证。

二、案情简介

案例一：在本案中，张某某于 2018 年 7 月 3 日入职 TZ 网络科技（上海）有限公司（下称"T 公司"），担任产品部门经理。同日，双方签订保密及竞业禁止协议书，约定张某某离职后两年内不在与 T 公司从事的行业相同或相近似的企业及与 T 公司有竞争关系的企业内工作，不得自办与 T 公司有竞争关系的企业或者从事与 T 公司商业秘密、技术秘密有关的产品的研发、生产和经营活动。2019 年 3 月 13 日，双方解除劳动合同。后 T 公司主张张某某离职后入职竞争对手公司，违反竞业限制义务，故诉至法院，要求张某某返还公司已支付的竞业限制补偿金，并支付违反保密及竞业禁止协议书的违约金。[①]

案例二：在本案件中，史某于 2017 年 1 月 9 日入职北京 ZJTD 网络技术有限公司（下称"Z 公司"），担任产品经理。同日，双方签订《保密、知识产权、商誉和不竞争协议》，约定除非事先得到 Z 公司的批准，在劳动合同期内和劳动合同终止或期满后两年内，员工不会以任何理由直接或间接地，以任何身份从事、参与或协助他人参与、受雇于与公司业务有竞争关系的任何业务或活动等。2018 年 4 月 18 日，史某因个人原因从 Z 公司离职。离职前一日，双方签署了《竞业限制协议》，约定史某在离职后12 个月内负有竞业限制义务（与公司有业务竞争关系的单位包括但不限于本协议附件 1 所列明的单位），附件 1 中列明的有业务竞争关系的单位中包含 T 公司及其关联企业或单位等。后 Z 公司主张史某离职后入职竞争对手旗下公司，违反竞业限制义务，故诉至法院，要求史某返还公司已支付的竞业限制补偿金，并支付违反竞业限制义务的违约金及诉讼费；史某则起诉请求无需向 Z 公司支付违反竞业限制违约金，案件诉讼费用由 Z 公司承担。[②]

案例三：在本案件中，马某某于 2017 年 5 月 25 日进入 TX 科技（北京）有限公司（下称"T 公司"），从事线上初中语文教学岗位。双方劳动合同中订有竞业限制条款，约定马某某应当履行离职后 24 个月的竞业限制义务。2019 年 9 月 27 日，T 公司向马某某发出竞业限制通知书，载明马某某在竞业限制期限内不得与同 T 公司有竞争关系的公司或其他组织建立劳

①　参见上海市浦东新区人民法院（2019）沪 0115 民初 77246 号民事判决书、上海市第一中级人民法院（2020）沪 01 民终 5551 号民事判决书。

②　参见北京市海淀区人民法院（2019）京 0108 民初 47847 号民事判决书、北京市第一中级人民法院（2020）京 01 民终 5575 号民事判决书。

动关系、劳务关系、劳务派遣关系，并列明部分与 T 公司存在竞争关系的公司或其他组织。2019 年 10 月 10 日，双方解除劳动合同。T 公司主张马某某离职后入职竞争对手公司，违反竞业限制义务，由此诉至法院，要求马某某支付违反竞业限制义务违约金；马某某则起诉请求无需支付该项违约金。①

三、法院审理

案例一中，法院就竞业限制约定的效力、张某某离职后的行为是否违反竞业限制义务、T 公司是否有权要求张某某返还竞业限制补偿金进行认定。经审理，法院认为 T 公司提供的证据不足以证明张某某违反保密及竞业禁止协议书，因此无权单方停止支付竞业限制补偿金，并判决 T 公司向张某某支付竞业限制补偿金差额。在本案件中，T 公司主张张某某在任职期间从事的是基于公司 Bottos 公链的 DappDatanno 项目开发，该项目主要应用于区块链大数据的交易；张某某在职期间及离职后开发运营了"EOS 三国"区块链游戏，该游戏与 T 公司 DappDatanno 项目构成竞争关系，并提交网页公证书，张某某参加"第七届游戏茶馆 & 链茶馆 CEO 年会暨金茶奖颁奖盛典"并作主题演讲的视频光盘、领取奖项的照片和视频光盘等予以证明。法院经审理认为，T 公司上述证据并不能够证明 DappDatanno 项目与"EOS 三国"区块链游戏属于同类产品、同类业务及构成竞争关系，且 T 公司也自认公司并未从事过区块链游戏的开发或运营，因此并未支持 T 公司请求张某某返还补偿金及支付违约金的相关主张。

案例二中，法院就史某行为是否违反竞业限制义务、是否应支付违约金以及违约金的数额进行认定。经审理，法院确认了史某离职后入职竞品公司关联公司这一事实，并由此认定史某违反竞业限制协议，应向 Z 公司支付违约金。在本案中，Z 公司主张史某离职后入职竞品公司 X 公司的关联公司 Y 公司，因此，Z 公司既需证明 X 公司与 Y 公司系存在关联关系，同时需证明 X 公司系 Z 公司的竞品公司。在关联性上，Z 公司提供了载有 X 公司国家企业信用信息网内容的公证书、载有 X 公司组织架构及与外部

---

① 参见北京市海淀区人民法院（2020）京 0108 民初 42168 号民事判决书、北京市第一中级人民法院（2021）京 01 民终 2457 号民事判决书。

公司关系的公证书、载有 X 公司旗下公司与 Y 公司间关系的公证书、载有 Y 公司实际注册地调查取证视频的公证书、EMS 快递底单及相关公证书、录音及文字整理资料等，以证明 X 公司与 Y 公司之间的控制关系、人员结构关系，并得到法院认可；在竞争关系上，法院认为 Z 公司与史某签署的《竞业限制协议》中，Z 公司已明确列明了 X 公司与其关联公司均属于与 Z 公司存在竞争关系的单位，由此认定 Y 公司与 Z 公司存在竞争关系。

案例三中，法院就马某某是否应当承担竞业限制义务、新入职公司与 T 公司之间是否存在竞争关系、入职新公司是否对 T 公司造成损失进行认定，并最终认定了马某某新入职的公司与 T 公司之间存在竞业限制关系，其行为违反竞业限制协议，应承担返还补偿金及支付违约金责任。法院认定两公司存在竞争关系的主要因素有：新入职公司系 T 公司竞业限制通知书上载明的马某某在竞业限制期内不得入职的公司；T 公司实质存在在线教育业务，与马某某新入职的公司存在竞争关系；马某某并未提交相反证据否认二公司业务及实际竞业范围存在差异。

四、案件分析

上述三例案件中，原用人单位均提出劳动者离职后违反竞业限制协议，入职有竞争关系的公司。那么，依据民事诉讼中"谁主张，谁举证"的基本原则，需要原用人单位就两单位间存在竞争关系加以证明。

我国《劳动合同法》第二十四条第二款规定："在解除或者终止劳动合同后，前款规定的人员到与本单位生产或者经营同类产品、从事同类业务的有竞争关系的其他用人单位，或者自己开业生产或者经营同类产品、从事同类业务的竞业限制期限，不得超过二年。"

也即，《劳动合同法》中就竞争关系的规定为"与本单位生产或者经营同类产品、从事同类业务"。就上述三例案件我们可以看出，在竞业限制案件中，法官就"竞争关系"的认定，首先，关注竞业限制协议中对竞品公司的列举与约定。该协议在为双方真实意思表示且不违反法律法规相关规定的前提下，约定有效，劳动者亦应明知其新入职单位系原用人单位的竞品公司。其次，原用人单位通常可以举证证明劳动者入职的新单位工商登记经营范围与原用人单位经营范围存在重合，以简明、直观地证明两公司业务存在重合，在同行业领域内存在竞争关系，该项内容通常也是法院认定竞争关系的重要依据。最后，由于企业实际业务内容可能与注册登记的经营范围存在不一致情形，因此，在此类案件中，劳动者通常抗辩其离职后实际从事的业务内容与原工作单位业务无关，未违反竞业限制义务。在该情形下，则需要劳动者就其主张进行举证，由法院结合在案证据，对两公司是否存在竞争关系进行综合判断。其审查内容主要包括两公司实际经营业务、目标市场、客户群体及参与的商业活动等。

五、律师建议

在竞争关系的认定中，法院的审查主要是对事实问题而非法律问题进行审查，因此，用人单位与劳动者的举证策略便显得尤为重要。

就证据内容而言，用人单位可提交载有原用人单位与新用人单位经营范围的企业登记信息、载有竞品公司名单或竞品公司认定标准的竞业限制协议，以证明两家公司存在竞争关系。除此之外，用人单位还可以通过提交与员工的工作邮件、群聊内容等，证明本公司的实际经营业务内容；通过调查新用人单位官方网站、第三方平台/网站如微信公众平台介绍、招聘网站上载明的招聘信息等，或通过前往新用人单位注册登记地及实际经营地实地走访的方式，以证明新入职单位的实际经营范围。就证据的固定及证据形式，我们建议尽量就官方网站或国家权威平台的相关信息予以固定。就重要证据，建议采取公证形式。

同时，需提醒用人单位的是，在竞争关系的举证方面，不能掉以轻心，仅以新用人单位营业执照上的经营范围与其存在重合为由，主张双方存在竞争关系。如在司法实践中，北京市第一中级人民法院在其审理的一例案件中认为，虽然劳动者新入职的单位营业执照上登记的部分经营范围与原用人单位工商信息中的经营范围均显示有经济贸易咨询，但仅凭经营范围重合不足以证明双方实际经营业务存在直接或者间接竞争关系，由此撤销了一审判决，改判驳回原用人单位的诉讼请求。[①] 上海市第一中级人民法院在其审结的一起上诉案件中，同样认为原用人单位仅以双方所登记

---

① 参见北京市海淀区人民法院（2019）京 0108 民初 6243 号民事判决书、北京市第一中级人民法院（2019）京 01 民终 6212 号民事判决书。

的经营范围存在重合即主张两家企业形成竞争关系,尚未完成其举证义务。一审法院仅以两公司经营范围存在重合,即认定上诉人入职新公司违反了竞业限制协议的约定,继而判决上诉人返还竞业限制补偿金并支付违反竞业限制违约金有欠妥当,并予以改判。①

① 参见上海市浦东新区人民法院（2021）沪 0115 民初 35993 号民事判决书、上海市第一中级人民法院（2021）沪 01 民终 12282 号民事判决书。

第二章 竞业限制义务的履行

第一节 竞业限制补偿金的支付

竞业限制补偿金的替代性支付形式

一、案件要旨

根据《劳动合同法》第二十三条及《最高人民法院关于审理劳动争议案件适用法律问题的解释（一）》第三十六条的规定，企业如与劳动者约定了竞业限制义务，应在劳动者离职后按月支付竞业限制补偿金，且从文义解释角度理解，竞业限制补偿的形式应当为固定金额的现金给付方式。但是，在企业实际经营和管理过程中，基于对人才激励以及自身竞争优势保护的需求，越来越多的企业将对员工的股权、期权、分红等激励方式与竞业限制相联系，以期提升劳动者工作积极性及主人翁意识，并同时作为竞业限制的成本。但是，对于非固定金额的替代性支付方式是否有效，在实践中仍存在争议。

二、案件情况

案例一：郭某与天津某培训学校劳动争议案件[①]——以分红作为竞业限制补偿金的约定有效

（一）案情简介

郭某与天津某培训学校（下称"H公司"）原系劳动关系。2019年8月20日，双方解除劳动关系。2019年9月9日，郭某与H公司签署《主管分成奖励协议》，约定H公司向郭某给付365717元分红并要求郭某履行保守商业秘密和竞业禁止的义务。2019年10月18日，郭某与H公司签署《协议书》，该协议明确表明双方签订该协议前郭某已存在从事竞业行为的事宜。H公司实际支付365717元。2020年9月2日，郭某至天津市河西区劳动人事争议仲裁委员会申请劳动仲裁，要求解除2019年10月18日郭某与H公司签订的《协议书》，天津市河西区劳动人事争议仲裁委员会以不属于受案范围为由不予受理。郭某不服，起诉至天津市河西区人民法院，郭某主张其系在被胁迫情况下签订《协议书》，且H公司已经连续3个月未支付竞业限制补偿金，郭某请求：判令解除2019年10月18日签订的《协议书》。

庭审中，双方确认H公司已经实际支付365717元。

（二）法院审理

天津市河西区人民法院经审理认为：郭某虽主张系在被胁迫情况下签订《协议书》，但H公司不予认可，郭某亦未对此提交相应证据予以证实，根据证据规则的相关规定，一审法院对郭某的该项主张不予采信。2019年10月18日双方签署的《协议书》性质，属于竞业禁止协议，合法有效；该《协议书》内容虽未明确载明竞业禁止补偿字样，但亦有款项给付内容，且双方认可H公司已支付相应款项。且通过庭审查明，本案纠纷情形并不属于郭某诉请所依据的《最高人民法院关于审理劳动争议案件适用法律若干问题的解释（四）》第八条规定的适用范畴。据此一审判决驳回郭

[①]　案件来源：天津市河西区人民法院（2020）津0103民初13061号、天津市第二中级人民法院（2021）津02民终3481号。

某诉讼请求，郭某若认为其在竞业禁止补偿方面存在权益侵害问题，可另行起诉主张权利。

郭某不服，上诉至天津市第二中级人民法院，请求：依法撤销一审判决书，依法发回重审或者改判支持郭某原审中的诉讼请求。H公司认为一审判决正确，涉案《协议书》不是竞业限制，是合作关系，H公司已经支付了补偿金。

天津市第二中级人民法院经审理认为，本案的争议焦点为涉案《协议书》是否具备解除条件。涉案《协议书》合法有效，且该《协议书》系因郭某违反竞业禁止义务后双方就该事宜进一步签订的，该协议第七条所约定的内容与《主管分成奖励协议》所约定的内容能够相互印证，双方就竞业禁止虽未使用补偿字样，但已有经济对价的约定。且郭某在一审所提交的证据能证明其在该期间已履行《协议书》所约定的义务。故一审认定涉案《协议书》并不符合原《最高人民法院关于审理劳动争议案件适用法律若干问题的解释（四）》第八条所规定的"因用人单位的原因导致三个月未支付经济补偿"而解除的情形并无不当，应予维持。郭某有关解除《协议书》的上诉意见，本院不予支持。二审法院最终驳回上诉，维持原判。

案例二：余某与Z公司竞业限制纠纷①

（一）案情简介

2009年4月起，余某在Z公司从事网络游戏开发运营工作，双方签署书面《劳动合同》，合同约定，报酬体系中的200元/月为余某离职后承担不竞争义务的补偿费。2009年、2012年，双方先后签订了两份主要内容相同的《保密与不竞争承诺协议书》，余某作出保密与不竞争承诺，Z公司母公司则授予余某限制性股票作为对价，并约定若协议无效，余某行使限制性股票所获得的收益须全额返还给Z公司。若余某不履行约定义务，应当承担违约责任，对于已授予还未行使的限制性股票无权再行使；对于已行使的限制性股票，则Z公司有权追索所有任职期间行使限制性股票所产

---

① 案例来源：上海市第一中级人民法院竞业限制典型案例。

生之收益；若收益数额难以确定，以采取法律行动当日股票市值计算，除非余某可举证证明上述实际收益。余某违约行为给 Z 公司或关联公司造成损失的，余某应当承担赔偿责任。

与前述两份协议书相对应，余某和 Z 公司母公司共签订了四份协议约定限制性股票数 31100 股，共五次解禁并过户至余某股票账户内的母公司限制性股票 19220 股，其中实际过户 15832 股，抵扣税款 3388 股。2014 年 5 月，母公司股票一股拆五股。因余某离职，前述四份协议中未到解禁日的剩余 11880 股限制性股票被注销，未再过户。2014 年 6 月，Z 公司为余某办理了退工日期为 2014 年 5 月 28 日的网上退工手续。

案外人 M 公司为余某办理了用工日期为 2014 年 6 月的用工手续。M 公司成立日期为 2014 年 1 月，余某为 M 公司法定代表人、股东。M1 公司、M2 公司成立日期均为 2014 年 11 月，M3 公司成立日期为 2015 年 1 月，三公司的法定代表人、执行董事均为余某，M 公司的经营范围与 Z 公司及其关联公司有重合。

2017 年 5 月，Z 公司申请仲裁，依据《保密与不竞争承诺协议书》要求余某支付人民币 2312 万余元，承担聘请律师费用等人民币 20 万元。当地仲裁委员会以 Z 公司的请求不属于劳动争议受理范围为由，通知不予受理。Z 公司对此不服，向一审法院提起诉讼，要求余某支付人民币 2355 万余元，并承担律师费 20 万元。余某认为，竞业限制范围过大，竞业限制约定无效，且 Z 公司并未支付竞业限制补偿金，但余某并未请求解除竞业限制约定。

（二）法院审理

一审法院经审理认为，《保密与不竞争承诺协议书》系双方真实意思表示，其中关于余某承担竞业限制义务及相应违约责任的约定，于法无悖，应为有效。双方签订协议书明确约定，母公司的限制性股票作为对价被授予余某，并于余某在职期间就已解禁归属过户，由余某获利，故余某关于协议书中的竞业限制条款无效的理由不成立。余某的行为明显违反了劳动者应遵守的竞业限制方面的基本义务，应依法按约承担违约责任。双方签订的劳动合同虽约定 10 万元违约金，但双方之后又签订了协议书，针对余某的工作岗位特点，重新约定竞业限制方面的权利、义务内容，替代了之前的约定，应以此为准。根据《保密与不竞争承诺协议书》的约定，余某应承担的违约责任是向 Z 公司返还所有任职期间行使限制性股票所产生之收益，该条可理解为竞业限制违约金条款。一审法院认为 Z 公司在要求余某承担违约金的情况下再行诉请律师费损失，与双方约定有悖。根据双方约定，结合余某违约情况以及系争股票价值变动情况，一审判决，余某支付 Z 公司违约金人民币 372 万余元。

上海市第一中级人民法院经审理认为：一审认定余某明显违反竞业限制义务正确。劳动合同约定报酬体系中的 200 元/月为不竞争义务的补偿费，并不违反法律的强制性规定。而且，协议书明确约定，由 Z 公司的母公司授予余某限制性股票作为对价，双方签订协议书约定授予限制性股票及违约责任，余某也根据协议书取得了限制性股票，因此双方已重新约定了相应的权利义务，余某应根据协议书的约定承担违约责任。由于余某不提供交易记录，导致收益数额难以确定，因此应以 Z 公司采取法律行动当日股票市值计算。上海市第一中级人民法院最终改判：余某应支付 Z 公司 19403333 元。

案例三：高某与北京 Y 教育科技有限公司劳动争议案①

（一）案情简介

高某于 2015 年 11 月入职北京 Y 教育科技有限公司（下称"Y 公司"），岗位为 iOS 研发工程师，双方签订书面劳动合同。劳动合同第六条、第七条就执行标准工时及加班审批进行规定。高某于 2017 年 5 月 5 日签阅 Y 公司的《员工手册》，其中规定：不被视为加班的情况包括但不限于如下情形：未履行加班审批手续。Y 公司于每月月底通过银行转账形式向高某支付工资，高某自入职至离职期间，工资经过多次调整。高某于 2018 年 8 月 8 日自 Y 公司离职，双方于 2018 年 8 月签订《保密与不竞争协议》，约定高某竞业限制期限为一年，第四条第一款约定："由甲方（Y 公司）的母公司——J 公司于乙方（高某）离职时向乙方发放股票期权若

---

① 案例来源：北京市海淀区人民法院（2020）京 0108 民初 7749 号民事判决书、北京市第一中级人民法院（2021）京 01 民终 1751 号民事判决书、北京市高级人民法院（2021）京民申 5363 号民事裁定书。

干作为乙方履行保密和不竞争的对价。股票期权发放的具体数目及执行细节依乙方和 J 公司签署有关《预付行权价保留期权通知》而定。"

2019 年 8 月，高某提出劳动仲裁申请。仲裁中，高某主张离职时虽有兑现部分期权，但针对竞业限制的部分并未兑现，Y 公司应根据《中关村科技园区条例》第四十四条的规定，以其离职前一年收入的二分之一为标准支付 2018 年 8 月 9 日至 2019 年 8 月 8 日的竞业限制补偿金。Y 公司对高某的主张不予认可，其主张高某离职时，公司有权收回期权，但鉴于高某系老员工，故将期权支付给了高某，目前市值 40 万元左右，且高某离职后入职与其公司存在竞争关系的甲公司及乙公司。高某主张 Y 公司安排其在职期间加班，Y 公司自 2017 年 4 月起以"补贴"名目向其支付一倍的加班工资，此前未曾发放过补贴或加班工资。

2019 年 12 月，北京市海淀区劳动人事争议仲裁委员会作出仲裁裁决：Y 公司支付高某 2017 年 6 月至 2018 年 8 月期间加班工资差额 30464.19 元。双方均不服上述裁决，均向北京市海淀区人民法院提起诉讼。高某的诉讼请求：1. 判令 Y 公司支付竞业限制补偿金 122740.74 元；2. 判令 Y 公司支付拖欠加班工资 111580.90 元。Y 公司的诉讼请求：判令 Y 公司无需向高某支付 2017 年 6 月至 2018 年 8 月期间加班工资差额 30464.19 元。

（二）法院审理

就竞业限制补偿金争议，北京市海淀区人民法院经审理认为：高某与 Y 公司签订的《保密与不竞争协议》明确约定以 J 公司向高某发放股票期权若干作为高某履行保密和不竞争的对价，说明双方已就高某竞业限制期限内补偿的实现方式进行了相应约定，高某要求 Y 公司支付竞业限制补偿金的诉讼请求缺乏事实依据。一审法院结合案件证据作出判决：Y 公司支付高某 2017 年 6 月至 2018 年 8 月期间的加班工资差额 30464.19 元，并驳回高某其他诉讼请求、驳回 Y 公司的诉讼请求。

高某及 Y 公司均不服一审判决，上诉至北京市第一中级人民法院。

就竞业限制补偿金争议，北京市第一中级人民法院经审理认为，按照《劳动合同法》第二十三条第二款对竞业限制经济补偿的支付方式所做的规定，用人单位应当在解除劳动合同后，在竞业限制期限内按月给予劳动者经济补偿。同样，该规定亦属强制性规定。而依据《保密与不竞争协议》第四条第一款的约定，Y 公司的母公司应当于高某离职时向其发放股票期权若干作为乙方履行保密和不竞争的对价。股票期权发放的具体数目及执行细节依高某和 J 公司签署有关《预付行权价保留期权通知》而定。该约定与《劳动合同法》的规定不一致。对此，本院认为，《劳动合同法》明确规定竞业限制补偿金的支付方式，目的在于解决劳动者因竞业限制造成的就业受限而可能带来的生活困难，为其生活提供持续的经济保障。而按月支付的方式，最有利于实现这一立法目的，因此，该规定属于强制性规定。但是，如果双方就补偿的支付方式和时间的约定，较之上述强制性规定，对劳动者更为有利时，则没有必要将双方的约定评价为无效约定；如果双方的约定较之上述强制性规定显得对劳动者不利，则应将该约定认定为无效约定。本案中，双方约定以发放股票期权的形式作为竞业限制的经济补偿，所谓股票期权，是指买方在交付了期权费后即取得在合约规定的到期日或到期日以前按协议价买入或卖出一定数量相关股票的权利。因此，是否行使权利，很大程度上取决于在合约规定的行权期间，股票价格与购买期权价格之间是否存在差价从而能够获得盈利。而 J 公司目前并未公开上市，因此，其股权并不存在一个各方接受的、确定的交易价格，高某能否因行权而盈利、盈利能否达到法定的竞业限制补偿金的最低标准都是难以确定的。并且，因未公开上市，该股票期权无法像货币一样随时兑现，也就是欠缺流动性。这些特征使得，如果按照双方的约定，则较之《劳动合同法》的强制性规定，对劳动者较为不利。因此，本院认定《保密与不竞争协议》第四条第一款的约定无效。在此情形下，应当视为未约定经济补偿。北京市第一中级人民法院判决：Y 公司向高某支付竞业限制补偿金 112028.66 元、2015 年 11 月至 2018 年 8 月期间加班工资差额 95680.31 元等。

　　Y 公司不服二审判决，向北京市高级人民法院申请再审。Y 公司认为：Y 公司与高某在其离职时签署了《保密与不竞争协议》，Y 公司已支付预付行权价的 21250 股期权即是 Y 公司向高某支付的履行竞业限制义务的对价，Y 公司已经支付了经济补偿；对于用人单位向劳动者支付竞业限制补偿的方式，法律并无强制性规定，且高某同意以未上市发行的股票期权作为其履行竞业限制义务的补偿。高某认为：涉案 21250 股期权是高某的劳动所得，并非 Y 公司支付的竞业限制补偿金。原判决认定事实清楚、适用法律正确，Y 公司的再审申请缺乏事实及法律依据，请求予以驳回。

北京市高级人民法院经审查认为：关于 Y 公司是否已向高某支付竞业限制补偿一节。高某主张 21250 股期权系因履行前一份劳动合同且工作满一定的年限而获得的对价，其主张与双方劳动合同的约定及其工作年限相符；Y 公司主张 21250 股期权即竞业限制补偿金，但其对于双方就股票期权的归属条件、行权时间、行权价格等具体约定未提供相关证据，难以证明其主张。因此，二审法院认定 Y 公司未向高某支付竞业限制补偿金，并依法计算竞业限制补偿金金额，并无不当。再审法院结合案件证据裁定驳回 Y 公司的再审申请。

三、案件分析

《中华人民共和国宪法》第四十二条第一款规定："中华人民共和国公民有劳动的权利和义务。"劳动者的就业自主权系宪法赋予的权利，企业的商业秘密、知识产权等保密信息系企业的市场竞争优势，劳动者工作期间必然会接触到不同等级的保密信息，很多情况下劳动者离职后如继续使用或披露上述保密信息，会直接损害到企业的竞争优势，这不仅不符合职业道德的要求，也与诚实信用原则相悖。但如为了保障企业竞争优势而过分限制劳动者的就业自由，甚至使得劳动者的生活无法得到保障，则明显不符合公平原则及比例原则，竞业限制制度本身就是为了平衡或缓解上述冲突而产生的。

《劳动合同法》第二十三条并未限制经济补偿金仅能通过现金形式支付，也并未规定经济补偿"必须"按月发放，故约定以其他替代性方式支付，并不代表竞业限制协议必然无效或构成未约定竞业限制补偿金的情形。但竞业限制制度本身系有利于劳动者就业自主权与企业竞争优势之间博弈而产生的结果，如约定的权利义务存在过分不对等、显失公平的情形，则有可能被认定为无效。

上述三个案例中，用人单位与劳动者之间虽均存在竞业限制约定，但所约定的补偿金支付形式均非直接支付现金，而是通过分红、股票、期权等替代性支付方式作为竞业限制的对价，且支付时间也并非按月支付，相关约定明显与《劳动合同法》第二十三条的规定不同，在此情况下，虽然案例一及案例二认可上述约定的效力，案例三否定其效力，但三个案例均认为与法律规定不符并非约定无效的当然事由。应当注意的是，上述三个案例的情况并不相同，案例一中约定的36万余元分红已经实际支付，案例二中劳动者确实存在抛售股票获取权益的情形，但案例三中的 J 公司并未上市，Y 公司授予高某的股票并不是确定可以取得收益的权益，补偿标准及金额是不确定的，而高某履行竞业限制义务的内容和期限系确定的，从权利义务对等角度分析，此种约定可能使高某被限制就业自由权的同时，生活无法得到保障，故二审法院及再审法院均认为案例三中的约定是无效的。

四、律师建议

虽然法律对竞业限制补偿金的支付形式没有强制性规定，以替代性支付形式作为竞业限制的对价也未被认定为绝对无效，但在司法实践中，如约定的替代性支付形式存在较大程度的不确定性，影响到竞业限制制度立法目的实现时，其合法性、合理性及效力的认定将面临较大风险。就以替代性支付形式作为竞业限制补偿的形式，我们提出以下合规性建设建议：1. 综合企业的发展阶段、发展趋势及社会责任等宏观因素，考量替代性支付的科学性、合理性及合规性；2. 明确替代性支付的形式、支付时间，按照约定完成支付义务；3. 明确替代性支付的标准，不得低于当地最低工资标准，保障离职员工的生存权，避免因不符合法律规定而被认定为无效；4. 明确替代性支付并非劳动报酬的组成部分，避免劳动者以此为由主张企业未完成支付；5. 按次完成支付后，要求离职员工对所支付的款项或权益系竞业限制对价进行确认，动态化完成支付流程。

在职期间支付竞业限制补偿金是否有效

一、案件要旨

《劳动合同法》第二十三条规定，用人单位可以在劳动合同中与负有保密义务的人员约定竞业限制义务，并约定在解除或者终止劳动合同后，在竞业限制期限内给予劳动者经济补偿。实践中存在用人单位与员工约定在职期间支付竞业限制补偿金的情形，针对此种约定的法律效力，不同地区法院的认定不同，用人单位在设定竞业限制制度、起草竞业限制协议、要求员工履行竞业限制义务时应当结合当地规定、司法实践以及公司具体情况。

二、案件情况

案例一：广东省某研究所与徐某某竞业限制纠纷案[①]

（一）案情简介

徐某某于 2005 年 10 月 10 日入职广东省某研究所，任机械高级工程师。双方签署的书面《劳动合同》中第十一条（三）第 3 款约定，乙方（即徐某某，下同）在聘用期间及离职后二年，不得到与甲方（即广东省某研究所，下同）有同类业务且有竞争关系的其他单位从事兼职活动或就职，也不得为他人或自己而创建与甲方业务相同的企业或开展竞业活动。乙方认可，甲方在支付乙方的工资时，已考虑了乙方离职后需要承担的保密义务，故而无需在乙方离职后另外支付保密费。徐某某于 2018 年 12 月 31 日离职，离职原因系双方劳动合同到期终止，广东省某研究所提出不予续签。徐某某于 2019 年 9 月 3 日向广州市劳动人事争议仲裁委员会申请劳动仲裁，要求广东省某研究所支付徐某某 2019 年 1 月至 8 月竞业限制经济补偿金 48699.79 元。广东省某研究所主张徐某某离职前作为该单位的高级技术人员，离职时未配合办理交接手续，且擅自将其使用的笔记本电脑带走，拒不交还，给应保密技术信息资料造成了重大外泄风险，构成违反保密协议约定，故广东省某研究所无需再支付徐某某竞业限制补偿金；徐某某在广东省某研究所就职期间，该所制定薪酬标准时已充分考虑了徐某某离职后需要承担保密义务的因素，徐某某在签订劳动合同时已清楚知悉自己的权利义务，有关竞业限制的经济补偿已经计算在工资内予以发放，因此广东省某研究所不应再重复支付；竞业禁止条款作为劳动合同组成的一

[①] 案件来源：广州市天河区人民法院（2019）粤 0106 民初 41657 号、广东省广州市中级人民法院（2021）粤 01 民终 16163 号。

部分，在双方解除劳动合同时，双方约定的权利义务即终止，广东省某研究所不再对徐某某就业权利进行限制，故不应该再支付其经济补偿金。广州市劳动人事争议仲裁委员会于 2019 年 10 月 28 日作出了穗劳人仲案字〔2019〕7254 号仲裁裁决书，裁决：广东省某研究所一次性支付徐某某 2019 年 1 月至 2019 年 8 月竞业限制经济补偿 48699.79 元。广东省某研究所不服仲裁裁决，向广州市天河区人民法院起诉，请求判决广东省某研究所无须向徐某某支付 2019 年 1 月至 2019 年 8 月竞业限制经济补偿 48699.79 元等。

（二）法院审理

广州市天河区人民法院经审理认为：竞业限制的经济补偿应在解除或终止劳动合同后，在竞业限制期内支付，双方劳动合同约定徐某某在职期间的工资中已包含了保密费，违反法律规定，不予采信。双方《劳动合同》中约定关于徐某某离职后两年内有关竞业限制及保密义务，以上情形符合《最高人民法院关于审理劳动争议案件适用法律若干问题的解释（四）》第六条的规定，当事人在合同或者保密协议中约定了竞业限制，但未约定解除或者终止劳动合同后给予劳动者经济补偿，劳动者履行了竞业限制义务，要求用人单位按照劳动者在劳动合同解除或者终止前十二个月平均工资的 30% 按月支付经济补偿的，应予支持。广东省某研究所未提交证据证明徐某某存在实施了泄露广东省某研究所技术秘密的行为或违反保密协议约定，应承担举证不能的不利后果，故对广东省某研究所的主张不予采信。一审法院判决：自判决发生法律效力之日起 10 日内，广东省某研究所向徐某某支付 2019 年 1 月至 2019 年 8 月竞业限制经济补偿 48699.79 元。

广东省某研究所不服，上诉至广东省广州市中级人民法院。

广东省广州市中级人民法院经审理认为：徐某某于 2018 年 12 月 31 日离职，至今竞业限制期限届满，广东省某研究所并无确切证据证明徐某某实施了违反竞业限制及保密协议的行为，故徐某某请求广东省某研究所支付 2019 年 1 月至 2019 年 8 月竞业限制经济补偿，合理合法，本院予以支持。广东省某研究所以其在劳动关系存续期间向劳动者支付的工资中已包含竞业限制经济补偿为由提出无需另外支付经济补偿的抗辩，因无确切证据证明广东省某研究所发放的工资中包含竞业限制经济补偿的项目，故本院对该抗辩主张不予支持。二审法院判决驳回广东省某研究所上诉，维持原判。

案例二：上海某科技公司与徐某某竞业限制纠纷案①

（一）案情简介

自 2009 年 4 月 1 日起，上海某科技公司与徐某某建立劳动关系，徐某某从事网络游戏开发运营工作。双方之间最后一份劳动合同签订于 2011 年 9 月 15 日，期限自 2011 年 10 月 1 日起至 2017 年 9 月 30 日止，相关内容为："甲方（上海某科技公司）的报酬体系中的 200 元/月为乙方（徐某某）离职后承担不竞争义务的补偿费""乙方违反不竞争的约定，除乙方与新聘用单位解除非法劳动关系，尚须向甲方支付人民币拾万元违约金"。2009 年 8 月 6 日、2012 年 10 月 25 日，上海某科技公司作为甲方，徐某某作为乙方，双方先后签订了两份主要内容相同的《协议书》。后一份《协议书》的相关内容为："鉴于乙方已经（或可能）知悉甲方及其关联公司的重要商业秘密或者对甲方及其关联公司的竞争优势具有重要影响的信息，乙方特作出本保密与不竞争承诺，作为甲方母公司——T 公司授予乙方股票期权或限制性股票的对价。甲、乙根据国家有关法律法规，本着平等、自愿、公平、诚信的精神，经充分协商一致后，共同订立本合同。一、权利和义务：（一）乙方承诺：1. 未经甲方书面同意，在职期间不得自营、参与经营与甲方或甲方关联公司构成业务竞争关系的单位；2. 不论因何种原因从甲方或其关联公司离职，离职后两年内（自劳动关系解除之日起计算，到劳动关系解除两年后的次日止，下同）乙方不得与同甲方或甲方关联公司有竞争关系的单位建立劳动关系、劳务关系、劳务派遣、咨询顾问、股东、合伙人等关系。这些单位包括但不限于下列单位及其关联公司……3. 不论因何种原因从甲方或其关联公司离职，离职后两年内都不得自办与甲方或甲方关联公司有竞争关系的企业或者从事与甲方及其关联公司商业秘密有关的产品、服务的生产、经营，所谓与甲方及其关联公司有竞争关系的企业，包括但不限于以下几类单位……（二）甲方承诺：根据《回购股权计划》《股份奖励计划》，由甲方的母公司——T 公司于乙方任职期间向乙方发放股票期权或限制性股票若干作为乙方承诺保密与不

---

① 案件来源：上海市徐汇区人民法院（2017）沪 0104 民初 13606 号、上海市第一中级人民法院（2018）沪 01 民终 1422 号。

竞争的对价。股票期权或限制性股票发放的具体数目及执行细节依乙方和T公司签署有关股票期权或限制性股票授予协议而定。鉴于前述对价关系，若乙方的保密与不竞争承诺因任何原因被认定为无效，乙方行使股票期权或限制性股票所获得的收益须全额返还给甲方（除非甲方书面免除乙方的返还义务）。二、违约责任：甲、乙双方约定：（1）乙方不履行本协议约定的义务，应当承担违约责任。第一，对于已授予还未行使的股票期权或限制性股票乙方无权再行使；对于已行使股票期权或限制性股票，则甲方有权向乙方追索所有任职期间行使股票期权或限制性股票所生之收益。若行使股票期权所生之收益数额难以确定的，以甲方对乙方的违约行为初次采取法律行动（包括但不限于发送律师函、法律函、诉讼、劳动仲裁）当日的股票市值与授权基础价格之差价计算；限制性股票以采取法律行动当日股票市值计算。除非乙方可举证证明上述实际收益。第二，乙方违约行为给甲方或甲方关联公司造成损失的，乙方应当承担赔偿责任（如已经支付违约金的，应当予以扣除）。甲方可要求乙方同时履行上述一项或多项违约责任。（2）若甲方在前述两年期限届满前对乙方作出不要求继续承担竞业限制义务的决定，乙方之前在甲方或甲方关联公司任职期间行使股票期权或限制性股票所获得的收益将不会被追索。（3）前款所述损失赔偿按照如下方式计算：……③甲方及甲方关联公司因调查乙方的违约/侵权行为而支付的合理费用，应当包含在损失赔偿额之内。"2014年6月24日，上海某科技公司为徐某某办理了退工日期为2014年5月28日的网上退工手续。之后，案外人a公司为徐某某办理了用工日期为2014年6月1日的用工手续。a公司成立日期为2014年1月26日，徐某某为该公司法定代表人、股东。案外人b公司、d公司成立日期均为2014年11月19日，案外人f公司成立日期为2015年1月7日。b公司、d公司和f公司的法定代表人、执行董事均为徐某某，a公司为三公司的股东。上述四公司的经营范围都包括"计算机技术、电子技术、互联网技术、通信技术领域内的技术开发、技术服务、技术转让、技术咨询"。上海某科技公司的经营范围包括"开发、设计、制作计算机软件，销售自产产品，并提供相关的技术咨询和技术服务"。2017年5月27日，上海某科技公司向上海市徐汇区劳动人事争议仲裁委员会申请仲裁，要求徐某某依据双方签订的《协议书》

支付人民币 23121805 元；承担上海某科技公司因采取法律行动聘请律师费用等各项维权支出人民币 20 万元。2017 年 6 月 2 日，上海市徐汇区劳动人事争议仲裁委员会作出徐劳人仲（2017）通字第 74 号仲裁通知书，以上海某科技公司的请求不属于劳动争议受理范围为由，作出不予受理的通知。上海某科技公司向上海市徐汇区人民法院起诉，请求判令：徐某某支付人民币 23555588.02 元，并承担律师费人民币 20 万元。

（二）法院审理

上海市徐汇区人民法院经审理认为，一审法院在审理过程中将《协议书》是否合法有效作为争议焦点之一，并认为双方签订的《协议书》合法有效，《协议书》明确约定，T 公司的限制性股票作为对价被授予徐某某，并于徐某某在职期间就已解禁归属过户，由徐某某获利。徐某某在上海某科技公司工作期间就设立了 a 公司，离职后两年内继续经营 a 公司，且 a 公司作为股东还陆续设立了 b 公司、d 公司和 f 公司，四家公司的法定代表人、执行董事均为徐某某，经营范围均与上海某科技公司及其关联公司有重合，徐某某的这些行为明显违反了劳动者应遵守的竞业限制方面的基本义务，应依法按约承担违约责任。一审法院结合案件情况判决：徐某某于判决生效之日起七日内支付上海某科技公司违约金人民币 3723246.26 元；驳回上海某科技公司要求徐某某承担律师费的诉讼请求。

上海某科技公司及徐某某均不服一审判决，上诉至上海市第一中级人民法院，上海某科技公司上诉请求撤销一审判决，依法改判徐某某支付人民币 23555588.02 元，并承担律师费人民币 20 万元。徐某某上诉请求撤销一审判决第一项，驳回上海某科技公司一审中的诉讼请求。

上海市第一中级人民法院经审理认为，劳动合同约定报酬体系中的 200 元/月为不竞争义务的补偿费，并不违反法律的强制性规定。而且，《协议书》明确约定，由上海某科技公司的母公司 T 公司授予徐某某限制性股票作为对价。《协议书》系当事人的真实意思表示，双方均应履行约定的义务，本案中，徐某某虽坚持认为上海某科技公司没有支付竞业限制的经济补偿，但其并未请求解除竞业限制约定。二审法院综合案件情况认为一审判决在确认收益日时与双方约定不符，最终判决：徐某某于本判决生效之日起十日内支付上诉人上海某科技公司人民币 19403333 元。

案例三：北京某房地产公司与王某某竞业限制纠纷案①

（一）案情简介

王某某于 2013 年 12 月 16 日入职北京某房地产公司，担任副总，工资为月基本工资 17500 元+绩效奖金。北京某房地产公司作为甲方、王某某作为乙方签署《保密与竞业限制协议》，约定竞业限制期间为本协议期间及期满或终止后的两年内，同时第六条关于补偿约定：甲方同意就乙方离职后所承担的保密义务、竞业限制义务，向其支付保密和竞业限制补偿金，包含在甲方支付乙方每月的工资报酬内。乙方认可甲方在支付乙方每月的工资报酬时，已考虑了乙方离职后需要承担的保密及竞业限制义务，已随同每月工资一并发放，故无需在乙方离职时（后）另外支付保密及竞业限制费用。关于劳动关系解除时间，双方存在争议，王某某主张 2015 年 8 月 13 日被公司无故解除劳动关系，北京某房地产公司主张王某某系 2015 年 7 月底自动离职，公司通知其来办理离职审批及交接手续，但被拒收。后王某某向北京市朝阳区劳动人事争议仲裁委员会提出仲裁申请，北京市朝阳区劳动人事争议仲裁委员会作出京朝劳人仲字〔2016〕第 12936 号裁决书，裁决：北京某房地产公司支付王某某绩效奖金 92958.91 元、违法解除劳动关系赔偿金 85032 元、2015 年 7 月 1 日至 8 月 13 日工资 35344.83 元、未休年假工资 13793.11 元；驳回王某某其他仲裁请求。双方均不服该裁决，诉至北京市朝阳区人民法院。

北京某房地产公司向一审法院起诉请求：不支付工资、绩效奖金、违法解除劳动关系赔偿金、未休年假工资。王某某向一审法院起诉请求：1. 支付违法解除劳动关系赔偿金 100000 元；2. 支付工资 39942.6 元；3. 支付未休年假工资 45977 元；4. 支付办公及保洁物品报销款 5981.89 元；5. 支付绩效奖金 180000 元；6. 支付 2015 年 8 月 14 日至 2017 年 6 月 19 日竞业限制补偿金 550000 元。

（二）法院审理

北京市朝阳区人民法院经审理认为：双方就解除劳动关系原因各执一

---

① 案件来源：北京市朝阳区人民法院（2017）京 0105 民初 49542 号，北京市第三中级人民法院（2018）京 03 民终 389 号。

词，但均未提供充足证据予以佐证，故法院推定双方系协商一致解除劳动关系。就双方签署的《保密与竞业限制协议》，法院认为虽然双方的《保密与竞业限制协议》约定竞业限制补偿金随工资一并发放，但此与法律规定的发放形式不符，且王某某对此不予认可，故北京某房地产公司仍负有支付义务，王某某延续计算竞业限制补偿金所增加的诉讼请求，属于与讼争的劳动争议具有不可分性，可以合并审理，一审法院判决：北京某房地产公司给付王某某工资 24741.37 元、未休年假工资 8045.97 元、竞业限制补偿金 115500 元、违法解除劳动关系经济补偿金 35000 元等。

北京某房地产公司与王某某均不服一审判决，上诉至北京市第三中级人民法院。北京某房地产公司上诉请求：发回重审或改判。王某某上诉请求：撤销一审判决，改判支持王某某一审全部诉讼请求。

北京市第三中级人民法院经审理认为：一审判决认定事实清楚，适用法律正确。就北京某房地产公司与王某某签订的《保密与竞业限制协议》约定竞业限制补偿金随工资一并发放的效力，二审法院认为此约定与法律规定的发放形式不符，且王某某对此不予认可，故北京某房地产公司仍负有支付义务。二审法院判决驳回上诉，维持原判。

案例四：OY 科技有限公司与陶某某竞业限制纠纷案①

（一）案情简介

陶某某于 2012 年 10 月 26 日进入 A 公司担任研发主任，2012 年 12 月 24 日陶某某与 A 公司签订的上海高校毕业生、毕业研究生就业协议书约定 A 公司聘用陶某某的初次合同期限为三年，月工资为税后人民币 12000 元。自 2014 年 3 月起陶某某的劳动关系转入 OY 科技有限公司，工资标准不变，工龄连续计算，其与 A 公司劳动关系存续期间，应由 A 公司承担的义务均由 OY 科技有限公司继受。陶某某与 OY 科技有限公司未签订过书面劳动合同。经陶某某 2015 年 7 月 31 日签名确认的上海 B 有限公司个人工资明细表（陶某某）显示，2012 年 11 月至 2015 年 7 月期间，OY 科技有限公司的应发工资总金额为 391934 元（月工资构成包括基本工资、岗位

---

① 案件来源：上海市浦东新区人民法院（2017）沪 0115 民初 60048 号、上海市第一中级人民法院（2018）沪 01 民终 3153 号。

工资、保密工资、竞业限制补偿金、餐贴、交通费等，其中各月竞业限制补偿金金额如下：2012 年 12 月至 2013 年 2 月期间为 3900 元/月、2013 年 3 月至 2013 年 4 月期间为 5300 元/月、2013 年 5 月至 2014 年 3 月期间为 5085 元/月、2014 年 4 月至 2015 年 7 月期间为 4878 元/月），已领工资金额为 238215 元，尚欠工资金额为 153719 元。2015 年 7 月 31 日，陶某某、OY 科技有限公司签订协议书，内容如下："甲（OY 科技有限公司）、乙（陶某某）双方就乙方提出辞职事宜达成如下协议：1. 甲方为新注册的高新技术研发公司，主要研发当前世界最前沿的有机光电子材料和以该材料为主的应用器件开发。……由于公司技术研发投资者承诺资金迟迟没有到位，造成公司研发效率不佳，拖欠乙方工资合计 153719 元，其中包括乙方在上海 A 有限公司所欠工资 61319 元。另外，公司总计欠缴其个人社保金计 82012 元（已含薪金中个人所得税部分），其中包括乙方在上海 A 有限公司所欠社保金计 40677 元。…… 3. 乙方承诺在辞职后，根据公司章程规定，保证五年内不做与甲方公司类似的工作，不参与有损甲方经济利益的活动，并愿承担有意或无意泄露甲方目前从事工作的各方面信息从而造成损失的法律责任。…… 5. 本协议一式两份，甲、乙双方各执一份。双方已经签字即生效"。2015 年 8 月 1 日，OY 科技有限公司为陶某某开具的退工证明载明陶某某自 2012 年 10 月 26 日进入 OY 科技有限公司工作，双方于 2015 年 7 月 31 日解除劳动合同。2016 年 2 月 1 日，OY 科技有限公司向陶某某支付欠付的工资 30000 元，2017 年 2 月 3 日，OY 科技有限公司通过案外人上海 C 有限公司向陶某某支付拖欠的工资 20000 元。OY 科技有限公司未为陶某某代扣代缴个人所得税，亦未代缴社保个人应承担部分以及公积金个人应承担部分。

陶某某 2015 年 8 月至 2015 年 10 月的个人住房公积金缴费单位及社会保险缴纳单位为上海 D 有限公司，2015 年 11 月至 2016 年 6 月期间无个人住房公积金缴费记录，2015 年 11 月至 2016 年 5 月期间社保缴费为暂停状态，2016 年 7 月至 2017 年 4 月期间的个人住房公积金缴费单位为上海 E 有限公司。

陶某某于 2017 年 5 月 9 日向上海市浦东新区劳动人事争议仲裁委员会申请仲裁，要求 OY 科技有限公司支付 2015 年 8 月 1 日至 2017 年 4 月 30

日期间竞业限制补偿金 252000 元。该仲裁委员会于 2017 年 6 月 14 日作出裁决，裁令 OY 科技有限公司支付陶某某 2015 年 8 月 1 日至 2017 年 4 月 30 日期间竞业限制补偿金 100800 元。陶某某、OY 科技有限公司均不服该裁决，先后诉至上海市浦东新区人民法院。陶某某请求判令 OY 科技有限公司支付其 2015 年 8 月 1 日至 2017 年 4 月 30 日期间竞业限制补偿金 170541 元。OY 科技有限公司请求判决其无需支付陶某某 2015 年 8 月 1 日至 2017 年 4 月 30 日期间竞业限制补偿金 100800 元。

（二）法院审理

上海市浦东新区人民法院经审理认为，对负有保密义务的劳动者，用人单位可以与劳动者约定竞业限制条款，并约定在解除或者终止劳动合同后，在竞业限制期限内按月给予劳动者经济补偿。在解除或者终止劳动合同后，前款规定的人员到与本单位生产或者经营同类产品、从事同类业务的有竞争关系的其他用人单位，或者自己开业生产或者经营同类产品、从事同类业务的竞业限制期限，不得超过二年。陶某某、OY 科技有限公司 2015 年 7 月 31 日签订的"协议书"第 3 条约定陶某某竞业限制期为自离职起 5 年内，故双方为期 2 年的竞业限制期限有效，而超出 2 年之外的竞业限制期约定因违反法律规定，应属无效。OY 科技有限公司确认陶某某 2015 年 8 月至 2015 年 10 月期间在上海 D 有限公司，2016 年 6 月之后在上海 E 有限公司，该两家案外公司与 OY 科技有限公司不存在竞争关系，并不从事有机光电子材料和以材料为主的应用器件开发，也未提供证据证明陶某某 2015 年 11 月至 2016 年 6 月期间违反竞业限制义务，故应就陶某某 2015 年 8 月 1 日至 2017 年 4 月 30 日期间履行竞业限制义务之行为支付竞业限制补偿金。但由于我国现有法律并未有禁止用人单位在职期间支付劳动者竞业限制补偿金的规定，而经陶某某签名确认的"上海 B 有限公司个人工资明细表（陶某某）"明确载明 2012 年 12 月至 2015 年 7 月期间陶某某每月工资中均包含有竞业限制补偿金，且陶某某、OY 科技有限公司均确认未约定竞业限制补偿金的支付时间，结合陶某某原审中自认其入职 OY 科技有限公司后曾领取过 3 个月的工资条，其中第一张工资条的工资构成明细无竞业限制补偿金，后 2 张工资条的工资构成明细中则包含了竞业限制补偿金（金额大概为几千元），其当时也并未就此向公司提出异议之说法，原审法院采信 OY 科技有限公司主张，确认陶某某 2012 年 12 月至 2015 年 7 月期间的月工资中 OY 科技有限公司按月提前支付的本案系争期间竞业限制补偿金。加之陶某某、OY 科技有限公司之间已生效的判决书已确认 OY 科技有限公司应支付陶某某在职期间的工资差额 103719 元（税后），故陶某某要求 OY 科技有限公司支付 2015 年 8 月 1 日至 2017 年 4 月 30 日期间竞业限制补偿金 170541 元的诉请，原审法院难以支持，OY 科技有限公司要求无需支付陶某某 2015 年 8 月 1 日至 2017 年 4 月 30 日期间竞业限制补偿金 100800 元的诉请于法有依。判决作出后陶某某不服，上诉至上海市第一中级人民法院。

上诉人陶某某请求：撤销原审判决，改判被上诉人 OY 科技有限公司支付其 2015 年 8 月 1 日至 2017 年 4 月 30 日期间竞业限制补偿金人民币 170541 元。上海市第一中级人民法院经审理认为，解决劳动争议，应当根据合法、公正、及时处理的原则，依法维护劳动争议当事人的合法权益。本案中，依照上诉人陶某某与被上诉人 OY 科技有限公司于 2015 年 7 月 31 日所签订之协议，陶某某在离职后 2 年内负有竞业限制义务。在陶某某依约履行竞业限制义务的情况下，其依法可享有竞业限制补偿金。现 OY 科技有限公司亦不否认陶某某已履行竞业限制义务，仅系主张陶某某 2012 年 12 月至 2015 年 7 月期间的各月工资中已包含竞业限制补偿金，并以此为由要求不再另行支付陶某某竞业限制补偿金。对此，本院认为，陶某某虽不认可 OY 科技有限公司上述主张，但结合陶某某于 2015 年 7 月 31 日签名确认的个人工资明细表所显示之工资构成、陶某某有关其入职第二及第三个月的工资单上即显示有竞业限制补偿金项目之自认以及陶某某在看到工资单后也未向公司提出异议之自述等综合考量，可认定陶某某与 A 公司、OY 科技有限公司已通过实际履行方式对陶某某的工资构成作了明确及变更，原审法院基于此而认为陶某某 2012 年 12 月至 2015 年 7 月期间的月工资中 OY 科技有限公司按月提前支付的本案系争期间竞业限制补偿金，并无不当，本院予以认同。故对陶某某要求 OY 科技有限公司支付其 2015 年 8 月 1 日至 2017 年 4 月 30 日期间竞业限制补偿金 170541 元的上诉请求，本院不予支持。二审法院判决：驳回上诉，维持原判。

陶某某不服二审判决，向上海市高级人民法院申请再审。上海市高级人民法院经审理认为：根据双方当事人的诉辩以及在案证据，原审法院认定双方当事人签订有竞业限制协议，陶某某在离职后2年内负有竞业限制义务，以及其在依约履行上述义务的情况下，依法可享有竞业限制补偿金，具有合同依据和法律依据，本院予以认同。现陶某某已经履行竞业限制义务，但双方对陶某某是否已经取得竞业限制补偿金存在争议，对此，综合陶某某于2015年7月31日签名确认的个人工资明细表所显示之工资构成（含竞业限制补偿金）、陶某某有关其入职第二及第三个月的工资单上即显示有竞业限制补偿金项目之自认，以及陶某某在看到工资单后也未向公司提出异议之自述等情形予以考量，原审法院认定双方已通过实际履行方式对陶某某的工资构成作了明确及变更，以及2012年12月至2015年7月期间的月工资中已包括案涉争议的OY科技有限公司应支付的竞业限制补偿金，依据充分，并无不当。另现行法并未有禁止用人单位在职期间支付劳动者竞业限制补偿金的规定，故原审法院上述认定亦于法无悖。据上，原审判决对于陶某某有关OY科技有限公司尚未支付竞业限制补偿金的主张未予采纳，当属正确。上海市高级人民法院裁定：驳回陶某某的再审申请。

三、争议焦点分析

1. 确定争议焦点

上述四个案件存在几个共同点：1. 企业均与员工约定了竞业限制义务；2. 企业与员工明确约定在职期间发放竞业限制补偿金；3. 员工均以竞业限制补偿金应当离职后发放为由主张双方关于在职期间支付竞业限制补偿金无法律效力，并要求企业支付相应期间的竞业限制补偿金。此种情况下用人单位是否仍需支付竞业限制补偿金是法院需要判断的法律问题，企业与员工签署的竞业限制协议中关于在职期间发放竞业限制补偿金的条款是否有效即为案件的争议焦点。

2. 拆分争议焦点，确定举证方向

劳动争议案件与一般民商事争议案件不同，就劳动争议类案件，很多地区的法院单独或与社会保障部门或者劳动仲裁部门联合作出过相关规定，故确定举证方向不能仅仅从证据约定出发，也应当结合当地的具体规

定。就企业与员工约定在职期间支付竞业限制补偿金的条款，不同地区的规定不同。

《广东省高级人民法院、广东省劳动人事争议仲裁委员会关于审理劳动人事争议案件若干问题的座谈会纪要》① 第二十一条规定："劳动合同解除或者终止后，劳动者请求用人单位支付竞业限制经济补偿或以用人单位未按约定支付竞业限制经济补偿为由要求不履行竞业限制义务，对用人单位以其在劳动关系存续期间向劳动者支付的劳动报酬已包含竞业限制经济补偿提出的抗辩，不予支持。"

《深圳市中级人民法院关于审理劳动争议案件的裁判指引》第一百零八条规定："双方约定劳动者在职期间的工资中包含竞业限制经济补偿的，该约定无效。用人单位在劳动者离职后的竞业限制期内仍负有支付竞业限制经济补偿的义务。"

《天津市人力资源和社会保障局关于印发天津市贯彻落实〈劳动合同法〉若干问题实施细则的通知》第九条规定："用人单位在劳动合同或者保密协议中与劳动者约定竞业限制条款的，在约定违约金和经济补偿时应遵循公平、公正、适量、对等的原则。用人单位向劳动者支付竞业限制经济补偿的，应当在劳动合同解除或者终止后支付。"

《山东省高级人民法院、山东省人力资源和社会保障厅关于审理劳动人事争议案件若干问题会议纪要》第九条规定："关于用人单位以劳动报酬中包含竞业限制经济补偿进行抗辩的认定问题，劳动合同解除或者终止后，用人单位未支付竞业限制经济补偿，劳动者因此请求解除竞业限制协议，用人单位以其在劳动关系存续期间向劳动者支付的劳动报酬已包含竞业限制经济补偿进行抗辩的，对用人单位的抗辩不予支持。"

《江苏省高级人民法院、江苏省劳动人事争议仲裁委员会关于审理劳动人事争议案件的指导意见（二）》第十一条规定："用人单位与负有保密义务的劳动者约定了竞业限制条款，并在劳动关系存续期间先行给付了合同约定且不低于法定标准的经济补偿，劳动合同解除或终止后，劳动者请求确认该竞业限制条款无效的，不予支持。如用人单位在劳动关系存续期

---

① 该规定于 2012 年 7 月 23 日生效，自 2021 年 1 月 1 日起因《广东省高级人民法院关于废止部分审判业务文件的决定》废止。

间先行给付经济补偿的数额低于法定标准的，应予补足；用人单位在劳动合同解除或终止后超过一个月仍未补足的，除劳动者要求履行外，该竞业限制条款对劳动者不具有法律约束力。"

从上述法律规定内容可知，广东省、深圳市、天津市、山东省均明确规定约定在职期间支付竞业限制补偿金是不具有约束力的，江苏省认可了相关规定的效力，但结合劳动法相关规定，用人单位与劳动者的约定不得低于法定标准的竞业限制补偿标准。

在没有相关规定的情况下应当如何说明己方主张？比较直接的方法即为类案检索，如上海市虽无相关规定，但本书中的两个案例中上海地区的法院均认可相关规定的效力。

在相关规定和类案检索都准备好后，用人单位就应当举证证明已经在员工在职期间支付了竞业限制补偿金，证据形式可以是员工的确认函，也可以是发放时的款项性质摘要，重点要明确竞业限制补偿金与给员工提供的劳动报酬不是同一性质，是可以区分的。

四、律师建议

1. 举证建议

用人单位如欲证明竞业限制补偿金于在职期间支付，则应当从以下角度入手。

（1）明确此种约定在当地系合法有效的。

劳动争议案件系企业常遇到的纠纷类型之一，且关系到劳动者的基本权益，加之各地关于劳动争议的规定、会议纪要、指导意见等可能存在不同的观点或认定标准，企业在应对劳动争议纠纷前应当先摸清本地区的相关规定，如对相关规定不甚了解，可咨询所属地区的劳动争议解决部门，如劳动仲裁委员会、人力资源和社会保障局等部门，也可向律师咨询。

如经过法律检索及当地规定检索后发现并无相关规定，可通过类案检索方式来明确法院对于此类问题的裁判趋势或尺度。在类案检索过程中，应当注意类案检索的范围和方式，《最高人民法院印发〈关于统一法律适用加强类案检索的指导意见（试行）〉的通知》第四条规定："类案检索范围一般包括：（一）最高人民法院发布的指导性案例；（二）最高人民法院发布的典型案例及裁判生效的案件；（三）本省（自治区、直辖市）高级人民法院发布的参考性案例及裁判生效的案件；（四）上一级人民法院及本院裁判生效的案件。除指导性案例以外，优先检索近三年的案例或者案件；已经在前一顺位中检索到类案的，可以不再进行检索。"

（2）用人单位已经实际履行了支付义务。

此类证据比较明确，一般为支付凭证或员工签收证明，重点是相应证据应当能够体现出竞业限制补偿金不属于劳动报酬，如双方关于发放款项金额的沟通记录、支付凭证中的摘要内容、员工签字确认的款项性质、员工离职时签署的确认已经收到补偿金的确认书、员工承诺不因离职后未支付补偿金而拒绝履行竞业限制义务的承诺书等。

2. 实操建议

我国现行法律并未规定在职期间发放竞业限制补偿金是否有效，正是因为没有统一规定，才导致不同地区出台不同规定、不同地区的裁判观点可能截然相反，为了避免相关风险，我们建议在不影响用人单位经营管理的前提下，按照法律规定在员工离职后开始支付竞业限制补偿金，如确需在职期间发放，应当注意在协议约定、具体履行过程中的一致性、连贯性，协议或承诺的内容也应当前后呼应，避免存在矛盾。

（1）在竞业限制协议或条款中约定清楚，明确每月发放的竞业限制补偿金的款项性质、金额；

（2）发放过程中可以与劳动报酬分开发放，并写明款项摘要，避免混淆；

（3）注意即使约定在职期间发放，相应的金额也应当符合法律规定的最低标准，不应低于当地最低工资标准；

（4）定期要求员工签署确认收到竞业限制补偿金的确认书，明确收到的金额、所对应的期间；

（5）员工离职时签署竞业限制补偿金已经支付完毕的确认书；

（6）在协议或承诺中明确员工不得以离职后未支付补偿金为由解除竞业限制协议或主张用人单位违约责任。

竞业限制协议解除后，用人单位仍应向劳动者支付
三个月的经济补偿——丁某等劳动合同纠纷民事二审案件①

一、案件要旨

在竞业限制期限内，用人单位可以解除竞业限制协议。在解除竞业限制协议时，劳动者可以请求用人单位额外支付劳动者三个月的竞业限制经济补偿。

二、案情简介

丁某与YX公司签订了期限为2020年5月1日至2022年10月7日的劳动合同，合同约定丁某月工资为11000元，另有绩效奖励；合同落款处书写有"乙方（即丁某）连续工龄计算开始时间为2018年10月8日起"。2020年10月14日YX公司向丁某出具《解除劳动合同通知书》，以丁某"工作疏忽或不称职，徇私舞弊，不胜任此岗位"为由，决定于2020年10月14日解除双方的劳动合同。

2020年11月8日，丁某向上海市浦东新区劳动人事争议仲裁委员会提出仲裁申请，要求YX公司：1. 支付2020年7月绩效工资差额500元；2. 支付2020年8月绩效工资差额3850元；3. 支付2020年9月绩效工资差额29655元；4. 支付2020年10月1日至10月14日期间工资7080.46元；5. 支付2020年10月绩效工资29050元；6. 支付2020年5月21日至2020年10月14日期间5天未休年假工资5118.85元；7. 支付违法解除劳动合同赔偿金111334.90元；8. 支付一次性竞业限制补偿金267203.76元。2021年3月10日该委作出裁决，YX公司应支付丁某2020年7月绩效工资差额500元、2020年8月绩效工资差额3850元、2020年9月绩效工资差额29655元、2020年10月1日至10月14日期间工资7080.46元、2020年10月绩效工资差额1050元、2020年5月21日至2020年10月14日期间未休年假工资5118.85元、违法解除劳动合同赔偿金111334.90元、

---

① 上海市第一中级人民法院（2021）沪01民终12562号。

竞业限制补偿金 117671.75 元（含 2020 年 10 月 15 日至 2020 年 12 月 23 日及额外 3 个月的竞业限制补偿金）。

双方劳动合同还约定乙方在离职后两年内，不得在销售同类产品、经营同类业务或有其他竞争关系的用人单位任职，也不得自己组建与原单位有竞争关系的同类产品或经营同类业务的主体，甲方（YX 公司）应在约定的竞业限制期间，每月向乙方支付乙方离职前一年内的月平均收入的 50% 作为补偿。

YX 公司实施的员工手册的 2.7 "全公司人员'红线行为'准则"，规定全公司人员禁止从事下列行为：1. 顾问外推其他机构返佣；2. 市场部将公司资源外推拿返佣或者贩卖、置换资源；3. 其他有损公司、客户利益的行为。公司任何人员因违反本准则，导致公司利益、声誉等权益受到损害的，一经查实，按严重违反公司规章制度处理，公司通报并解除劳动合同。4.1.3 "违纪辞退"规定，员工如有下列行为之一，将会被公司即时辞退并不给予任何经济补偿……2）不诚实，包括但不限于在求职过程中提供虚假文件的，在任何署名文件中提供不实信息或虚假报告，未经许可挪移公司财产，参与从事不道德的商业活动，严重地和故意地利用公司财务谋取个人利益，仿用他人签字谋取私人利益，盗用公司印章等；3）弄虚作假，骗取公司钱财或信任，或者虚报业绩或虚编文件、报告的……5）严重失职或营私舞弊，对公司利益造成重大损害……

2020 年 12 月 23 日，丁某收到 YX 公司发出的《解除竞业限制协议通知》，书面告知丁某决定解除对丁某的竞业限制要求，同时不再发放竞业限制补偿金。YX 公司表示因 2020 年 7 月 19 日丁某未及时反馈教学进度，导致家长两次投诉，YX 公司认为丁某作为教学主管不履行岗位职责，对客户极不负责，违反了员工手册 2.7 条 "红线行为" 准则及 4.1.3 条的规定；又因 2020 年 7 月 21 日丁某团队的一个学员即将面临比赛报名，一年只有一次，一旦错过要再等一年，丁某作为负责主管人员对学员报名事宜漠不关心，最终差点导致学员错过报名机会，导致家长对学校强烈不满并向学校投诉，触犯了员工手册 2.7 条 "红线行为" 准则及 4.1.3 条。YX 公司因此于 2020 年 7 月给予丁某书面警告一次并扣绩效 500 元。2020 年 8 月 12 日，丁某作为公司员工拒绝公司内部架构调整安排，将公司资源和人才视为己有，违反员工手册 2.7 条及 4.1.3 条的规定；8 月 25 日，作为教学主管的丁某理应积极推进学生先签约后服务，但丁某为减少自身工作量，拒不配合同事的工作，激化员工内部矛盾，触犯了员工手册 2.7 条及 4.1.3 条。YX 公司因此于 2020 年 8 月给予丁某书面警告一次并扣绩效 1400 元。2020 年 9 月 1 日，丁某拒绝履行岗位职责，在未跟进学生教学工作的情况下捏造事实，哄骗公司，不诚实又扰乱公司经营秩序，触犯员工手册 2.7 条。YX 公司因此给予丁某严重书面警告一次。此外，丁某于 2020 年 10 月期间，利用职务之便恶意重复计算绩效，企图骗取财务谋取私利，被上级主管审核发现才避免损失；2020 年 10 月，丁某还指派其他员工完成工作范围之外的工作，并强行将绩效计入自己劳动所得，侵占他人劳动所得，逼迫公司发放该部分绩效；丁某多次给导师计算薪资失误导致导师薪资重复计算，险些造成上万元损失，被查出之后拒不承认，嫁祸其他员工。基于以上三次警告处分以及丁某于 2020 年 10 月的一系列违纪行为，YX 公司认为丁某一再违反规章制度规定，因此解除双方的劳动合同。

YX 公司对丁某于离职前 12 个月平均工资 22266.98 元和仲裁裁定的赔偿金金额 111334.90 元无异议。

YX 公司要求不予支付丁某竞业限制补偿金的理由为其于 2020 年 10 月 14 日解除劳动合同当日一并将《解除竞业限制通知书》送交给丁某，但丁某拒绝签字。对此 YX 公司认可其无相关证据予以证明。

三、法院审理

1. 一审法院审理

一审法院认为：当事人对自己提出的诉讼请求所依据的事实或者反驳对方诉讼请求所依据的事实，应当提供证据加以证明，但法律另有规定的除外。在作出判决前，当事人未能提供证据或者证据不足以证明其事实主张的，由负有举证证明责任的当事人承担不利的后果。在劳动争议纠纷案件中，因用人单位作出的解除劳动合同等决定而引发争议的，由用人单位负举证责任。YX 公司以丁某"工作疏忽或不称职，徇私舞弊，不胜任此岗位"为由解除双方的劳动合同，由于 YX 公司为了证明丁某存在以上违纪行为而提供的相关证据，均未能得到一审法院的采信，故 YX 公司认为丁某具有严重违纪行为的主张，一审法院实难采信。YX 公司解除双方的劳动合同的行为违法，其要求不予支付丁某违法解除劳动合同赔偿金

111334.90元的诉讼请求，一审法院不予支持。

YX公司虽主张其于劳动合同解除时，同时通知了丁某不需继续履行竞业限制义务，但因YX公司就此未能提供相应证据证明，一审法院不予采信其主张，并认定YX公司于2020年12月23日将该通知内容告知丁某，故YX公司应按照丁某离职前一年内月平均工资22266.98元的50%为补偿标准，支付丁某2020年10月15日至2020年12月22日期间的竞业限制补偿金25338.29元。再根据相关规定，在解除竞业限制协议时，劳动者可以请求用人单位额外支付劳动者三个月的竞业限制经济补偿，故YX公司还应支付丁某解除竞业限制的补偿金33400.47元。以上YX公司共计应支付丁某竞业限制补偿金58738.76元。丁某经一审法院合法传唤，无正当理由未到庭参加诉讼，一审法院依法作出缺席判决。

2. 二审法院审理

二审法院认为，本案的争议焦点为YX公司是否属于合法解除劳动合同及是否需要支付竞业限制补偿金。一审法院在判决YX公司支付丁某违法解除劳动合同赔偿金时，已经详尽地阐明了判决理由，该理由正确，据此所作的判决并无不当。YX公司上诉认为劳动合同系合法解除，故不应支付该笔款项，但未提出新的事实与理由并加以佐证，本院不予采信。根据最高人民法院司法解释的规定，在竞业限制期限内，用人单位请求解除竞业限制协议的，人民法院应予支持。本案中YX公司主张在解除劳动合同时即已同时告知丁某不需履行竞业限制义务，但没有提供证据予以证明，其主张不成立。一审法院据此作出判决，经审查，一审法院确定的竞业限制补偿金金额无误，本院不再赘述。

综上所述，上海YX公司、丁某的上诉请求均不能成立，应予驳回；一审判决认定事实清楚，适用法律正确，应予维持。

四、争议焦点分析

1. 争议焦点聚焦

本案中用人单位主张在解除劳动关系时，已经将《解除竞业限制协议通知》送交给劳动者，所以无需向劳动者支付竞业限制补偿金。本案的争议焦点即为用人单位是否需要支付竞业限制经济补偿金以及竞业限制补偿金的金额。

因用人单位主张已解除竞业限制条款，但并未举证证明，因此其主张未得到支持，仍应按照劳动合同中竞业限制条款的约定向劳动者支付竞业限制补偿金。用人单位虽具有解除竞业限制的权利，但竞业限制协议解除前的竞业限制补偿金仍应继续支付。而且用人单位解除竞业限制协议，劳动者可以请求用人单位额外支付劳动者三个月的竞业限制经济补偿，该笔额外的经济补偿金是对劳动者在竞业限制期间自主择业权利受限制的弥补。

2. 法律适用

本案适用的司法解释条款为《最高人民法院关于审理劳动争议案件适用法律问题的解释（一）》第三十九条："在竞业限制期限内，用人单位请求解除竞业限制协议的，人民法院应予支持。在解除竞业限制协议时，劳动者请求用人单位额外支付劳动者三个月的竞业限制经济补偿的，人民法院应予支持"。

五、律师建议

无论用人单位在与劳动者建立劳动关系时是否签署了竞业限制协议或在劳动合同中约定了竞业限制条款，在解除劳动关系时均应当明确劳动者离职后是否需要履行竞业限制义务，同时做好证据固定，避免在发生劳动争议时，因无法举证而承担不利的法律后果。同时，劳动者也应清楚地知道自身在离职后是否需要履行竞业限制义务，便于在竞业限制期限内告知和反馈工作情况。

诉讼期间员工/用人单位继续履行竞业限制协议约定义务，涉及仲裁时尚未发生的补偿金的，员工要求支付补偿金/用人单位要求返还补偿金的诉讼请求不受仲裁前置限制

一、案件要旨

竞业限制纠纷案件中，很多情况下当事人系在竞业限制期限内提起仲裁申请，在仲裁机构审判期间，员工仍在履行竞业限制义务、用人单位仍

在支付竞业限制补偿金，但是在提起仲裁时相应期间的竞业限制补偿尚未发生，仲裁机构也无法就尚未发生的事实进行审理。那么，在诉讼阶段，员工能否直接要求公司支付提起仲裁申请后至判决生效之日的竞业限制经济补偿金，而在员工违反竞业限制义务情况下，用人单位能否要求员工返还上述期间已经支付的经济补偿金。

二、案件情况

案例一：戴某某与广东 H 公司劳动争议纠纷案

（一）案情简介

2019 年 9 月，戴某某入职 H 公司任副总经理职位，双方签订了期限为 2019 年 9 月 24 日至 2022 年 9 月 23 日的劳动合同，合同约定试用期为 2019 年 9 月 24 日至 2019 年 12 月 23 日，合同落款日期为 2019 年 9 月 30 日。双方签订了保密协议，保密协议第四条第 8 点约定，戴某某保证在与 H 公司解除劳动合同或劳务协议一年内，不和与 H 公司存在同业竞争关系的雇主签订劳动合同，不向与 H 公司存在同业竞争关系的任何机构及工人提供劳务和咨询服务。2019 年 12 月 1 日双方解除劳动关系。

戴某某于 2020 年 6 月 23 日向广州市劳动人事争议仲裁委员会申请劳动仲裁，请求裁决：（一）H 公司违反《劳动合同法》第十九条、第八十三条规定，违法约定试用期 3 个月，请求依法判令 H 公司支付戴某某违反试用期约定赔偿金 5793.10 元（按实际工资 18000 元÷21.75 天×7 天的工资，按超出的 7 天计）；（二）请求依法判令 H 公司支付戴某某 11 月 30 日的工资 1655.17 元（18000 元÷21.75 天×二倍）……（十七）要求自 2019 年 12 月 1 日起双方解除竞业限制约定，同时 H 公司支付 2019 年 12 月 1 日至 2020 年 12 月 1 日共计 12 个月的竞业限制经济补偿金 129600 元……2020 年 8 月 5 日，广州市劳动人事争议仲裁委员会作出穗劳人仲案〔2020〕6392 号仲裁裁决书，裁决 H 公司向戴某某支付 2019 年 9 月工资差额 56.42 元、支付 2019 年 12 月 1 日至 2020 年 7 月 31 日竞业限制经济补偿金 43200 元，以及驳回戴某某的其他仲裁请求。

戴某某、H 公司均不服仲裁裁决，起诉至广东省广州市天河区人民法院。

戴某某的诉讼请求：（一）H 公司支付违反试用期约定赔偿金 5793.10 元；（二）H 公司支付 2019 年 11 月 30 日加班工资 1655.17 元……（五）判令 H 公司支付戴某某竞业限制经济补偿金 64800 元（按实际月工资 18000 元的 30%×合同约定期限的 12 个月计）……（十二）H 公司负担本案全部诉讼费。

H 公司的诉讼请求：（一）确认 H 公司不存在拖欠戴某某工资的情形，无需支付工资差额 56.42 元；（二）确认双方不存在竞业禁止限制，H 公司无需向戴某某支付竞业限制补偿金 43200 元；（三）戴某某负担本案全部诉讼费用。

（二）法院审理

天河区人民法院经审理认为：关于竞业限制问题，虽然 H 公司表示其在双方解除劳动关系时即已口头告知戴某某无需遵守竞业限制约定，但 H 公司并未提供证据证明其主张，理应承担举证不能的不利后果。而戴某某主张其截至 2020 年 7 月 31 日均未重新就业，H 公司亦未提供相反的证据予以反驳，一审法院采纳戴某某的主张，认定戴某某实际已遵守了竞业限制约定，H 公司应当支付戴某某竞业限制经济补偿金。但双方并未约定竞业限制的经济补偿，参照原《最高人民法院关于审理劳动争议案件适用法律若干问题的解释（四）》第六条规定：“当事人在劳动合同或者保密协议中约定了竞业限制，但未约定解除或者终止劳动合同后给予劳动者经济补偿，劳动者履行了竞业限制义务，要求用人单位按照劳动者在劳动合同解除或者终止前十二个月平均工资的 30% 按月支付经济补偿的，人民法院应予支持。”因此，一审法院按照戴某某月工资 18000 元的 30% 核算戴某某的经济补偿至 2020 年 7 月 31 日。至于 2020 年 8 月 1 日至 2020 年 12 月 1 日期间的竞业限制补偿金，现无法确认戴某某是否遵守竞业限制，戴某某在本案中要求 H 公司支付 2020 年 8 月 1 日至 2020 年 12 月 1 日期间的竞业限制经济补偿金，缺乏事实依据。一审法院判决：一、H 公司于本判决发生法律效力之日起 10 日内向戴某某支付 2019 年 9 月工资差额 56.42 元；二、H 公司于本判决发生法律效力之日起 10 日内向戴某某支付 2019 年 12 月 1 日至 2020 年 7 月 31 日竞业限制经济补偿金 43200 元；三、驳回戴某某的其他诉讼请求；四、驳回 H 公司的诉讼请求。

戴某某、H 公司均不服一审判决，上诉至广东省广州市中级人民法院。

戴某某的上诉请求：一、判令 H 公司支付戴某某违反试用期约定赔偿金 5793.10 元。二、判令 H 公司支付戴某某 2019 年 11 月 30 日上班工资 1655.17 元……五、判令 H 公司支付戴某某竞业限制经济补偿金 64800 元（按实际月工资 18000 元的 30%×合同约定期限的 12 个月计）……就竞业限制补偿部分，戴某某认为，其依照约定已履行了竞业限制义务 12 个月，一审判决仅支持 8 个月不当。

H 公司的上诉请求：1. 撤销一审判决第二项，改判 H 公司无需支付戴某某竞业限制经济补偿金；2. 本案一、二审全部诉讼费由戴某某承担。H 公司认为：双方劳动合同无效，即使劳动合同有效，戴某某并未真正履行竞业禁止义务，且戴某某在仲裁时明确要求自离职之日起开始解除保密协议中的竞业禁止约定，H 公司亦当庭表示该约定并非双方协商一致的意思表示，其不需要履行该约定……

二审审理期间，戴某某提交个人所得税纳税记录，证明戴某某没有其他企业税或个人税申报，依法履行了竞业限制义务 12 个月。

广州市中级人民法院经审理认为，关于 H 公司是否需支付戴某某竞业限制补偿金的问题，首先，双方签订了《保密协议》，该协议并不违反法律规定，本院对此予以确认。其次，在该协议中规定了戴某某的保密义务和保密期限。根据协议约定，保密期限为一年。劳动仲裁支持了 8 个月的竞业限制补偿金，其他未支持的原因为无法确认戴某某之后是否遵守竞业限制。现根据戴某某在二审中提交的《税收完税证明》，可以证实其在 2019 年 12 月 1 日至 2020 年 12 月 1 日期间并无保险缴纳证明，可以证实其在此期间没有就业，履行了保密义务。最后，关于 H 公司上诉主张无需支付竞业限制补偿金的问题，戴某某未就业的原因是因为其与 H 公司发生纠纷，劳动者未就业的原因属于劳动者的动机，戴某某在客观上遵守了《保密协议》约定的义务。据此，二审法院依照《最高人民法院关于审理劳动争议案件适用法律问题的解释（一）》第三十六条规定，认定 H 公司应向戴某某支付竞业限制补偿金，上述金额为 64800 元（18000 元/月×30%×12 个月）。

案例二：李某某与北京 J 公司劳动争议纠纷案

（一）案情简介

李某某入职 J 公司，双方于 2010 年 7 月 8 日签订了期限至 2015 年 8 月 20 日的劳动合同，李某某的工作岗位为技术工程师。2015 年 7 月 16 日，J 公司与李某某签订了起止期限为 2015 年 8 月 21 日至 2020 年 8 月 20 日的劳动合同。自 2015 年 8 月 21 日起，李某某开始从事管理工作，担任显示事业笔记本业务产品企划部（DAS/BG/NB/SBU 产品企划部）部长。J 公司与李某某还分别于 2010 年 7 月 8 日、2016 年 7 月 16 日签订有《员工任职保密协议书》，载明李某某承诺保守 J 公司的商业秘密及保密信息。

2020 年 6 月 4 日，J 公司与李某某签订《竞业限制协议书》，约定李某某的竞业限制期限为一年，自李某某与 J 公司解除或终止劳动合同之日起开始计算，李某某在竞业限制期内，非经 J 公司同意，不在与 J 公司生产或经营同类产品、从事同类业务的有竞争关系的企业、事业单位、社会团体（不论是否依法成立）等其他单位工作。上述与 J 公司生产或经营同类产品、从事同类业务的有竞争关系的单位包括但不限于以下单位或者其关联机构：G 公司。在竞业限制期内，李某某应当每月书面向 J 公司汇报自己的就业情况，首次就业汇报时间为劳动合同解除或者终止当月的 28 日前。李某某书面汇报就业的内容：1. 目前的居住地，联系方式；2. 目前是否就业；3. 如已经就业，就业（包括劳务）的单位全称，工作地点，新单位与李某某签订的劳动合同、劳务合同、合作协议等；4. 在新单位的工作岗位、工作内容；5. 新单位的营业执照复印件；6. 按照 J 公司要求提交由人社局、住房公积金管理中心等政府机关开具的就业证明资料。J 公司每月向李某某支付竞业限制补偿金 6360 元（税前）。李某某违反本协议约定应当承担下列违约责任：1. 退还 J 公司已经支付但李某某违反竞业限制义务期间的竞业限制补偿金；2. 违约金为 J 公司已支付竞业限制补偿金的五倍；3. 赔偿……

2020 年 6 月 23 日，李某某与 J 公司之间的劳动合同解除。李某某在劳动合同解除前 12 个月的平均工资为 38046.67 元。自 2020 年 7 月起，J 公司在每月 15 日前后，按照双方约定的标准向李某某支付竞业限制补偿金，并安排人事部人员姜某某负责与李某某进行按月对接，了解李某某的再就业状况。对接过程中，李某某告知姜某某，其自离职后一直待业，由朋友开办的北京某物流有限公司为其缴纳社会保险，并向姜某某提交了其与北京某物流公司签订的劳动合同。姜某某最后一次与李某某进行对接的时间为2021年1月28日。

李某某的社会保险缴费记录显示：2020年7月至10月期间，社会保险缴费单位为Z外企服务分公司（下称"Z公司"）；2020年11月至2021年5月期间，社会保险缴费单位为X人力资源服务有限公司朝阳分公司（下称"X公司"）。

另查，J公司与G公司的经营范围中均包括薄膜晶体管、液晶显示器件相关产品及其配套产品研发、生产与销售相关业务。

2021年2月，J公司申请劳动争议仲裁，要求李某某返还竞业限制补偿金、支付违反竞业限制义务违约金、继续履行竞业限制义务。仲裁庭审中，李某某就如何联系Z公司为其缴纳社会保险，其向J公司告知的社会保险缴纳单位与实际缴费单位不符的原因，如何与Z公司核定社会保险缴费基数以及如何将社会保险费转交给Z公司等问题的答复，均为"不清楚""时间较长记不清了""记不清楚"。北京经济技术开发区劳动人事争议仲裁委员会就上述问题向Z公司发送了《协查函》，Z公司于2021年3月12日回函，载明"我公司与李某某不存在劳动关系。李某某的社会保险费为深圳某经济技术合作有限公司委托至我公司缴纳，委托深圳某经济技术合作有限公司缴纳社会保险费的公司为G公司"。2021年3月25日，北京经济技术开发区劳动人事争议仲裁委员会作出京开劳人仲字〔2021〕第1122号裁决书，裁决：一、李某某向J公司返还已支付的竞业限制补偿金37396.8元；二、李某某向J公司支付违反竞业限制义务的违约金186984元；三、李某某继续履行竞业限制义务；四、驳回J公司的其他申请请求。J公司、李某某均同意仲裁裁决的第三项内容，不同意其他项裁决内容，并分别诉至北京市大兴区人民法院。

李某某的竞业限制期限至2021年6月22日届满，J公司已将李某某的竞业限制补偿金支付到该日。

李某某向一审法院起诉请求：1. 李某某无需向J公司返还竞业限制补

偿金 37396.8 元；2. 李某某无需向 J 公司支付违反竞业限制义务的违约金 186984 元。

J 公司向一审法院起诉请求：1. 李某某向 J 公司返还竞业限制补偿金 76320 元；2. 李某某向 J 公司支付违反竞业限制义务的违约金 381600 元。

（二）法院审理

北京市大兴区人民法院经审理认为：一方当事人对于另一方当事人主张的于己不利的事实既不承认也不否认，经审判人员说明并询问后，仍然不明确表示肯定或者否定的，视为对该事实的承认。根据已查明的事实，李某某竞业限制期间存在社会保险缴费实际由与 J 公司存在竞争关系的 G 公司委托第三方公司缴纳，之后变更了社会保险缴纳单位。李某某称其在竞业限制期限内从未入职过相关竞业限制的公司，不存在违反竞业限制义务的行为。庭审中，李某某表示其在 2020 年 7 月至 10 月期间未承担及支付过任何社会保险费用。在回答法庭相关询问时，李某某称其不清楚 Z 公司为其缴纳社会保险费的原因，其从 2020 年 11 月起变更社会保险缴纳单位是因为通过 Z 公司缴纳社会保险费太贵了。法庭指出李某某上述陈述内容存在矛盾，并要求李某某解释原因，李某某明确表示拒绝回答法庭的提问。在法庭释明并进一步询问后，李某某仍拒绝就相应原因进行解释，并明确表示愿就此自行承担不利法律后果。据此，应当视为李某某承认变更社会保险费缴纳单位是为了掩盖其违反竞业限制义务的事实，并认定李某某在整个竞业限制期限内均存在违反竞业限制义务的行为。李某某的竞业限制期限为 1 年，J 公司已按双方约定的标准向李某某支付了为期 1 年的竞业限制补偿金，而李某某在其 1 年的竞业限制期限内存在违反约定的竞业限制义务行为，故 J 公司有权要求李某某返还已支付的上述期间的竞业限制补偿金，同时有权要求李某某依法支付违反竞业限制义务的违约金。法院结合案件具体情况，判决：一、李某某将其与 J 公司于 2020 年 6 月 4 日签订的《竞业限制协议书》中约定的竞业限制义务履行至 2021 年 6 月 22 日；二、李某某于判决生效之日起 10 日内向 J 公司返还竞业限制补偿金 76320 元；三、李某某于判决生效之日起 10 日内向 J 公司支付违反竞业限制义务的违约金 190800 元；四、驳回李某某的全部诉讼请求；五、驳回 J 公司的其他诉讼请求。

李某某、J公司均不服一审判决，上诉至北京市第二中级人民法院。

李某某上诉请求：撤销一审判决，改判李某某无需向J公司返还竞业限制补偿金76320元，无需向J公司支付违反竞业限制义务违约金190800元。李某某主张其实际收到的竞业限制补偿金为5342.4元/月。

J公司上诉请求：改判李某某支付违反竞业限制义务违约金381600元。

北京市第二中级人民法院经审理认为：一审判决认定事实清楚，适用法律正确，驳回上诉，维持原判。

三、案例分析

上述两个案件中，二审法院均根据当事人实际履行竞业限制约定义务的情况进行判决，案例一中支持了员工要求支付12个月竞业限制补偿金的诉求，案例二则支持了企业要求员工返还已经支付的全部补偿金的诉求，但是两个案件在仲裁请求的提出上是存在区别的。

案例一系广东省案件，员工在提起仲裁请求时尚未履行完毕12个月的竞业限制义务，但却按照12个月的期间主张了竞业限制补偿，广州市劳动人事争议仲裁委员会作出裁决时，员工尚未实际履行2020年8月之后的竞业限制义务，故仲裁委支持了员工主张的2020年7月31日之前的补偿金，驳回了员工主张的2020年8月之后的补偿金。在天河区人民法院一审过程中，并未支持仲裁裁决作出后至一审判决作出期间的补偿金，我们认为可能系员工并未提交履行竞业限制义务证明的缘故，故一审判决仅仅支持了2020年7月31日之前的补偿金。但在广州市中级人民法院审理期间，员工提交证据证明已经履行相应期间的竞业限制义务，二审法院也并未以2020年8月以后的补偿金未经过仲裁前置审查为由驳回该请求，而是直接认定员工履行了竞业限制义务，支持了员工2020年8月以后的补偿金请求。

案例二系北京市案件，用人单位提起仲裁时竞业限制期限尚未届满，结合仲裁裁决认定的返还金额为李某某实际收到的每月补偿金额的七倍、仲裁裁决作出时间为竞业限制的第9个月，可初步认定用人单位在提起仲裁时仅主张了返还2020年7月至2021年1月期间共计7个月的竞业限制补偿金。该仲裁请求与案例一中在提起申请时即主张全部竞业期间补偿金的方式不同，原因系各地司法实践不同。就北京地区来说，不论是员工或用人单位，提起仲裁时仅可主张已经发生期间的补偿金，超出实际履行部分的仲裁请求是无法通过立案审查环节的。但从案例二一审、二审审判及判决来看，法院并未要求裁决生效后至判决作出前发生的竞业限制补偿金部分必须经过仲裁前置，而是审查案件事实后直接作出裁判。

比较上述两案件中提起仲裁请求的不同方式，我们认为广州地区的处理方式更为妥当。竞业限制案件审查过程中，必然涉及时间的经过所导致的应支付或应返还的竞业限制补偿金增加，在普通民事案件中，当事人可以主张要求支付截至实际支付之日的房屋占有使用费、利息或违约金，在竞业限制案件中也应当允许当事人请求支付或返还至实际履行之日的竞业限制补偿，具体的请求数额可在仲裁阶段予以明确。从法律逻辑及当事人诉权角度来说，当事人有权提起仲裁，如仲裁委员会经审理认为无事实和法律依据，可直接驳回当事人相应的仲裁请求。

四、律师建议

劳动争议案件系民事案件中占比较大的一类案件，且此类案件涉及的司法解释、各地劳动仲裁委员会或法院指导意见/会议纪要、各地人力资源部门规章规定繁杂，不同地区规定不同、司法实践中操作不同，导致类似案件在不同地区处理方式、处理结果不同。在涉及返还或支付竞业限制补偿金的劳动争议案件中，应当结合当地规定或司法实践的具体情况确定仲裁请求，避免出现因同一事项再次提起仲裁申请的情形，节省各方成本及司法资源。

未约定竞业限制补偿金，如何确定补偿金金额
——北京 LN 智慧科技有限公司与陈某劳动争议案[①]

一、案件要旨

当用人单位与劳动者未约定竞业限制补偿金金额时，劳动者履行了竞业限制义务，可以要求用人单位按照劳动者在劳动合同解除或者终止前十

[①] 北京市第一中级人民法院（2021）京 01 民终 8969 号。

二个月平均工资的30%按月支付经济补偿。

二、案情简介

陈某自2019年11月25日入职北京LN智慧科技有限公司（下称"LN公司"）担任市场负责人，双方签订了期限自2019年11月25日至2023年2月23日的劳动合同，约定"合同试用期至2020年2月24日，陈某的劳动报酬分为基本工资和绩效工资两部分，另设绩效奖金，陈某每月基本工资15000元（税前），于每月15日以货币形式支付上月薪资。绩效工资根据LN公司制定的《绩效考核制度》来计算和发放；绩效奖金根据LN公司制定的奖金制度计算和发放。试用期薪资为转正后薪资的80%。LN公司安排陈某执行标准工时制度"。

2019年11月25日，陈某与LN公司签订了《员工保密协议书》，约定："……9.3非经公司书面同意，在职期间不得自营或者为他人经营与企业同类的行业；9.4无论因何种原因从企业离职，离职后2年内不得到与企业有竞争关系的单位就职；9.5无论因何种原因从企业离职，离职后2年内不自办与企业有竞争关系的企业或者从事与企业商业秘密有关的产品的生产……"陈某与LN公司一致同意该《员工保密协议书》第9.3—9.5条款于2021年4月25日解除。

另查，LN公司系LN装备公司的股东，控股比例100%。2020年10月21日，LN公司收到陈某邮寄的《解除劳动合同通知书》。

2020年10月21日，陈某向北京市门头沟区劳动人事争议仲裁委员会提出劳动仲裁，要求LN公司：1. 支付2019年11月25日至2020年10月17日期间工资162459.65元；2. 支付解除劳动关系经济补偿金20000元；3. 支付2019年11月25日至2020年5月31日期间休息日加班工资13793元；4. 支付2020年4月至2020年6月期间出差补助729.43元；5. 支付报销款208元；6. 支付竞业限制补偿金480000元。门头沟仲裁委于2021年3月18日作出京门劳人仲字［2021］第9号裁决：一、北京LN智慧科技有限公司自裁决书生效之日起七日内，支付陈某2020年8月1日至2020年10月17日期间工资28069元；二、北京LN智慧科技有限公司自裁决书生效之日起七日内，支付陈某解除劳动关系的经济补偿金11400元；

三、驳回陈某的其他仲裁请求。陈某与 LN 公司均不服仲裁裁决，于法定期限内诉至法院。

三、法院审理

1. 一审法院审理

一审法院认为，关于双方劳动关系的解除，LN 公司虽主张陈某于 2020 年 7 月 1 日与 LN 公司解除劳动关系，与 LN 装备公司建立了新的劳动关系，但 LN 公司并未与陈某办理解除劳动关系手续，且陈某 2020 年 7 月至 10 月期间的社保缴纳单位、公积金缴纳单位及个人所得税扣缴义务人均为 LN 公司，陈某亦未与 LN 装备公司签订书面劳动合同，且 LN 装备公司系 LN 公司的全资子公司，二公司在同一办公楼、同一层办公，现 LN 公司主张的解除劳动合同主体亦与其在仲裁庭审陈述不一致，且其未提供充分有效证据证明其主张，故法院对其该项主张不予采信。根据《劳动合同书》、陈某北京市社会保险个人权益记录、公积金业务信息截图、个人所得税扣缴记录及当事人陈述，可以确认陈某于 2019 年 11 月 25 日入职 LN 公司，最后工作至 2020 年 10 月 17 日。因用人单位作出的开除、除名、辞退、解除劳动合同、减少劳动报酬、计算劳动者工作年限等决定而发生的劳动争议，用人单位负举证责任。LN 公司虽主张陈某因严重违反公司纪律于 2020 年 10 月 19 日被开除，但其未提交充分有效证据证明陈某存在严重违纪行为并被开除，故法院对 LN 公司的该项主张不予采信。陈某于 2020 年 10 月 19 日以挂号信方式邮寄了《解除劳动合同通知书》，以 LN 公司拖欠工资为由提出与 LN 公司解除劳动合同，LN 公司于 2020 年 10 月 21 日收到，故法院确认陈某与 LN 公司之间的劳动关系于 2020 年 10 月 21 日解除。

关于拖欠工资。虽然《劳动合同书》约定陈某的月薪为 15000 元，包含基本工资和绩效工资两部分，但在《劳动合同书》签订后，陈某与 LN 公司又签订了《薪资补充协议书》，对陈某的工资标准进行了重新约定，故法院根据《薪资补充协议书》认定陈某的基本工资为 20000 元/月，LN 公司虽主张陈某后期没有绩效工资，且对陈某进行了降薪、降职处理，但《薪资补充协议书》中明确约定了陈某的基本工资标准，且 LN 公司未提交充分证据证明其与陈某就降职降薪达成一致意见或有合理原因及依据，故法院对 LN 公司的上述主张不予采信。LN 公司应按照前述标准支付陈某在职期间的工资。关于试用期工资，因《劳动合同书》中已明确约定试用期薪资为转正后薪资的 80%，故法院确认陈某的试用期工资为 16000 元/月。根据银行流水、中国工商银行客户存款对账单及北京银行电子回单可以确定陈某 2019 年 11 月至 2020 年 10 月期间实发工资为 67923.20 元，LN 公司已为陈某代缴 2019 年 11 月至 2020 年 10 月的社会保险个人负担部分 6930.94 元，公积金个人负担部分 7150 元，个人所得税 502.76 元，故 LN 公司还应支付陈某在职期间的工资差额 118366.67 元。对于陈某主张过高部分，法院不予支持。对于 LN 公司要求不支付拖欠工资的诉讼请求，法院不予支持。

关于解除劳动合同经济补偿金。根据法院查明的事实，LN 公司确实存在拖欠工资的情形，陈某以 LN 公司拖欠工资为由与其解除劳动合同，符合法定应支付解除劳动合同经济补偿金的情形，经核算补偿金金额为 18800 元。对于 LN 公司要求不支付经济补偿金的诉讼请求，法院不予支持。

关于加班情况。劳动者主张加班工资，应就加班事实举证，陈某虽主张在职期间存在休息日加班 15 天，但其无法陈述加班具体日期，且未提交充分证据予以证明，故陈某的该项诉讼请求，缺乏依据，法院不予支持。

关于出差补助和报销款。根据陈某提交的门头沟区工会调解员的微信聊天记录以及法院向门头沟区工会调查的情况，法院确认 LN 公司尚欠陈某出差补助 729.43 元、报销款 208 元。故陈某的该项诉讼请求，有事实和法律依据，法院予以支持。

关于竞业限制补偿金。当事人在劳动合同或者保密协议中约定了竞业限制，但未约定解除或者终止劳动合同后给予劳动者经济补偿，劳动者履行了竞业限制义务，要求用人单位按照劳动者在劳动合同解除或者终止前十二个月平均工资的 30% 按月支付经济补偿的，人民法院应予支持。本案中，陈某与 LN 公司签订的《员工保密协议书》中约定了竞业限制条款，双方于 2020 年 10 月 21 日解除劳动合同，后陈某一直履行着竞业限制义务，现双方协商一致该竞业限制条款于 2021 年 4 月 25 日解除，故陈某要求 LN 公司支付 6 个月的竞业限制补偿金有事实和法律依据，法院予以支持，因双方未约定竞业限制补偿金的数额，故按照陈某在劳动合同解除或者终止前十二个月平均工资的 30% 计算，经核算，竞业限制补偿金金额为 33840 元。

2. 二审法院审理

关于双方劳动关系的解除，二审法院认为，LN 公司上诉称因陈某存在侵占公司财物的情形，故与陈某解除劳动关系。LN 公司针对双方劳动关系的解除存在不同的陈述，其在仲裁期间称因陈某违反规章制度，故公司于 2020 年 10 月 17 日与陈某解除劳动关系，一审起诉书中写明的解除原因是陈某严重违反公司规章制度，并提交了《告知书》证明于 2020 年 10 月 19 日对陈某予以行政开除，但在后续庭审中又称因陈某多次和 LN 装备公司领导商谈愿意去 LN 装备公司，故与 LN 公司提出于 2020 年 7 月 1 日解除劳动关系。鉴于 LN 公司无法确认双方劳动关系解除的真实情况，故对 LN 公司的主张，本院无法采纳。LN 公司于 2020 年 10 月 21 日收到陈某向其发送的《解除劳动合同通知书》，故本院对一审判决确认陈某于 2019 年 11 月 25 日入职 LN 公司，双方劳动关系于 2020 年 10 月 21 日解除予以确认。

关于 2019 年 11 月 25 日至 2020 年 10 月 17 日期间工资差额。陈某提交的《薪资补充协议》经司法鉴定，不存在 LN 公司所称造假情形，该协议对双方签订的《劳动合同书》中关于工资标准进行了重新约定，故本院认定陈某月工资标准为每月 20000 元。LN 公司未就后续陈某降职降薪一事与陈某达成一致意见或合法合理举证，本院对 LN 公司的抗辩理由不予采纳。LN 公司未按照约定向陈某足额支付上述期间的工资，应予以补足，本院对一审判决的数额予以确认。因 LN 公司存在未足额支付工资的情形，陈某以该理由向 LN 公司提出解除劳动合同，LN 公司应依照法律规定向陈某支付解除劳动关系经济补偿金。

关于差旅费。一审法院依据陈某提交的门头沟区工会调解员的微信记录以及向门头沟区工会调查的情况，确认 LN 公司尚欠陈某出差补助的数额，本院认为并无不当，予以确认。

关于竞业限制补偿金。陈某履行了双方签订的《员工保密协议书》中关于竞业限制的条款，后陈某依约履行了该义务，现双方一致确认竞业限制条款于 2021 年 4 月 25 日解除，故 LN 公司应向陈某支付竞业限制补偿金 33840 元。

关于保全费。依据《诉讼费用交纳办法》规定，保全费属于诉讼费用，诉讼费用由败诉方负担，故 LN 公司应予承担。关于鉴定费，因 LN 公司提出鉴定申请，鉴定结论并未支持其主张，故 LN 公司应承担鉴定费。

综上所述，LN 公司的上诉请求不能成立，应予驳回。一审判决认定事实清楚，适用法律正确，应予维持。

四、争议焦点分析

本案中涉及用人单位与劳动者之间签署竞业限制条款，但是未约定竞业限制违约金的情况。原《最高人民法院关于审理劳动争议案件适用法律若干问题的解释（四）》第六条的规定："当事人在劳动合同或者保密协议中约定了竞业限制，但未约定解除或者终止劳动合同后给予劳动者经济补偿，劳动者履行了竞业限制义务，要求用人单位按照劳动者在劳动合同解除或者终止前十二个月平均工资的 30% 按月支付经济补偿的，人民法院应予支持。前款规定的月平均工资的 30% 低于劳动合同履行地最低工资标准的，按照劳动合同履行地最低工资标准支付。"最新的《最高人民法院关于审理劳动争议案件适用法律问题的解释（一）》第三十六条仍然沿用了这一规定。本案中，也正是适用司法解释的这一规定，在没有约定竞业限制补偿金金额时，按照劳动者在劳动合同解除或者终止前 12 个月平均工资的 30% 进行计算。

五、律师建议

用人单位在与劳动者订立竞业限制条款时，应当清楚而明确地约定竞业限制补偿金的金额。虽然未约定竞业限制补偿金金额不影响竞业限制条款的效力，但为避免在发生争议时，因补偿金的数额不明确而造成不必要的损失，亦应当细化竞业限制条款内容。

第二节 告知义务

用人单位是否有权对离职员工设置告知义务

一、案件要旨

用人单位为了确保竞业限制协议得到履行，在跟进离职员工履行竞业限制义务情况的过程中，往往要求离职员工对其履行情况进行主动汇报，汇报内容一般包括就职单位、工作地址、联系方式、社保及个人所得税缴纳证明等信息，且大部分情况下会约定离职员工未提供上述证明材料，企业有权暂停发放竞业限制经济补偿或者直接认定员工构成违约。上述义务往往被称为"告知义务"或"报告义务"，但该义务内容在《劳动合同法》或其他法律中并未规定，用人单位与员工约定"告知义务"能否产生法律效力？

二、案件情况

案例一：上海 D 公司与王某某劳动合同纠纷案①

（一）案情简介

2011 年 9 月王某某进入上海 D 公司（下称"D 公司"）工作，并签订自 2011 年 9 月 1 日起至 2014 年 12 月 31 日止的劳动合同。合同签订后，D 公司聘任王某某为 IDC 销售总监，月薪应发数为人民币 13000 余元。王某某确认劳动合同中书写的上海市金沙江路×××弄×××号×××室为王某某实际居住地址及送达地址，并确认导致法律文书无法送达的，愿承担相关法律责任。

2011 年 9 月 19 日，双方签订《员工商业秘密保护限制协议书》，协议

---

① 案件来源：上海市闸北区人民法院（2013）闸民四（民）初字第 18 号、上海市第二中级人民法院（2014）沪二中民三（民）终字第 125 号判决书。

第九条第 3 款约定"乙方（王某某）承诺，不论因何种原因从甲方（D 公司）离职，如乙方在离职后二年内要到与甲方有竞争关系的企业就职，以及乙方要自办或同他人协办与甲方有竞争关系的企业都需事前向甲方报告知晓。这些企业包括但不限于下列企业：从事数据通信、Internet 业务、IDC 业务的企业"；第十条第 3 款约定"乙方提出与甲方解除合同，其提前通知期为 3 个月。甲方在此期间可以采取调离原岗位，另行安排工作等相应的脱密措施。在得到甲方同意后，乙方应将所有的商业秘密资料交还甲方。乙方违反提前通知期约定，应向甲方支付赔偿金人民币 50000 元"；第十条第 5 款约定"如果一方不履行本协议第九条第 3 款所列义务，应当承担违约责任，一次性向甲方支付违约金人民币 20 万元。因乙方违约行为给甲方造成损失的，乙方应当承担赔偿责任（包括直接损失和间接损失）"。

2011 年 9 月 19 日，D 公司与王某某又签订《竞业限制协议书》，协议第二条第 1 款约定"在甲、乙双方解除或终止劳动合同关系后的两年内，甲方如需乙方履行竞业限制义务，则应在终止或解除劳务关系时即履行告知乙方的义务，是否需要乙方履行竞业限制的义务，以甲方最终决定为准。如甲方决定让乙方履行竞业限制义务的，甲方应于与乙方解除或终止劳动关系后的第一个自然月的 30 日之前，提前向乙方的银行卡上汇入当月竞业限制补偿金。以后每月以此类推。直至竞业限制满两年或者甲方提前履行竞业限制终止义务，否则自甲方停止向乙方支付竞业限制补偿金之月的 30 日起，视同乙方竞业限制义务解除……但因乙方违约而终止协议或者由于乙方过错甲方行使法定解除权而终止劳动协议，乙方在承担竞业限制义务的同时，无权要求补偿"；第二条第 2 款约定"……甲方与乙方解除或终止劳动关系之后，甲方向乙方支付竞业限制经济补偿为每月 500 元，甲方向乙方履行竞业限制补偿金发放义务的同时，乙方有每月向甲方告知现行工作单位（包括劳务服务单位）、住所和联系电话的义务，以方便甲方进行必要的查证和核实"；第二条第 3 款约定"在甲方支付了一个月的补偿金后，乙方应在领取下个月补偿金的同时向甲方提交乙方书面报告，向甲方通告其工作单位（包括劳务服务单位）、住址及联系方式，以确认乙方遵守竞业限制的规定"；第三条第 2 款约定"乙方若不履行上述竞业限制义务，则须向甲方承担违约责任，违约金额度为乙方在与甲方解除或终止劳动关系时上一年度在甲方领取的劳动报酬总额的拾倍……"

2012 年 3 月 31 日，D 公司与王某某签订《脱密期协议书》，协议载明，乙方（王某某）从 2011 年 9 月 1 日起在甲方（D 公司）公司工作，担任中高层 IDC 销售总监一职，现因乙方家庭方面的原因需要长时间请假，故按照公司规章制度及双方签订的《员工商业秘密保护限制协议》规定，乙方有三个月的脱密期时间，甲、乙双方协议决定如下。1. 甲方同意乙方停薪留职，从乙方离岗日起三个月为脱密期，在此期间不得接触公司内相关业务内容及核心技术内容。三个月后甲方可为乙方办理正式离职手续。2. 乙方在此期间，必须遵守与甲方签订的《劳动合同》《承诺书》《员工商业秘密保护限制协议书》和《竞业限制协议书》内容。乙方离职后甲方按照原定《竞业限制协议书》内容给予乙方每月竞业限制补偿金 500元。乙方如有违反，甲方有权对乙方追究法律责任。3. 乙方有义务为甲方提供此次的个人家庭原因申请递交相关证明材料以核实。以上材料如有虚假甲方有权对乙方追究法律责任。

2012 年 4 月 26 日，D 公司通过挂号信向上海市安波路×××弄×××号×××室王某某邮寄了《员工纪律处分书》，王某某母亲于 2012 年 4月 27 日签收。D 公司在《员工纪律处分书》中载明：因王某某在脱密期间未能履行《脱密期协议书》规定内容，故公司停止对其停薪留职的处理。又因员工拒绝办理离职手续及履行相关协议，公司给予王某某辞退处分。

2012 年 6 月，王某某到上海 L 公司（以下简称 L 公司）工作。王某某与 L 公司签订期限自 2012 年 6 月 1 日至 2015 年 6 月 30 日的劳动合同，岗位为市场总监，月工资 5000 元。L 公司为王某某办理的外国人就业证有效期为 2012 年 10 月 12 日至 2013 年 9 月 26 日、2013 年 8 月 9 日至 2014 年 8月 4 日。2012 年 11 月为王某某缴纳社会保险至今。

2012 年 9 月 12 日，D 公司通过中国银行向建设银行的收款人"王某某"账户支付 2500 元，备注为"2012 年 4 月至 8 月竞业限制补偿金"，后D 公司以每月 500 元标准支付王某某竞业限制补偿金至 2013 年 11 月。

2012 年 9 月 13 日，D 公司向上海市劳动人事争议仲裁委员会申请要求王某某：1. 提供工作期间的客户资料、工作计划、会议记录；2. 支付《员工商业秘密保护限制协议》第十条第 3 款及第 5 款的违约金 25 万元；3. 支付违反《竞业限制协议书》第三条第 2 款的违约金 52 万元等。

2012 年 12 月 3 日，该仲裁委员会对 D 公司的请求均不予支持。D 公司不服，诉至上海市闸北区人民法院，要求王某某支付 D 公司违反《员工商业秘密保护限制协议书》第十条第 3 款及第 5 款的违约金 25 万元，支付 D 公司违反《竞业限制协议书》第三条第 2 款的违约金 52 万元等。

D 公司为证明王某某存在竞业限制的事实，向法院提供了《脱密期协议书》、Y 公司的工商档案机读材料、2012 年 8 月 2 日拍摄的一组照片、D 公司寄送的邮件、D 公司拨打 Y 公司客服电话录音材料。D 公司表示，Y 公司的工商档案机读材料说明该公司与 D 公司经营范围部分相同；照片说明王某某的汽车出现在 Y 公司的停车场及王某某出现在 Y 公司的电梯间；Y 公司客服电话录音说明王某某不仅在该公司工作且还有助手，上述材料证明王某某在 Y 公司工作。

（二）法院审理

上海市闸北区人民法院经审理认为：D 公司认为王某某事实上在 Y 公司上班的行为属于竞业限制，对此王某某予以否认，D 公司未提供充分的证据证明王某某在 Y 公司上班的事实，而王某某向原审法院提供王某某与 L 公司签订的劳动合同、L 公司为王某某办理的《外国人就业证》，可证明王某某于 2012 年 6 月到 L 公司工作。一审法院最终判决驳回 D 公司的全部诉讼请求。

D 公司不服一审判决，上诉至上海市第二中级人民法院。

上海市第二中级人民法院经审理认为，本案争议焦点之一为竞业限制协议对王某某是否有约束力。首先，双方在竞业限制协议中明确，D 公司与王某某解除或终止劳动关系后，D 公司向王某某支付竞业限制补偿金每月 500 元；其次，双方在《竞业限制协议书》中约定 D 公司向王某某履行竞业限制补偿金发放义务的同时，王某某需每月向 D 公司告知现行工作单位、住所和联系电话，以方便 D 公司进行必要的查证和核实。此系双方约定，亦符合常理。现王某某未按上述约定向 D 公司告知其新的工作单位及其他相关信息，导致竞业限制补偿金未能及时发放的责任并非完全在 D 公司。且在 2012 年 9 月 12 日 D 公司向其原向王某某发放工资的银行卡中汇入 2012 年 4 月至 8 月的竞业限制补偿金，此后亦一直支付王某某竞业限制补偿金至 2013 年 11 月，王某某在此前亦未提出过解除竞业限制协议。故王某某主张竞业限制协议失效的意见，无事实依据和法律依据，本院不予采纳。最终，二审法院综合考量本案证据情况认定王某某构成违约，且结合王某某在 D 公司的工作期限、工资水平、双方约定的竞业限制补偿金标准、其违约的情节等因素判决王某某支付 D 公司违反《竞业限制协议书》第三条第 2 款的违约金人民币 50000 元。

案例二：广东 M 新材料有限公司与黄某某劳动合同纠纷案①

（一）案情简介

2010 年 3 月 9 日，黄某某入职广东 M 新材料有限公司（下称"M 公司"）从事品质管理工作。2012 年 8 月 11 日，M 公司与黄某某签订分红协议书，约定 M 公司授予黄某某干股分红 0.3 个股，按每年公司税后利润计算每股的利润，黄某某年终可得分红为 M 公司的干股数乘以每股利润。公司于年度总结会议后支付黄某某可得分红的 70%，其他部分暂存公司账户，按照下列规定支付或处理。1. 在本合同届满时，经双方友好协商均同意延长劳动期限的，黄某某未提取的可得分红，可在续约后发放 50%，余下的 50% 在续约后在公司任职满一年后发放。2. 本合同期满双方均同意不再继续签订劳动合同的，或合同期内双方协议解除劳动合同的，黄某某未提取的可得分红在黄某某离职后，公司根据竞业限制协议的约定两年内按月平均支付给黄某某，公司如发现黄某某有违反不正当竞业条例的情况，可停止支付余额。3. 在协议期内，黄某某未经公司同意，擅自离职及单方面解除合约的或因违反公司规章制度被公司辞退的，未提取的可得分红及所有应发、未发的工资、分红等款项，公司不予支付。黄某某如违反竞业限制协议，公司保留追究黄某某法律责任的权利。上述分红协议书期限为 2012 年 1 月 1 日至 2015 年 12 月 31 日。2012 年 8 月 11 日及 2014 年 6 月 10 日，M 公司与黄某某先后签订了两份竞业限制协议，约定黄某某是高级管

---

① 案件来源：广东省佛山市顺德区人民法院（2015）佛顺法民四初字第 507 号，广东省佛山市中级人民法院（2016）粤 06 民终 6437 号。

理人员，在职期间有从公司获得商业秘密的机会，有利用公司物质技术资料进行创作的机会，为保护公司的商业秘密及其他合法权益，确保黄某某不与公司竞业，双方协商一致签订竞业限制协议。黄某某的义务包括未经公司同意，在职期间不得自营或者为他人经营与公司同类的行业及从公司离职之日起 2 年内，黄某某不得在与公司有竞争关系的单位内任职或以任何方式为其服务。公司的义务为：1. 黄某某在公司任职期间，公司直接于薪资中补贴竞业限制补偿金给黄某某，补偿比例为薪资的 10%。2. 黄某某离开公司后如履行了竞业限制义务，公司再额外给黄某某竞业限制补偿金，即干股分红的 30%，两年内按月平均支付完成。M 公司如发现黄某某有违反本协议的情况，可停止支付余款。如果黄某某违反竞业限制的约定，应当向 M 公司支付违约金，金额为黄某某离开公司前一年总收入的 30 倍。双方 2014 年 6 月 10 日所签的竞业限制协议第 5 条第 2 款明确约定，黄某某离职后到竞业期满，每个季度向 M 公司出示当前的任职情况证明，经 M 公司向工作单位确认后方可领取竞业限制补偿金。若黄某某逾期一个季度未能向 M 公司提交任职情况证明，视为其自动放弃领取竞业限制补偿金。

2015 年 4 月 15 日，黄某某因个人原因自行离职，黄某某离职前一年收入为 110000 元。黄某某离职之后，M 公司未向黄某某支付竞业限制经济补偿。2015 年 5 月 1 日，黄某某与佛山市顺德区某塑料实业有限公司签订书面的劳动合同，2015 年 5 月至 2016 年 2 月，佛山市顺德区某塑料实业有限公司为黄某某缴纳了社会保险。

后 M 公司向佛山市顺德区劳动人事争议仲裁委员会申请劳动仲裁，请求黄某某立即停止到与 M 公司有竞争关系的公司、企业任职，履行竞业限制义务，并支付违反竞业限制义务违约金 3335400 元。佛山市顺德区劳动人事争议仲裁委员会作出仲裁裁决书，裁决驳回 M 公司的仲裁请求。

M 公司不服，向广东省佛山市顺德区人民法院起诉，请求判令黄某某立即停止到与 M 公司有竞争关系的公司、企业任职，履行对 M 公司的竞业限制义务，黄某某向 M 公司支付违反竞业限制义务违约金 3335400 元。黄某某答辩，其实际在佛山市顺德区某塑料实业有限公司任职，该单位与 M 公司并不存在竞业关系，黄某某并没有违反竞业限制义务，且黄某某在 M 公司工作期间并非企业高管和掌握相关技术秘密的人员，再加上 M 公司在黄某某离职后并没有支付过竞业限制经济补偿，因此黄某某并无违反竞业限制的情节，请求法院驳回 M 公司的诉讼请求。

（二）法院审理

广东省佛山市顺德区人民法院经审理认为，双方签署的竞业限制协议合法有效，双方应依照该协议的内容行使权利、履行义务。M 公司主张黄某某离职后入职了 X 新材料科技有限公司，该公司与 M 公司经营范围一致，属于竞争企业，黄某某违反了竞业限制义务，被告违约在先，故原告未支付被告离职后竞业限制经济补偿，被告应停止违约行为并向原告支付违约金。但 M 公司并未提供证据予以证实，法院不予采信。黄某某离职后 M 公司从未支付竞业限制补偿，黄某某主张解除竞业限制协议，符合法律规定。一审法院驳回 M 公司的诉讼请求。

M 公司不服一审判决，上诉至广东省佛山市中级人民法院。M 公司认为黄某某离职后，未支付竞业限制补偿金并非 M 公司的原因。黄某某履行任职报告义务在前，M 公司支付竞业限制补偿义务在后。显然，M 公司享有先履行抗辩权，不存在任何违约行为。据此 M 公司要求撤销原审判决，支持 M 公司一审全部诉讼请求。

广东省佛山市中级人民法院经审理认为：双方签署的两个竞业限制协议均是双方真实意思表示，对双方均有法律上的约束力，黄某某与 M 公司约定在职期间竞业限制并支付补偿并没有违反法律、行政法规的强制性规定，并无不妥。黄某某离职后，M 公司从未支付竞业限制补偿金，M 公司的抗辩理由为黄某某未履行报备义务，违约在先。对此，法院认定：竞业限制的目的是保护用人单位的技术秘密，实现方式是由用人单位向劳动者支付竞业限制补偿金弥补其不能到有竞争关系的其他用人单位或者自己开业生产经营同类产品、从事同类业务，客观上对劳动者离职后的就业范围有不利影响，造成收入减低。劳动者获得的竞业限制补偿金，是劳动者履行竞业限制期间的重要生活来源。竞业限制的履行中，用人单位在劳动者离职后按月向其发放竞业限制补偿金是其应当先予履行的义务，不应当以劳动者提供再就业的相关证明作为支付的前提。在竞业限制期间，用人单位应当主动审核劳动者的竞业限制履行情况，而不能怠于审核，更不能强行要求劳动者报备，并以此为借口拒绝给付竞业限制补偿金。否则，如果用人单位很长时间未支付经济补偿，劳动者却还要履行竞业限制，则不利于对劳动者生存权的保护。本案中，M公司以黄某某未提供新的任职证明等报备材料作为其无须支付竞业限制补偿金的抗辩理由，理据不足，法院予以驳回。最终二审法院驳回了M公司的上诉请求。

三、争议焦点分析

上述两个案件中，竞业限制协议中均约定离职员工应当将竞业限制义务的履行情况告知原单位，且应当提供相应的证明文件予以佐证，否则原单位有权暂停发放补偿金。对于此类约定，两案的认定却完全不一致：案例一认为上述义务系双方约定内容，且该约定符合常理，员工未履行约定的告知义务所导致的竞业限制补偿金未能及时发放，过错不在公司；案例二则认为，用人单位有义务核查劳动者竞业限制履行情况，员工不负有报告的义务，用人单位也无权强制要求员工报备，用人单位不得以员工未提供竞业限制义务履行情况的相关证明作为不予支付补偿金的理由。

对于上述两个观点，我们认可第一个观点。

1. 从法律规定来看，竞业限制制度隶属民事法律行为体系，应秉承"法无明文禁止即自由"的原则，《劳动合同法》《中华人民共和国劳动法》或其他相关法律法规中并未规定用人单位与劳动者约定的竞业限制义务范畴仅仅包含从业限制义务，不得另行约定其他义务，故从此角度来说，我们认为竞业限制协议约定告知义务是不违反法律规定的，应属于合法有效范畴。

2. 从竞业限制制度的法律属性角度来看，劳动合同解除或终止后，离职员工与原单位不再具有人格和组织上的从属性，原单位客观上无法对离职员工的履约行为予以在场监管，主要依赖于离职员工的主动报告、信息披露以及对协议的自觉履行。竞业限制制度的法律属性决定了对竞业限制人员有较一般劳动者更高的职业道德及履行义务要求，如实向原单位告知竞业限制义务履行情况是确保竞业限制协议得到实质性履行的重要途径。

故我们认为，在竞业限制协议中约定告知义务，不仅是合理的，更是必要的。

四、律师建议

案例二中，法院认定离职员工的竞业限制义务履行情况核实义务应当完全由用人单位承担失之偏颇，但这也反映出如员工已经就履行情况予以报备，则用人单位应当及时对离职员工的就业状态予以跟进、核实，及时了解、确认员工是否违约，对此我们持以下观点。

第一，告知义务的设置系竞业限制义务得到实质履行的重要手段，约定告知义务不仅是合理的，也是必要的；

第二，告知义务应当按照周期定期履行，用人单位应当定期催告，及时了解员工动态；

第三，报告内容应当简明扼要，如就职情况、社保证明、新单位出具的证明、实际就业的地址、工作内容等；

第四，应当建立完备的催告—汇报—跟进—核实—补正—催告的闭环操作制度，切实保证员工如实履行竞业限制义务。（1）如发现员工所汇报单位并不在竞业名单中，但可能构成竞业，则应当及时发函告知员工，要求员工继续履行竞业限制义务；（2）如发现员工所汇报信息存在矛盾或者虚假情况，也应当及时要求员工予以说明并固定证据，为之后提起仲裁做准备；（3）如发现员工所汇报信息存在遗漏，应当及时要求员工进行补正，补正后再次核实；（4）如发现其他需调整、变更的情况，应当及时进行沟通、调整。

第五，就告知义务履行过程中发现的新情况、新问题及时进行总结归纳，以实践来反哺用人单位的竞业限制制度。

违反告知义务如何承担法律责任

一、案件要旨

企业设置"告知义务""报备义务"的目的系了解员工竞业限制义务的履行情况，且如实履行告知义务能从很大程度上保障竞业限制协议得到实质履行。鉴于我国现行法律并未明确规定告知义务系竞业限制义务的组成部分，司法实践中对于员工未履行告知义务情况下，用人单位能否按照竞业限制协议约定要求员工承担违反竞业限制义务的责任仍不甚明晰。

二、案件情况

案例一：厦门 H 科技有限公司、邓某某劳动争议案①

（一）案情简介

2016 年 3 月 9 日，邓某某入职厦门 H 科技有限公司（下称"H 公司"）担任部门经理。2017 年 9 月 1 日，双方签订《竞业限制协议书》，约定：邓某某离职后两年内不得在与 H 公司从事的行业相同或相近的企业及与 H 公司有竞争关系的企业内工作，不得自办与 H 公司有竞争关系的企业或从事与 H 公司商业秘密有关的产品生产；邓某某应于每月 20 日前告知 H 公司其现住址、联系方式及工作情况；H 公司应按竞业限制期限向邓某某支付一定数额的竞业限制经济补偿金，按照邓某某在劳动合同解除或终止前十二个月平均工资的 30% 按月支付竞业限制经济补偿金；邓某某不履行规定义务的，应当承担违约责任，全额退还 H 公司已支付的竞业限制补偿金并支付违约金，违约金金额为邓某某离职上年度薪酬总额的三倍。

2020 年 1 月 15 日，双方解除劳动关系，邓某某 2019 年度的薪酬为 45 万元。H 公司的经营范围为通过跨境电商平台销售百货。邓某某从 H 公司离职后通过微信渠道销售艾灸贴。H 公司分别于 2020 年 2 月 28 日向邓某某支付 2020 年 1 月份半个月的竞业限制经济补偿金 4407 元，2020 年 3 月 26 日支付 2020 年 2 月的竞业限制经济补偿金 8813 元。2020 年 3 月，邓某某对竞业限制协议的真实性提出异议，2020 年 5 月 25 日，H 公司人事经理通知邓某某不再发放竞业限制补偿金。

2020 年 6 月 23 日，邓某某向厦门市劳动人事争议仲裁委员会提出仲裁申请，要求：1. H 公司向邓某某支付 2020 年 1 月 16 日至 2020 年 5 月 25 日期间的竞业限制经济补偿金 35227.58 元；2. H 公司向邓某某支付提前解除竞业协议需额外补偿的 3 个月竞业限制补偿金 33750 元。2020 年 7 月 22 日，H 公司提出仲裁反请求，要求：1. 确认 H 公司与邓某某之间的《竞业限制协议书》已于 2020 年 3 月 1 日解除；2. 邓某某向 H 公司退还已支付

---

① 案件来源：福建省厦门市湖里区人民法院（2020）闽 0206 民初 12189 号、福建省厦门市中级人民法院（2021）闽 02 民终 6702 号民事判决书。

的竞业限制经济补偿金 13220 元；3. 邓某某向 H 公司支付违约金 135 万元。

厦门市劳动人事争议仲裁委员会作出厦劳人仲案字〔2020〕第 2079 号裁决书，裁决如下：1. H 公司应支付邓某某 2020 年 1 月 16 日至 2020 年 5 月 25 日期间的竞业限制经济补偿金 35227.58 元；2. H 公司应向邓某某额外支付 3 个月的竞业限制经济补偿金 33750 元；3. 驳回 H 公司的全部仲裁反请求。

H 公司不服仲裁裁决，向福建省厦门市湖里区人民法院起诉，请求判令：1. H 公司无须向邓某某支付 2020 年 1 月 16 日至 2020 年 5 月 25 日期间的竞业限制经济补偿金 35227.58 元以及无须额外支付 3 个月的竞业限制经济补偿金 33750 元；2. 判决确认 H 公司、邓某某之间的《竞业限制协议书》已于 2020 年 3 月 1 日解除；3. 判令邓某某向 H 公司退还已支付的竞业限制补偿金 13220 元以及支付违约金 135 万元。就违约金部分，H 公司主张双方签署的《竞业限制协议书》对邓某某应履行的义务已有明确约定，若邓某某未能履行上述义务，即构成违反竞业限制义务的情形，邓某某离职后并未履行约定的报告义务，H 公司有权要求其支付违约金。

（二）法院审理

本案经过福建省厦门市湖里区人民法院一审、福建省厦门市中级人民法院二审，两审法院均认为：《竞业限制协议书》中约定邓某某离职后应当每月向 H 公司告知其现住址、联系方式及工作情况，属于邓某某履行竞业限制的附随义务，H 公司可以要求邓某某履行，但 H 公司以邓某某未履行该附随义务为由主张无须支付竞业限制补偿金，缺乏依据。生效判决载明：H 公司支付 2020 年 1 月 16 日至 2020 年 5 月 25 日期间的竞业限制经济补偿金差额 35227.58 元并额外支付三个月的竞业限制经济补偿金 33750 元，驳回 H 公司的诉讼请求。

案例二：杨某某与深圳 N 技术有限公司竞业限制纠纷案①

（一）案情简介

杨某某于 2002 年入职深圳 N 技术有限公司（下称"N 公司"）所属集

---

① 案件来源：广东省深圳市南山区人民法院（2020）粤 0305 民初 3681 号、广东省深圳市中级人民法院（2021）粤 03 民终 2310 号民事判决书。

团下属的其他子公司，2012 年 6 月 19 日杨某某入职 N 公司，自 2013 年起与 N 公司签订无固定期限劳动合同。2016 年 12 月 6 日，杨某某以家庭原因主动申请离职，其离职前担任 N 公司的平板玻璃研发工程师。杨某某（乙方）与 N 公司（甲方）于 2014 年 2 月 17 日签订了《竞业禁止协议》，约定了杨某某在职及离职之后两年内的竞业禁止义务，部分内容如下。第一条第 3 款：乙方不论因何种原因从甲方离职，离职后两年内都不得到与甲方有竞争关系的企业任职或兼职。第二条第 1 款：（适用于平板玻璃事业部）本协议第一条所述有竞争关系的企业是指从事研制、开发、生产、制造或销售平板玻璃的企业，其经营的产品包括但不限于各种厚度的平板玻璃、太阳能超白玻璃、电子玻璃等。第三条：甲方同意向乙方支付竞业禁止补偿费，作为对乙方遵守竞业禁止规定的报酬和补偿；乙方离职后，从其离职后的次月起，甲方按照乙方在劳动合同解除或者终止前十二个月平均工资的 30% 按月向乙方支付竞业禁止补偿费；乙方在离职之后两年内，每隔三个月向甲方提供如下资料，以证明其履行了竞业禁止义务：（1）若另行就职的，需提供与所在用人单位签订的尚在有效期内的劳动合同书，所在用人单位发放的工作证或服务证，所在用人单位为其缴纳社保的凭证以及所在用人单位的营业执照复印件；（2）未另行就职的，需提供社保部门为其办理的尚在有效期的失业证明，如果乙方未提交相关证明材料或提交的证明材料不完整的，甲方有权要求乙方在一个月内予以补正，逾期不补正的，甲方可据此认定违反了竞业禁止义务，并有权按协议规定追究乙方的违约责任。第四条：乙方不履行本协议第一条任何一款规定的义务，还应同时一次性向甲方支付违约金 30 万元……乙方还应向甲方赔偿经济损失作为赔偿金。

杨某某离职前十二个月平均工资为 13508.38 元。

杨某某离职后，N 公司按照《竞业禁止协议》的约定，每月按杨某某离职前工资标准的 1/2 按月向其支付竞业限制补偿金，杨某某离职后共从 N 公司处领取了竞业限制补偿金 165300.8 元。2016 年 12 月 29 日，N 公司向杨某某邮寄了函件，提醒杨某某每隔 3 个月向 N 公司履行报告义务。2017 年 4 月 12 日，N 公司以函件的形式向杨某某邮寄了催告函，催促杨某某按照《竞业禁止协议》约定履行报告义务，杨某某未予理会。

深圳市某科技有限公司于 2016 年 11 月至 12 月为杨某某购买了社会保险，该公司与 N 公司的企业登记信息资料显示，两家公司在平板玻璃、工程玻璃及柔性基材产品的研发、设计、技术咨询、技术转让和销售等方面存在重合。

后 N 公司提起仲裁申请，请求：1. 杨某某履行《竞业禁止协议》中的报告义务，即提供从 N 公司离职后的劳动合同书、用人单位的工作证或服务证、用人单位缴纳社保的凭证、用人单位营业执照复印件或失业证；2. 杨某某因违反《竞业禁止协议》返还 N 公司已支付的竞业禁止补偿费 165300.8 元及支付违约金 30 万元；3. 杨某某支付律师代理费 20000 元。深圳市劳动人事争议仲裁委员会经审理后作出深劳人仲案［2020］97 号仲裁裁决书，裁决：1. 杨某某向 N 公司支付违约金 30 万元；2. 杨某某向 N 公司返还已领取的竞业禁止补偿金 165300.8 元；3. 驳回 N 公司的其他仲裁请求。

杨某某不服仲裁裁决，向广东省深圳市南山区人民法院起诉，请求判令：杨某某无须向 N 公司支付违约金 30 万元，无须向 N 公司返还已领取的竞业禁止补偿金 165300.8 元。

一审庭审中，杨某某确认其并未向 N 公司履行协议约定的报告义务。杨某某辩称，《竞业禁止协议》中关于"未提交证明资料视为违反竞业禁止义务"的约定无效，竞业限制义务是为劳动者约定的消极义务，劳动者应当以不作为的形式履行竞业限制义务。本案中，N 公司在《竞业禁止协议》中为杨某某设定了定期报告的积极义务，如未提交即视为违约，且约定高额的违约金，该条款属于在法定可以使用违约金的范围之外再增加劳动者的违约责任，违背《劳动合同法》关于竞业禁止的精神，违反《劳动合同法》强制性法律规定，应属于无效条款。杨某某还辩称，竞业限制的履行中，用人单位在劳动者离职后按月向其发放竞业限制补偿金，是应当先履行的义务，不应当以劳动者提供再就业的相关证明或失业证作为支付的前提，在竞业限制或禁止期间，用人单位应主动审核劳动者的竞业限制义务履行情况，而不能怠于审核，更不能强行要求劳动者报备。本案 N 公司在《竞业禁止协议》中要求杨某某定期提供资料证实履行情况，正是 N 公司规避自身责任，为杨某某额外设定义务的行为，且利用其作为用人单位的地位优势，要求杨某某与其签订该格式合同，显失公平，不具有合法性。

（二）法院审理

广东省深圳市南山区人民法院经审理认为：受竞业禁止协议约束的劳动者一般是企业高级管理人员、高级技术人员和其他负有保密义务的人员，在劳动合同解除或终止后，此类劳动者与用人单位不再具有人格和组织上的从属性，用人单位客观上无法对劳动者的履约行为予以在场监管，主要依赖于劳动者的主动报告、信息披露及对协议的自觉履行。故劳动者应当秉持诚实信用及公平合理原则，保证用人单位的信息知情权、排除妨碍请求权的实现，以确保协议得以实质性履行。因此，竞业禁止协议的法律属性决定了受竞业限制协议约束的劳动者较一般劳动者负有更高的职业道德及履行义务要求。故 N 公司要求杨某某在竞业限制期内主动报告其就业情况系合理要求，并无不妥，杨某某的抗辩意见法院不予采纳。杨某某与 N 公司签订的竞业限制协议是当事人的真实意思表示，且协议内容未违反法律、行政法规的禁止性规定，为有效合同，双方当事人均应依约履行。双方订立的竞业禁止协议中明确约定杨某某竞业限制期内需按时告知其就业及任职情况，N 公司为杨某某履行相关约定需支付相应竞业限制补偿金作为对价，从而使 N 公司享有获取杨某某真实从业信息的权利，故及时、如实向 N 公司报告从业信息是杨某某应尽的义务。本案中，杨某某未按照约定予以告知，致使 N 公司无法掌握其实际就业情况及竞业禁止协议的履行情况，不仅构成违约，也违背了诚实信用基本原则。本案杨某某自离职后，N 公司依约共向其支付了 165300.8 元的竞业限制补偿费，杨某某却从未向 N 公司按时告知其就业及任职情况，对 N 公司催告其履行告知义务的通知不予理睬，且在本案审理过程中亦不能对其离职次月即在与 N 公司有竞争关系的公司购买社保的行为做出合理解释，杨某某的行为构成违约，亦严重违反诚实信用原则，N 公司有权依约向杨某某主张违约金。

一审法院判决：杨某某向 N 公司支付违约金人民币 30 万元、向 N 公司返还已领取的竞业禁止补偿费人民币 165300.8 元。

杨某某不服一审判决，向广东省深圳市中级人民法院上诉，请求：对一审民事判决进行纠正，依法判令杨某某不承担支付违约金 300000 元和返还已领取的竞业禁止补偿金 165300.8 元的责任。

广东省深圳市中级人民法院经审理认为，杨某某与 N 公司签署的《竞业禁止协议》约定了双方关于竞业限制的权利义务，杨某某在离职后两年内每满三个月须向 N 公司履行报告义务证实其履行了竞业禁止义务。上述约定是双方当事人真实意思表示，内容没有违反法律法规的强制性规定，合法有效，双方当事人应当严格遵照履行。杨某某主张上述约定为无效条款，依法不能成立，本院不予采纳。杨某某未履行上述约定的报告义务，在 N 公司多次催告后仍未履行，违反了《竞业禁止协议》第三条关于报告义务的规定，已构成违约。深圳市某科技有限公司于 2016 年 11 月至 12 月为杨某某购买了社会保险，其经营范围与 N 公司存在重合，杨某某离职前职位为平板玻璃研发工程师，属于《劳动合同法》第二十四条规定的竞业限制人员。在杨某某未提交充分证据证明其与深圳市某科技有限公司双方实际并未形成劳动关系的情况下，其于 N 公司离职当月即由与 N 公司存在竞争关系的企业购买社会保险，应推定其与深圳市某科技有限公司形成劳动关系，违反了《竞业禁止协议》约定的竞业限制义务，亦构成违约。一审法院依据《竞业禁止协议》约定，判令杨某某依约向 N 公司支付违约金300000 元，符合双方约定，且没有过高之处，本院依法予以维持。杨某某于 2016 年 12 月由与 N 公司存在竞争关系的深圳市某科技有限公司购买社会保险的行为，违反了《竞业禁止协议》约定的义务，其已收取 N 公司支付的上述违约期间的相关竞业禁止补偿金 6754.19 元（13508.38÷2），应予以返还。本案中，无证据证明杨某某在 N 公司向其支付其他竞业禁止补偿金期间存在竞业禁止的违约行为，一审法院判决杨某某返还 N 公司已支付的全部竞业禁止补偿金 165300.8 元过高，本院依法予以纠正。二审法院判决根据杨某某的行为期限变更了一审判决返还补偿金的金额为 6754.19元，认定杨某某应支付 N 公司违约金 30 万元。

三、案件分析

上述案例均认可了用人单位可以与员工约定离职后就竞业限制履行情况进行报告的义务，但对于未履行告知义务所应承担的违约责任，两地法院的认定却不同。

案例一中，用人单位将员工的告知义务约定在竞业限制义务项下，违约责任的约定也系笼统的"邓某某不履行规定义务的，应当承担违约责任，全额退还 H 公司已支付的竞业限制补偿金并支付违约金，违约金金额为邓某某离职上年度薪酬总额的三倍"，两审法院均认为告知义务系竞业限制义务的附随义务，并非劳动者的主要义务，但支付竞业限制补偿金系用人单位的主要义务，用人单位以员工未履行附随义务为由主张员工构成违约，且用人单位按照约定无须履行其主要义务，该抗辩是没有法律依据的。

案例二中，用人单位对于告知义务的约定、违约责任的承担则较为清晰，明确约定了"如果乙方未提交相关证明材料或提交的证明材料不完整的，甲方有权要求乙方在一个月内予以补正，逾期不补正的，甲方可据此认定违反了竞业禁止义务，并有权按协议规定追究乙方的违约责任"。员工虽然主张该约定超出了法律规定的义务范畴，但是两审法院均认为该约定系双方真实意思表示，无证据证明存在无效情形的情况下，该约定合法有效，且以此条款认定了员工未履行告知义务，且经用人单位催告后仍未履行，构成违约。

比对上述案例可知，除了案例二对于告知义务的约定更明确外，两案也存在其他事实情节和认定上的差异：如案例一中员工实际履行了竞业限制义务，案例一系员工提起的要求支付竞业限制补偿金的案件，而案例二系用人单位提起的要求承担违反竞业限制义务的案件，且有明确的证据证明员工离职后与竞争公司建立了劳动关系。以上细节的不同也有可能使得法院对违反告知义务的法律责任进行考量，在不同情况下仍需具体情况具体分析；法律认定上，案例一将告知义务认定为附随义务，而非合同约定的重要义务；案例二则直接认定双方约定的告知义务合法有效，未对义务性质进行界定。我们认为，案例一的认定是结合案件事实进行的认定，能否得到普遍认同值得商榷。

四、律师建议

除本书载明的案例外，经过我们的大范围实务调研及法律检索，现阶段多数公司均会约定告知义务，且司法实践对告知义务的合理性及合法性均持认同态度。但司法实践中较为难以把握的是未履行告知义务应承担何种法律责任的问题，多数法院均认为如无违反从业限制义务的相关证据，仅以员工违反了告知义务为由要求员工返还已支付的竞业限制补偿金或支付高额违约金不符合比例原则及公平原则，如双方对违反告知义务的违约责任未进行明确细致的约定，则违约责任比较难以判断。对此我们结合司法实践提出如下建议：

1. 对告知义务的履行进行细化，如履行期限、告知内容、履行方式等；

2. 对未履行告知义务的违约责任进行分类分级，如首次未履行告知义务则违约责任较小，多次未履行告知义务则违约责任较大，对此进行明确约定，便于司法机关对不同违约行为进行合法合理的层次化违约责任认定；

3. 合理化设置多次未履行告知义务或经催告后仍未履行告知义务的违约责任，结合具体细节和实际情况来确定是否认定员工违反竞业限制义务，并要求员工承担相应违约责任；

4. 竞业限制期限内，应当及时跟进、核实员工竞业限制义务履行情况，如存在违约行为，应及时向员工发函告知用人单位对员工行为的处理决定，并将违约可能造成的后果向员工予以充分具体的说明。

第三章 员工违约举证及违约责任承担

第一节 如何证明员工违约

竞业限制案件中员工违约如何证明
——黄某、TX 科技（深圳）有限公司劳动合同纠纷案等

一、案件要旨

竞业限制案件中，离职劳动者违反竞业限制义务的表现为，在解除或者终止劳动合同后入职与原单位生产或者经营同类产品、从事同类业务的有竞争关系的其他用人单位，或者自己开业生产或者经营同类产品、从事同类业务。就员工违约的证明，可关注离职劳动者与新入职单位的劳动合同、社保记录、纳税记录、规律性或持续性进入竞品公司办公区域的视频或照片、离职员工社交网络发布的涉竞品公司内容等，法院往往结合该类证据综合判断离职员工与竞争单位之间是否存在用工关系。因部分证据用人单位取证难度较大，用人单位也可在审判阶段借助司法机关职权通过申请调查取证方式予以获取。

二、案情简介

案例一：在本案中，黄某于 2014 年 9 月 15 日入职 TX 科技（深圳）有限公司（下称"T 公司"），担任技术测试岗位。2017 年 7 月 24 日，双

方签订《竞业限制协议》，约定竞业限制期为离职之日起 24 个月。2019 年 2 月 28 日，黄某因个人原因申请离职。2019 年 2 月 27 日，T 公司向黄某发出《竞业限制通知书》，载明黄某的竞业限制期为 2019 年 3 月 1 日至 2020 年 2 月 29 日，与 T 公司存在竞争关系的公司包括 Z 公司及其关联公司。2019 年 6 月，T 公司主张黄某违反竞业限制义务，故申请劳动仲裁。后当地仲裁委裁决黄某返还竞业限制补偿金、支付违约金、继续履行竞业限制义务。黄某不服裁决，诉至法院，请求判决无需继续履行竞业限制义务、无需返还竞业限制补偿金、无需支付违约金。[①]

案例二：在本案中，高某某于 2008 年 8 月 2 日入职 XLD（中国）商贸有限公司北京分公司（下称"X 公司"），先后任销售代表、销售工程师、销售经理。双方签订的《劳动合同书》中载有竞业限制条款，约定竞业限制期限为两年，载明了竞争对手的认定条件，并具体列举了部分竞争对手。2020 年，双方协商一致解除劳动关系，并签订《竞业限制补充协议》，明确竞业限制范围、地域、履行期、双方义务、违约责任。2020 年 10 月，X 公司主张高某某违反竞业限制义务，故申请劳动仲裁。后当地仲裁委裁决高某某返还竞业限制补偿金、支付违约金。双方均不服裁决，诉至法院。高某某请求法院判决不返还竞业限制补偿金及不支付违约金。X 公司则请求确认高某某违反竞业限制约定、停止违约、继续履行竞业限制义务，同时对仲裁裁决确定的返还金额及违约金金额提出异议。[②]

案例三：在本案中，陈某某于 2009 年 9 月 9 日入职 HRFD 科技（集团）股份有限公司（下称"H 公司"），负责风力发电设备支撑结构的设计研发工作。2019 年 8 月 28 日，陈某某因个人原因申请离职。2019 年 9 月 27 日双方办理完毕离职工作交接，并于当日签订《竞业限制协议书》，约定了竞业限制义务履行期限、竞争关系公司的认定、竞业限制补偿金的发放标准及违反竞业限制义务的违约金与赔偿责任。H 公司认为，陈某某在竞业限制期内入职竞品公司，违反竞业限制义务，故诉至一审法院，请求

---

① 参见广东省深圳市区人民法院（2020）粤 0305 民初 1304 号民事判决书、广东省深圳市中级人民法院（2020）粤 03 民终 26340 号民事判决书。

② 参见北京市东城区人民法院（2021）京 0101 民初 10294 号民事判决书、北京市第二中级人民法院（2021）京 02 民终 15092 号民事判决书。

判令陈某某支付违约金及损害赔偿金。①

三、法院审理

案例一中，针对黄某是否违反竞业限制约定，黄某主张其从 T 公司离职后入职某某人力资源有限公司从事计算机软件研发，并提交银行账户交易流水、社保缴费记录、个人所得税纳税记录。T 公司则提交公证书及相应的视频录像、截图，证明黄某多次进入竞品公司 Z 公司的办公场所，并持有 Z 公司门禁卡。T 公司还提交某某人力资源有限公司的企业信息公示报告，以证明该公司主要从事人力资源、劳务派遣服务，在未与黄某签订劳动合同的情况下，每月支付高额工资不合常理。在庭审中，黄某未能说明某某人力资源有限公司的部门设置、任职部门的人数及完成工作情况。另外，黄某确认 T 公司提交的视频中有关黄某的录像是其本人，称其前往 Z 公司系为拜访朋友宋某某，门禁卡也系宋某某所给，但未能说明拜访宋某某的具体情况及宋某某何时将门禁卡交给黄某。法院首先认定了 T 公司与 Z 公司的竞争关系，并且认为，上述证据不能排除某某人力资源有限公司为黄某代为发放工资、缴纳社会保险的可能性，综合黄某不能合理说明其在某某人力资源有限公司的工作内容，且不能说明离职后频繁、连续地进入竞品公司的办公场所，并持有竞品公司所在办公楼门禁卡的缘由。法院认定 T 公司提供的证据的证明力明显大于黄某提供的证据的证明力，达到了高度盖然性的证明标准，黄某违反竞业限制约定，应承担违约责任。

案例二中，针对高某某是否违反竞业限制约定，高某某主张其自 X 公司离职后入职 W 公司从事建筑工程施工行业，并提交《劳动合同书》、社会保险缴费证明、《工资表》、若干报销凭证及员工考勤表等加以证明。X 公司则主张高某某离职后实际入职竞品公司 L 公司，为此提供公证书，具体内容为律师李某某与微信用户名为"Gordy. gao（L 公司）"的微信聊天记录截屏及朋友圈截屏。聊天记录显示"Gordy. gao（L 公司）"向李某某发送 L 公司射钉固定系统产品手册、介绍相关产品并表示因自己刚从 X 公

---

① 参见北京市海淀区人民法院（2020）京 0108 民初 14103 号民事判决书、北京市第一中级人民法院（2021）京 01 民终 7870 号民事判决书。

司离职，不想别人知道太多。"Gordy. gao（L 公司）"多条朋友圈内容介绍L 公司产品，所显示的定位均在 L 公司，另有朋友圈照片为高某某本人，配文为"未来可期，加油 L 公司"，另有朋友圈内容为高某某核酸检测报告。高某某称该手机号及注册的微信号系朋友所有。但在仲裁时，仲裁庭拨打该号码通知高某某领取相关立案材料，接听人表示为高某某本人，并于次日向当地仲裁委回电按照其身份证地址邮寄仲裁材料。X 公司还提供了国家知识产权局官方网站中国专利公布公告截图，载明 2020 年某项专利申请人为 L 公司，发明人为高某某及案外人张某某。法院首先认定了 L 公司与 X 公司的竞争关系，并且认为，X 公司作为用人单位在取证方面已经穷尽手段，通过上述证据足以证明高某某在为 L 公司提供服务，且服务内容存在竞争。高某某提供入职 W 公司的证据不能直接否定其同时为 L 公司服务的事实，且《劳动合同书》及《竞业限制补充协议》中已经明确约定了竞业限制行为包括为竞争企业提供任何形式的服务，并不局限于建立劳动关系一种。因此，法院认定高某某为 L 公司提供服务的行为违反竞业限制约定，应当承担违约责任。

案例三中，针对陈某某是否违反竞业限制约定，陈某某主张其自 H 公司离职后入职 K 公司担任机械副主任工程师，并提交劳动合同、工资发放情况等。H 公司则主张陈某某离职后实际入职竞品公司 F 公司，并提交了F 公司工商注册信息、企业信用报告、顺丰快递存根及物流记录、电话录音等证据材料，还提交了打印资料、K 公司招股说明书等证据。其中，顺丰快递存根显示收件人为陈某某，收件地址为 F 公司。陈某某对快递存根、物流及电话录音均不认可，称并未签收该快件，且快递已因拒收而退回。经法院调查，K 公司书面回复称未将陈某某派遣至其他单位，一审承办法官前往 F 公司，F 公司办事处负责人表示不认识陈某某。法院首先认定了 H 公司与 F 公司存在竞争关系。但法院同时认为，H 公司提供的快递签收证据不能认定签收人为陈某某本人，其提交的录音亦不能证明被录音人身份，并且录音中也并未提及快件因客户拒收被退回的情况，即便录音内容真实，也没有完整体现快件的投递过程；打印资料及招股说明书与 H 公司待证事实无直接关联性；法院调查取证情况也无法印证 H 公司主张。由此，法院认为 H 公司提交的证据无法证明陈某某违反竞业限制约定，驳回了 H 公司的诉讼请求。

四、案件分析

《劳动合同法》第二十四条第二款规定，在解除或者终止劳动合同后，前款规定的人员到与本单位生产或者经营同类产品、从事同类业务的有竞争关系的其他用人单位，或者自己开业生产或者经营同类产品、从事同类业务的竞业限制期限，不得超过二年。

在上述三个案件中，原用人单位均提出劳动者离职后违反竞业限制协议，入职有竞争关系的公司，依据民事诉讼中"谁主张，谁举证"的证据规则，需要原用人单位就两单位间存在竞争关系加以证明，并就离职劳动者实际入职竞品公司加以证明。在实践中，劳动者为规避竞业限制违约责任，通常实际为竞品公司提供劳动，但同时与其他公司如人力资源公司等建立劳动合同关系，并由其他公司代发工资、代缴社保等，这种行为实际上增加了用人单位的取证难度。

在司法实践中，结合我国纠问式司法审判模式的特点，对于离职劳动者是否入职竞品公司的基本事实，无论是否有证据，法院多倾向于向双方询问，询问结果及陈述是否存在矛盾会直接影响审判人员的自由心证；就离职劳动者提交的证据与用人单位提交的证据，法院同样会就其证明力予以衡量，判断何者能够达到高度盖然性标准。在上述三例案件中，用人单位提交的证据有竞品公司信用信息公示报告、离职劳动者持有竞品公司门禁卡并进入竞品公司的视频、取证律师与离职劳动者的微信聊天记录、离职劳动者朋友圈图文、快递签收记录等。用人单位的举证程度无须达到高度盖然性，只要有初步证据证明员工违反竞业限制义务，则会发生举证责任移转。员工应当就己方未违反竞业限制义务承担举证责任或进行合理解释，若未能进行举证或合理说明，则由员工承担不利后果。此外，因部分证据取证难度较大，用人单位也可在审判阶段借助司法机关职权通过申请调查取证方式予以获取。

五、律师建议

在员工违约的认定中，法院主要是对事实而非法律问题进行审查，因此，用人单位与劳动者如何举证显得尤为重要。

就证据内容而言，用人单位可提交离职劳动者与竞品公司之间的劳动合同、社保缴纳记录、个人所得税缴纳记录等证据直接证明员工为竞争单位提供劳动，但该类证据通常较难获取，可以在诉讼过程中向法院申请调查取证。同时，在实践中，离职劳动者为了规避竞业限制违约责任，往往在形式上与其他非竞品公司建立劳动关系，但实际上就职于竞品公司。在该情形下，用人单位可就下列证据予以关注并收集：离职员工社交网络发布的涉竞品公司内容、员工参加竞品公司非业务活动（如年会）的视频或照片等、竞品公司官网或宣传网页或社交账号文章提及离职劳动者的记录、员工规律性或持续性进入竞品公司办公区域的视频或照片、竞品公司地址作为员工收件地址的邮寄单据及收件记录、证明员工入职竞品公司的证人证言、匹配个人信息的电子邮件落款涉竞品公司信息等。法院往往结合该类证据综合判断离职员工与竞争单位之间是否存在用工关系。

就跟拍照片或视频的合法性问题，实践中法院通常予以认可。在安徽省芜湖市中级人民法院审结的一起案例中，用人单位聘请 S 咨询公司就离职劳动者杜某的就业动向进行调查，就调查视频及调查报告的法律效力，法院阐明：证据的合法性是指提供证据的主体、证据的形式和证据的收集程序必须符合法律规定。其主要表现为以下几点。(1) 证据的收集主体应当合法。我国现行法律并未授予商务咨询类公司侦查权，但法律法规也并未禁止公民、组织行使一定范围的调查权，按照"法无明文禁止即可为"的原则，S 咨询公司在一定范围内调查收集的证据可以作为民事诉讼中的证据使用。(2) 证据形式应当合法。S 咨询公司通过视频、调查报告的形式将所调查的内容反馈给用人单位，上述视频、调查报告属于视听资料及书证，符合《中华人民共和国民事诉讼法》规定的证据形式。(3) 证据的取得方式应当合法。最高人民法院于 2001 年 12 月 21 日颁布的《关于民事诉讼证据的若干规定》① 中规定"以侵害他人合法权益或者违反法律禁止性规定的方法取得的证据，不能作为认定案件事实的依据"，因此，判断证据是否具有合法来源只能依据证据收集过程中是否侵害他人合法权益或

---

① 已被修改。

者是否违反法律禁止性规定的方法。虽然 S 咨询公司在取证过程中采用了跟踪拍摄等方式，但上述取证过程在公共场合完成，没有侵害杜某的个人隐私和他人的合法权益，也不违反社会公共利益和社会公德。S 咨询公司完成取证行为后，对涉及杜某的证据，没有随意传播或者用于其他非法目的和用途，而是在法律不禁止的特定范围内以特定方式使用，没有造成损害后果。因此，其调查的结果可以作为本案的证据使用。①

在职期间违反竞业限制义务能否作为离职后不履行义务的理由——HMS（上海）磨料有限公司与刘某某劳动争议案②

一、案件要旨

在职期间，劳动者应遵守保密义务与忠诚义务，而非竞业限制义务。竞业限制义务为后合同义务，与劳动者应遵守的保密义务和忠诚义务并不完全相同。若劳动者在职期间违反保密义务与忠诚义务，但在离职后未入职竞品公司、未实施竞业限制协议中的禁止性行为，则公司无权以违反在职期间竞业限制义务为由，拒绝向劳动者支付竞业限制补偿金。

二、案情简介

刘某某曾就职于 HMS（上海）磨料有限公司（下称"H 公司"），2019 年 1 月 14 日，双方解除劳动关系。

双方签订的劳动合同中有年终奖金及竞业禁止条款。其中载明"本合同有效期内以及本合同终止后 2 年的期间合称竞业禁止期间……在竞业禁止期间，乙方（指刘某某，下同）不得劝说、诱使、拉拢甲方（指 H 公司，下同）的客户，意图使其与乙方或其他第三方发生业务关系，谋求利益。在竞业禁止期间，就任何意图联络甲方销售、技术、研发、管理人员，期望使其终止与甲方的劳务关系的人员、公司及其他实体，乙方不得

---

① 参见安徽省芜湖经济技术开发区人民法院（2019）皖 0291 民初 2439 号民事判决书、安徽省芜湖市中级人民法院（2020）皖 02 民终 1095 号民事判决书。

② 案件来源：北京市第三中级人民法院（2021）京 03 民终 13602 号民事判决书。

与之联络，亦不得向其提供任何协助。在本合同有效期内，在中华人民共和国境内刘某某不得为本人或其他单位的利益从事与 H 公司的业务相竞争的业务"。

刘某某离职后，就 2018 年销售年终奖及竞业限制补偿金问题与 H 公司产生争议，故向北京市朝阳区劳动人事争议仲裁委员会提出仲裁申请。

2020 年 6 月 30 日，朝阳仲裁委作出京朝劳人仲字〔2020〕第 11115 号裁决书，裁决 H 公司支付刘某某 2019 年 1 月 15 日至 2020 年 1 月 8 日期间竞业限制经济补偿金 76837.39 元。双方均不服，遂诉至北京市朝阳区人民法院。其中，刘某某起诉主张 H 公司支付 2019 年 1 月 15 日至 2020 年 7 月 15 日期间竞业限制补偿金 141951.96 元及 2018 年销售年终奖 38948 元；H 公司起诉要求不支付刘某某 2019 年 1 月 15 日至 2020 年 1 月 8 日期间竞业限制补偿金 76837.39 元。

三、法院审理

就 H 公司是否需向刘某某支付竞业限制补偿金的问题，刘某某主张其从 H 公司离职至今未再就业，实际履行了竞业限制义务，H 公司应依法支付竞业限制补偿金；H 公司则认为，刘某某自 2008 年起便私自在外投资开办与 H 公司相同业务的公司，为谋取私利违反忠诚义务和不竞争义务，多次从事违反公司规章制度的行为并拒不改正。鉴于其从在职期间就在外开办关联公司的事实，其从未承诺也未事实遵守过所谓竞业限制，无权要求支付任何补偿。

一审法院经审理认为，在职期间劳动者遵守的是保密义务与忠诚义务，而非竞业限制义务，竞业限制义务为后合同义务，与劳动者所应遵守的保密义务和忠诚义务并不完全相同。H 公司关于因刘某某在职期间违反了竞业限制义务，不存在公司要求其无需履行竞业限制的前提的主张，缺乏法律依据，一审法院未予采信。

就 H 公司称其已经明确表态刘某某离职后无需继续履行竞业限制义务的主张，因 H 公司未提交证据予以证明，刘某某亦不予认可，一审法院未予采信。

就刘某某称其从 H 公司离职后至今未再就业，实际履行了竞业限制义务的主张，刘某某提交了个人所得税申报情况、人事代理服务合同、北京市社会保险个人权益记录等。H 公司虽不予认可，但未提交证据证明刘某某离职后违反了竞业限制义务，故一审法院采信刘某某的主张。

由此，结合一审法院就年度销售奖金问题的查明以及对刘某某离职前十二个月平均工资的确定，最终一审判决 H 公司支付刘某某 2018 年销售奖金 21849 元，并支付刘某某 2019 年 1 月 15 日至 2020 年 7 月 15 日的竞业限制补偿金 124425.45 元。

一审判决后，H 公司不服判决，向北京市第三中级人民法院提起上诉。上诉理由之一为，劳动合同约定的竞业限制期间为劳动关系存续期间及劳动合同终止后 2 年，并约定了刘某某若违反劳动合同竞业限制义务，H 公司自其违反该义务之日起无需再支付补偿金。也即，双方约定的竞业限制义务包含两个部分，即在职期间的忠实义务及劳动合同法项下竞业限制义务，刘某某只要在上述两个期间的任意一个期间出现了违反忠实义务或法定竞业限制义务的情形，H 公司即可拒绝支付离职后的竞业限制补偿金。

二审法院经审理认为，刘某某主张的竞业限制补偿金系基于解除劳动合同之后因其履行合同约定的竞业限制义务而产生，故 H 公司关于因刘某某在职期间违反了竞业限制义务，不存在公司要求其无需履行竞业限制的前提的主张缺乏法律依据。H 公司二审提交的证据亦不足以证明刘某某在本案主张的竞业限制期间违反了竞业限制义务，因此，二审法院未采纳 H 公司该部分上诉主张。

综合对 H 公司其他上诉理由的分析，北京市第三中级人民法院作出了驳回上诉、维持原判的二审判决。

四、案件分析

本案涉及保密义务与竞业限制义务的认定。在本案中，H 公司就刘某某请求支付竞业限制补偿金的抗辩为刘某某在职期间私自在外投资开办与该公司相同业务的公司，为此，提交了载有刘某某股东身份的案外公司工商档案、刘某某向案外公司免费寄送样品的记录、案外公司与 H 公司通过刘某某达成的供货合同、发票及转账记录、另案判决书。我们认为，以上证据确有可能证明刘某某在职期间违反了劳动者的保密义务或忠诚义务，违反劳动合同的相关约定，就刘某某上述行为造成的损失，H 公司可以要求刘某某予以赔偿。但是，上述行为系刘某某在职期间行为，而竞业限制制度系法律对劳动者离职后就业权与生存权的保障，因此，H 公司不能以刘某某存在在职违约行为作为拒绝支付竞业限制补偿金的抗辩。

刘某某向法院提交了案外公司已于刘某某离职前注销的证据、离职后个人所得税零纳税记录、人事代理服务合同、社会保险个人权益记录等，用以证明自己离职后依约履行了竞业限制义务。在实践中，法院一般认为劳动者提供上述证据便已完成举证责任，若公司不认同劳动者的上述主张，认为劳动者存在入职竞品公司从事竞争业务或有其他竞业行为，应由公司进行举证。此时，若公司无法提交相关证据，将承担不利证明后果，本案中 H 公司即为此种情形。此外，H 公司还主张其已明确向刘某某表示刘某某无需履行竞业限制义务，但同样因未能举证而未被法院认可。

综上，在实践中，公司应做到以下几点：

第一，应正确认识与区分保密义务与竞业限制义务；

第二，应注重留存固定证据；

第三，应对认为违反竞业限制义务的人员进行调查、收集相关证据，以免将公司置于被动地位。

五、律师建议

1. 劳资双方均应明确区分保密义务及竞业限制义务的区别

在本案中，H 公司即对上述义务区分未明。我们根据理论及实践总结二者的区别如下。

第一，义务基础不同。保密义务一般源于法律的直接规定，也有观点认为是劳动合同的附随义务，无论用人单位与劳动者之间是否存在关于保密条款的约定，劳动者均有保守商业秘密的义务。竞业限制义务则基于用人单位与劳动者的明确约定，若没有明确约定，即使规章制度规定了劳动者应承担竞业限制义务，司法机关支持的概率也非常小。

第二，义务对象不同。所有劳动者均对公司商业秘密负有保密义务，但竞业限制义务仅限于用人单位的高级管理人员、高级技术人员和其他负有保密义务的人员。

第三，义务期间不同。保密义务没有时间限制，既包括劳动者在职保密义务，也包括劳动者离职保密义务。只要商业秘密存在，劳动者即负有保密义务。竞业限制期限的开始期间及持续期间则有所不同，竞业限制义务属于后合同义务，从双方解除或终止劳动合同时开始计算履行期限，法定期限不超过两年。

第四，经济补偿不同。如无其他约定，用人单位无需额外向劳动者支付保密费；但用人单位必须与竞业限制人员约定竞业限制补偿金并依约支付。

第五，法律责任不同。劳动者违反保密义务给单位造成损失，应赔偿用人单位的损失；而在竞业限制协议中，用人单位可与劳动者约定违约金，劳动者违反竞业限制约定的，用人单位有权要求劳动者支付违约金，造成损害的，有权同时要求劳动者赔偿损失。

2. 用人单位应注意对证据的固定与留存

本案件中，H公司主张的其已明确向刘某某表示无需履行竞业限制义务，因其未能举证而没有被法院认可。我们建议，用人单位在作出相关告知时，应注意留存沟通记录，及时固定证据，尽量以书面形式通知劳动者，并让其签字确认收悉。若通过快递方式寄送，则注意留存收寄件信息。若用人单位采取微信、电子邮件等形式通知劳动者，该通知需明确，并告知劳动者若无异议，应作出"知悉并同意"的答复，用人单位应做好电子数据证据的留存，有必要时建议进行公证。

3. 对劳动者违反竞业限制义务行为的举证方向

在本案中，H公司并不认可刘某某提交的相关证据，但未能提交证据证明刘某某违反了竞业限制义务。实践中，H公司可通过调查走访的方式，从以下角度进行举证，以反驳刘某某证据，证明刘某某在离职后入职竞品公司，并非无业状态：刘某某与竞品公司签订的劳动合同，竞品公司工商登记信息，刘某某规律性、持续性进入竞品公司办公区域的视频、照片，竞品公司地址作为刘某某收件地址的邮寄单据、收件记录，刘某某社交账号发布的涉竞品公司内容等。

"马甲公司"与实际服务公司不同，以实际情况判定是否违约——孙某与 TX 科技（上海）有限公司竞业限制纠纷案①

一、案件要旨

判断劳动者是否违反竞业限制约定，要看劳动者离职后实际提供劳动的公司与原公司之间是否存在竞争关系、劳动者在实际供职单位从事的业务是否与在原公司从事的工作内容相关。劳动者与非竞品公司建立劳动关系，以求在形式上规避竞业限制义务的履行，但同时为竞品公司提供劳动的行为，仍然属于竞业限制协议约定的禁止的竞业行为，劳动者应承担竞业限制违约责任。

二、案情简介

2015 年 7 月 15 日，孙某入职 TX 科技（上海）有限公司（下称"T 公司"），从事北某工作室工作。合同到期后，双方续签劳动合同至 2024 年 9 月 30 日，约定孙某在创新产品中心工作。孙某在 T 公司先后从事多款游戏的后台开发。孙某与 T 公司劳动合同中订有竞业限制条款，载明孙某竞业限制期限为 24 个月，并载明孙某在竞业限制期内应履行的义务、竞品公司范围、竞业限制补偿金标准、违约金标准等。

2019 年 3 月 14 日，孙某提出离职，最后工作期限为 2019 年 3 月 28 日。2019 年 3 月 27 日，孙某签收 T 公司发来的《竞业限制通知书》，其中载明孙某的竞业限制期间为 2019 年 3 月 29 日至 2020 年 3 月 28 日，列举了与 T 公司存在竞争关系的公司或其他组织，并载有与劳动合同内容相同的竞业限制补偿金条款及违约金条款。

2019 年 4 月起，孙某每月通过电子邮件履行告知义务，向 T 公司提供履行情况告知单，载明其离开 T 公司后的任职情况。其中前两个月为待业，2019 年 6 月起工作单位为 K 公司，工作岗位为信息系统工程师，负责

---

① 案件来源：上海市第一中级人民法院（2020）沪 01 民终 13539 号民事判决书。

公司管理平台的研发。孙某与 K 公司签订的劳动合同期间为 2019 年 6 月 3 日至 2021 年 6 月 2 日。此外，孙某入职 K 公司后，实际被安排至 Z 公司工作。

T 公司每月向孙某支付竞业限制补偿金，9 个月共支付 203124.24 元。

2020 年 1 月 21 日，T 公司向上海市徐汇区劳动人事争议仲裁委员会申请仲裁，要求孙某返还公司已支付竞业限制补偿金 203124.24 元并支付竞业限制违约金 1083329.28 元。2020 年 5 月 7 日，该仲裁委员会作出裁决，支持了 T 公司的全部仲裁请求。孙某不服该裁决，遂诉至上海市徐汇区人民法院，请求判令无需返还 T 公司竞业限制补偿金、不支付 T 公司竞业限制违约金。

三、法院审理

一审法院经审理认为，根据已查明的事实，孙某虽与 K 公司签订劳动合同，但实际至 Z 公司处工作，而 Z 公司与 T 公司确实均有游戏开发业务，孙某主张两家公司在内容、种类、定位和目标人群等有根本差异性，但未就此提供相应证据，故一审法院采信 T 公司主张，确认 T 公司与 Z 公司存在竞争关系。由此，一审法院认定，孙某离职后至与原公司有竞争关系的公司工作，违反了竞业限制义务，应根据约定退还违约期间 T 公司已支付的竞业限制经济补偿金并支付违约金。

结合一审法院对孙某为 Z 公司工作起始时间的查明，以及就孙某折算年终奖相关主张的认定，最终一审判决孙某向 T 公司支付竞业限制补偿金 157985.52 元，并向 T 公司支付竞业限制违约金 976441.28 元。

一审判决后，孙某及 T 公司均不服判决，向上海市第一中级人民法院提起上诉。孙某上诉理由之一为，T 公司向其发送的《竞业限制通知书》中并未将 Z 公司列入竞业限制名单，孙某不存在违反竞业限制义务情形，不需要向 T 公司支付违约金；就此，T 公司认为孙某违反竞业限制的证据充分，但不认可一审判决认定的孙某进入 Z 公司工作的时间。双方均请求二审法院支持己方上诉请求，驳回对方上诉请求。

二审法院经审理认为，本案争议焦点有三：一为孙某是否违反了竞业限制约定；二为如孙某违反竞业限制约定，一审法院认定的违约金是否合理；三为如孙某违反竞业限制约定，应返还多少竞业限制补偿金。本文主要就争议焦点一进行展开。

二审法院审查后，同样认为孙某违反了竞业限制的约定。就孙某上诉理由，二审法院认为，孙某自 2019 年 6 月 3 日起入职 K 公司，并被安排至 Z 公司工作。尽管 T 公司向孙某发送的《竞业限制通知书》中没有列明 Z 公司，但从 Z 公司的经营范围到孙某自述从事的游戏开发的工作内容，都表明 Z 公司与 T 公司存在竞业关系。且孙某亦未举证证明 T 公司取证手段违反法律禁止性规定，由此，二审法院对孙某关于其不存在违反竞业限制约定的主张未予采信。

综合对其他争议焦点的分析，上海市第一中级人民法院作出了驳回上诉、维持原判的二审判决。

四、案件分析

竞业限制制度本质上是为了保护原单位商业秘密，维护原单位竞争优势。因此，判断劳动者是否违反竞业限制约定，要看劳动者离职后实际提供劳动的单位与原单位之间是否存在竞争关系、劳动者在实际供职单位从事的业务是否与在原单位从事的工作内容相关。劳动者与非竞品公司建立劳动关系，以求在形式上规避竞业限制义务的实际履行，但同时为竞品公司提供劳动的行为，仍然属于竞业限制协议约定的禁止的竞业行为，劳动者应承担竞业限制违约责任。

在该类案件中，主张离职劳动者违反竞业限制义务的原单位需要证明两项关键事实：一是劳动者离职后实际为其他公司提供劳动，而非为与其建立劳动关系的"马甲公司"劳动；二是劳动者实际提供劳动的公司系原就职单位的竞品公司。

在实践中，原单位就第一项事实往往难以证明，从而被仲裁机构或法院判令承担不利证明后果，但本案有所不同，就判决所载明的内容而言，孙某对其入职 K 公司后被安排到 Z 公司工作的事实进行了自认，并具体说明了其在 T 公司与 Z 公司从事的业务内容。本案中孙某的抗辩主要在于，T 公司与 Z 公司之间不存在竞争关系，一是因为 T 公司的竞业限制通知书未将 Z 公司罗列在内，二是因为两家公司游戏开发所运用的开发平台、开发语言均不同，自己没有掌握 T 公司商业秘密，也没有泄露 T 公司商业秘密，未违反竞业限制义务。

就竞争关系而言，审理本案时，法院主要从以下两个方面加以认定。

一是两家公司的经营范围。T 公司经营范围为开发、设计、制作计算机软件，销售自产的产品，并提供相关的技术咨询和技术服务，从事货物及技术进出口业务；Z 公司经营范围为从事网络技术、计算机技术、通信设备技术、电子技术领域内的技术开发、技术咨询、技术转让、技术服务，计算机系统集成，计算机服务（除互联网上网服务），电子商务（不得从事金融业务），动漫设计，商务咨询，计算机、软件及辅助设备、通信器材、通信设备及相关产品、日用百货、工艺品的销售，从事货物及技术的进口业务，第二类增值电信业务中的信息服务业务（仅限互联网信息服务）（不含新闻、出版、教育、医疗保健、药品和医疗器械的互联网信息服务），两家公司在游戏开发方面具有竞争关系。

二是孙某在两家公司中从事的工作内容。孙某在 T 公司先后从事多款游戏的后台开发，在 Z 公司具体从事某游戏内部的信息系统的优化，尽管孙某称两家公司游戏开发所运用的开发平台、开发语言均不同，但由于其并未就两家公司在游戏开发内容、种类、定位和目标人群等方面的差异性分别举证，故法院依据 T 公司与 Z 公司均从事游戏开发业务的事实，认定两家公司存在竞争关系、孙某违反竞业限制义务。

综上所述，在实践中，公司应当对离职人员实际就业去向予以跟进与追踪，劳动者也应依法依约遵守竞业限制协议，不应抱有规避竞业限制义务履行的侥幸心理。

五、律师建议

就公司而言，离职劳动者与某公司订立劳动合同，实际为其他竞品公司提供劳动的情形在实践中较为常见，这便需要公司不仅在竞业限制协议中约定告知条款，也同时应对劳动者是否履行报告义务及报告内容的真实性予以查证。在离职劳动者与其他公司订立劳动合同，实际入职竞品公司，以在形式上规避竞业限制违约责任的情形下，劳动者通常不会前往"马甲公司"进行工作，并且，"马甲公司"往往是与原工作单位在业务内容上毫无关联的代理公司。此时，原单位可派工作人员实际前往离职劳动者自述的就职单位进行调查，询问离职劳动者是否在此实际办公、工作内容为何、是否每日均正常出勤；原单位也可以运用互联网信息技术，定期检索离职劳动者是否以新单位职员名义参与社会活动，从而判断其实际工作单位；若发现离职劳动者并未在报告的工作单位进行工作，则可通过邮件等形式要求其说明情况，并提醒违约后果。

就劳动者而言，对于与原单位订立的劳动合同、竞业限制协议等文件，应当忠实、诚信地加以履行。离职劳动者不应存在侥幸心理，既在竞业期内为竞品公司提供劳动，又意图以各种手段规避竞业限制违约责任。若劳动者认为其实际从事的业务与原工作内容不存在关联，须围绕业务内容、种类、定位、客户群体等方面的差异性进行举证，否则将承担不利的证明后果。

身份信息被朋友冒用登记为公司股东，不影响竞业限制违约构成——杨某、BLLJ（中国）贸易有限公司劳动争议案①

一、案件要旨

劳动者在职期间负有忠诚义务，该义务系劳动关系中诚实信用原则的体现和要求，亦是劳动关系的附随义务。基于该义务，劳动者在职期间未经用人单位许可不得从事与用人单位有竞争性的同类工作或类似的工作。身份信息被朋友冒用登记为公司股东，不影响员工构成违反竞业限制义务的认定。

二、案情简介

2009 年 7 月 1 日，杨某入职 BLLJ（中国）贸易有限公司（下称"BL公司"），任销售代表职务。BL 公司经营范围为食品销售、酒具等其他相关配套业务和咨询服务等项目。2009 年 8 月 10 日，杨某与 BL 公司签订

---

① 案件来源：辽宁省沈阳市于洪区人民法院（2021）辽 0114 民初 8564 号民事判决书。

《聘用协议》。

2012 年 8 月 16 日，双方续签聘用合同，合同期限自 2012 年 7 月 2 日起至 2015 年 9 月 30 日止。2014 年 2 月 1 日，双方签订的《劳动合同》中，杨某职位为销售主任。2015 年 10 月 1 日，双方签订无固定期限劳动合同。

BL 公司 2014 年版、2019 年版员工手册中，载有利益冲突及严重违纪解雇条款，均经杨某签字确认、同意遵守。

2017 年 11 月 23 日，案外人张某成立沈阳 CM 时代酒业有限公司（下称 "CM 公司"），该公司经营范围为预包装食品批发、零售和卷烟零售，公司股东（发起人）为张某、杨某（本案原告）、宋某某。杨某同时任 CM 公司监事。

2019 年，BL 公司向杨某发出《关于违反公司利益冲突政策的书面警告》，载明因杨某未如实披露其持股 CM 公司，且 CM 公司成为 BL 公司客户的情形，违反员工手册的利益冲突条款，故对杨某采取降职降薪的处罚措施。2019 年 2 月 28 日，杨某签署警告并接受该处罚。

2020 年 3 月 10 日，BL 公司对杨某进行约谈，并做员工谈话笔录。谈话中，杨某称对 CM 公司的成立并不知情，杨某在投资人承诺书中的签字系伪造，系朋友使用杨某信息将杨某填报为股东，现该朋友已经过世。

2021 年 3 月 11 日，杨某以邮件方式就 2020 年 3 月 10 日面谈进行回复，称系 CM 公司已故经营者家属因程序烦琐未办理工商注销。CM 公司现已进行税务注销及清税，亦未在实际经营地址继续经营。

2021 年 5 月 19 日，BL 公司向杨某发出《解除劳动合同通知书》，载明因杨某在 2019 年及 2020 年对收集的利益冲突信息未进行如实申报，严重违纪，解除劳动合同。

2021 年 6 月 9 日，杨某向沈阳市于洪区劳动人事争议仲裁委员会申请仲裁，要求 BL 公司支付违法解除劳动合同赔偿金，赔偿失业金损失，为杨某出具劳动合同解除证明，办理档案和社会保险调转。

同日，沈阳市于洪区劳动人事争议仲裁委员会作出沈于劳人仲不字〔2021〕150 号不予受理通知书，杨某遂诉至法院，诉讼请求与仲裁期间主张一致。庭审中，杨某撤回其第二项诉讼请求，即赔偿失业金损失。

三、法院审理

就杨某是否存在在职期间违反竞业限制义务的问题，法院认为，首先，BL 公司系全球高端烈酒市场的主要集团之一，CM 公司经营范围包括酒水批发、零售，两公司的经营范围存在重合，存在竞争关系；其次，杨某自入职 BL 公司以来，历任 BL 公司销售代表、销售主任，上述职位并非技术含量不高、可替代性强的普通劳动者，而是 BL 公司主要业务部门的核心销售人员，掌握公司的核心客户资源。杨某在 BL 公司劳动关系存续期间担任 CM 公司股东及监事，从事具有竞争性的同类业务，显然严重违背劳动者的基本忠诚义务，损害了用人单位的合法权益，导致双方诚信关系根本破裂，劳动关系赖以存续的基础丧失；加之 BL 公司员工手册明确规定，员工在职期间为其他机构提供服务，包括但不限于全职、兼职、临时性、自由工作形式或提供咨询服务等，隐瞒或未向公司披露利益冲突，影响其在公司工作，或对公司利益造成损害的，属于严重违反公司规章制度的行为，公司可以直接解除劳动合同，因此法院认定，杨某任职期间在与 BL 公司有竞争关系的企业任股东及监事，BL 公司以利益冲突为由解除与杨某的劳动关系合法，并无不当。

就杨某主张对 CM 公司工商登记其为股东及监事不知情，法定代表人死亡，无法进行公司注销的意见，法院认为，自 2019 年 2 月 28 日签署《关于违反公司利益冲突政策的书面警告》起，杨某便应当知晓其在 CM 公司任股东及监事。杨某可根据相关法律规定，通过工商部门或者相关部门进行申诉、到法院诉讼等方式退出股东及卸任监事，但自 2020 年 3 月 10 日 BL 公司对其约谈之日，后至 2021 年 5 月 19 日，BL 公司向杨某发送《解除劳动合同通知书》，二年有余期间，杨某未向任何部门以任何形式向 CM 公司主张权利，由此，法院未采纳杨某的上述意见。

经审理，法院作出如下判决：1. 被告 BL 公司于本判决生效之日起十日内为原告杨某出具解除劳动合同的解除证明；2. 驳回原告杨某的其他诉讼请求。

四、争议焦点分析

本案涉及员工在职期间违反竞业限制约定的情形。该类案件通常有两类争议焦点,一是在职竞业限制约定是否有效,如本案员工手册中关于利益冲突的条款是否有效,二是劳动者行为与公司是否构成利益冲突。

劳动者在职期间违反竞业限制义务,通常表现为在职期间对外设立公司从事竞争业务,在本案中表现为第三个争议焦点,即身份信息被朋友冒用登记为公司股东的情形下,能否阻却竞业限制的违约构成。

焦点一,即在职竞业限制约定的效力问题,尽管在本案中杨某未以此主张员工手册涉利益冲突条款无效,但由于在类似案件中,劳动者以约定无效进行抗辩的情形较为普遍,故一并进行分析。实践中,法院通常认为,尽管现有法律并未对在职期间劳动者竞业限制义务作出明确规定,但参照《中华人民共和国劳动法》《劳动合同法》并结合劳动合同约定、劳动者职业道德及诚实信用原则,应认定双方约定的竞业限制条款具有法律效力。

本案虽不涉及条款效力争议,但法院在说理部分亦通过《中华人民共和国劳动法》第三条"劳动者应当完成劳动任务,提高职业技能,执行劳动安全卫生规程,遵守劳动纪律和职业道德",以及《劳动合同法》第三条"订立劳动合同,应当遵循合法、公平、平等自愿、协商一致、诚实信用的原则"之规定,就劳动者负有忠诚义务进行说明。法院认为,忠诚义务即劳动者在劳动过程中应秉持诚实、善意的动机,忠实维护用人单位的合法权益;该义务是劳动关系中诚实信用原则的体现和要求,亦是劳动关系的附随义务,系劳动者理应遵守的基本职业道德。劳动者在职期间,基于忠诚义务,未经用人单位许可不得从事与用人单位有竞争性的同类工作或类似工作,这种竞业限制义务无需约定即存在。

焦点二,即劳动者行为与公司是否构成利益冲突的问题。利益冲突在劳动关系项下即为竞业限制概念,表现为根据法律规定或合同约定,员工在本单位任职期间不得同时在业务竞争单位兼职,或在劳动合同结束后的一定时期内不得从事与原单位竞争的业务。本案中,法院主要结合杨某的行为以及新设立公司与任职公司的经营范围比对加以判断:杨某在任职 BL 公司主要业务部门核心销售人员期间对外设立公司,且该公司与任职公司的经营范围存在重合,由此认定杨某严重违反劳动者的基本忠诚义务,损害了 BL 公司的合法权益,劳动关系赖以存续的基础丧失。

焦点三，身份信息被朋友冒用登记为公司股东的情形能否阻却竞业限制的违约构成。法院认为，在本案中，由于杨某在知晓自己信息被冒用后两年多时间，未采取任何措施向有关部门或 CM 公司主张权利，因此杨某的主张不能成立。事实上，员工身份信息被冒用于成立公司，属于员工与冒用信息者或新设立公司间的内部关系，用人单位无法，也无义务对该事项予以查明，不能阻却员工竞业限制义务的违约构成。但在实践中，用人单位通常先采取向员工了解情况、听取员工陈述的行为，若员工及时采取相关措施退出股东并卸任新设公司职位，在未给用人单位造成损失的情形下，用人单位基于情理，可以选择不予追究员工的违约责任。

五、律师建议

在劳动关系存续期间，劳动关系的两个相对方应相互尊重、互守诚信。就劳动者而言，应对用人单位尽忠实义务及遵守契约义务，全心全意履行工作职责，为用人单位实现增益，在职期间应当遵守职业道德，不得损害用人单位利益。劳动者在劳动关系存续期间，不得同时在业务竞争单位兼职，更不得对外投资设立竞品公司；若发现自己的身份信息存在被冒用、盗用的情形，应及时向司法行政机关主张权利，以免造成不必要的损失。

就用人单位而言，若发现在职员工存在违反竞业限制义务的情形，应及时固定证据，并通过函件、邮件等可留痕方式与员工进行沟通；若当面沟通，需作出沟通交流的纪要并由员工本人签字确认。公司若通过调查，发现员工违反竞业限制义务、对外兼职或成立公司的行为对公司造成了损失，有权要求员工就公司所受损失予以赔偿。就赔偿范围，实践中有法院认为，由于在职期间竞业行为造成的损失具有无形性，难以用证据予以精确量化证明，因此需要综合多方面因素考虑予以酌定。主观方面，可将劳动者的过错情况纳入赔偿的考虑因素；客观方面，可将劳动者从事竞业限制行为所获得的收入、劳动者服务的竞业企业因劳动者竞业限制行为所获得的收入、劳动者违反竞业限制期间所获得的工资收入等客观情况纳入赔偿的考虑因素。[①]

---

① 参见北京市第三中级人民法院（2018）京 03 民终 955 号民事判决书。

第二节　违约金金额

竞业限制违约金与损失赔偿能否同时主张
——王某与 S 公司劳动争议案[①]

一、案件要旨

现有劳动立法虽未明确竞业限制违约金的类型，但从立法体系看，相比于《中华人民共和国民法典》对违约金的分类，竞业限制违约金应属独立的违约金类型。竞业限制违约金兼含惩罚性违约金的损失免证功能与补偿性违约金的损失和赔偿对等功能。竞业限制违约金外又约定惩罚性违约金的，属补充约定，可以合并计算。约定的违约金过高或过低的，可向劳动仲裁委、法院申请调整。另行约定损失赔偿的，属无效约定，不予支持。没有约定违约金具体数额的，用人单位可主张损失赔偿。

二、案情简介

2015 年王某（乙方）与 S 公司（甲方）签订了期限自 2015 年 6 月 25 日起至 2017 年 6 月 24 日止的劳动合同，约定王某的岗位为客户经理，每月工资为基本劳动报酬 3000 元、岗位工资 1000 元、职务津贴 500 元、竞业限制补偿费 500 元。该份劳动合同还约定未经甲方同意，受竞业限制的人员无论出于何种原因，在离开公司按保密协议规定的时限内，不得进入与甲方业务有竞争或冲突的单位就职，也不得自办与甲方有竞争关系的企业或者从事与甲方商业秘密有关的产品的生产与业务。受竞业限制的人员不履行规定的竞业限制义务，应当承担违约责任，一次性向甲方支付违约金，金额为其离开甲方单位前一年工资总额的 2 倍。同时，乙方因违约行为（不履行规定的竞业限制）所获得的收益应当返还甲方。同日，双方还签订了保密协议，约定由于乙方的违约行为造成甲方实际损失或必然会发

---

①　案件来源：上海市静安区人民法院（2018）沪 0106 民初 1647 号、上海市第二中级人民法院（2018）沪 02 民终 7193 号。

生损失的，甲方有权要求乙方按照相应损失额承担赔偿责任。如损失难以计算，按 1 万元支付违约金。2016 年 12 月 1 日，王某主动离职。

2017 年 10 月 26 日，S 公司向上海市静安区劳动人事争议仲裁委员会申请仲裁，要求王某支付竞业限制违约金 131010 元，支付赔偿性违约金 1 万元。该仲裁委于 2017 年 12 月 18 日作出静劳人仲（2017）办字第 2407 号裁决。王某不服，起诉至一审法院，一审法院作出判决后，S 公司不服一审判决，提起上诉。

三、法院审理

一审法院认为，对负有保密义务的劳动者，用人单位可以在劳动合同或者保密协议中与劳动者约定竞业限制条款。劳动者违反竞业限制约定的，应当按照约定向用人单位支付违约金。王某、S 公司签订的劳动合同及保密协议中均约定了竞业限制义务、期限及违约责任的条款，该条款并不违反法律法规的规定，当属有效，对王某、S 公司双方均具有约束力。王某在离职后一年内为与 S 公司有竞争关系的企业服务的行为违反了双方对竞业限制的约定，已构成违约，应当向 S 公司支付竞业限制违约金。关于竞业限制违约金金额的确定，王某离职前一年工资总额为 65505 元，双方约定的违约金共计 141010 元。结合竞业限制补偿费支付情况、S 公司对实际损失未能充分举证和双方在保密协议中约定的关于造成损失无法计算则按 1 万元支付违约金等情况，王某认为仲裁裁决的违约金 70505 元过高，要求调整的意见，一审法院予以采纳。一审法院酌情确定王某应向 S 公司支付竞业限制违约金 5 万元。

二审法院认为，依法订立的劳动合同具有约束力，对负有保密义务的劳动者，用人单位可以在劳动合同或者保密协议中与劳动者约定竞业限制条款。王某与 S 公司双方签订的多份劳动合同中亦均有竞业限制条款。双方于 2014 年 7 月 1 日、2015 年 6 月 25 日还签订了两份保密协议，约定王某在职期间及离开 S 公司一年内需履行竞业限制义务。王某对上述劳动合同、保密协议并未提出异议，上述劳动合同、保密协议系双方真实意思表示，亦未违反法律规定，应当有效。一审法院认定竞业限制约定对双方仍然有效正确。王某的行为确实违反了竞业限制约定。竞业限制违约金金额的确定应综合考虑劳动者的职务、工作年限、用人单位支付的经济补偿金、用人单位的损失等因素。一审法院根据王某在职期间的工资标准、S公司支付对价的情况、王某违约行为造成的损害后果等因素进行了综合衡量，酌情确定王某应支付S公司竞业限制违约金5万元，尚属合理，S公司要求予以调整，不予采纳。王某、S公司的上诉请求均不能成立，应予驳回；一审判决认定事实清楚，适用法律正确，应予维持。

四、争议焦点分析

1. 确定争议焦点

本案的争议焦点在于违约金金额的确定，王某与S公司约定"受竞业限制的人员不履行规定的竞业限制，应当承担违约责任，一次性向甲方支付违约金，金额为其离开甲方单位前一年工资总额的2倍。同时，乙方因违约行为（不履行规定的竞业限制）所获得的收益应当返还甲方。同日，双方还签订了保密协议，约定由于乙方的违约行为造成甲方实际损失或必然会发生损失的，甲方有权要求乙方按照相应损失额承担赔偿责任。如损失难以计算，按1万元支付违约金"。此约定不仅约定了违反竞业限制的违约金，还要求赔偿损失，这些金额能否合并，并得到支持呢？

2. 有关违约金的法律规定

我国《中华人民共和国民法典》合同编中关于违约金的规定为"当事人可以约定一方违约时应当根据违约情况向对方支付一定数额的违约金，也可以约定因违约产生的损失赔偿额的计算方法。约定的违约金低于造成的损失的，人民法院或者仲裁机构可以根据当事人的请求予以增加；约定的违约金过分高于造成的损失的，人民法院或者仲裁机构可以根据当事人的请求予以适当减少"。

最高人民法院印发《关于当前形势下审理民商事合同纠纷案件若干问题的指导意见》的通知中指出"在当前企业经营状况普遍较为困难的情况下，对于违约金金额过分高于违约造成损失的，应当根据合同法规定的诚实信用原则、公平原则，坚持以补偿性为主、以惩罚性为辅的违约金性质，合理调整裁量幅度，切实防止以意思自治为由而完全放任当事人约定过高的违约金"。

3. 竞业限制违约金的类型

学理上，违约金分为补偿性违约金和惩罚性违约金。补偿性违约金是对损失赔偿的替代，合同当事人事先确定损失赔偿的数额，出现违约情况，违约方须向守约方支付约定的违约金。惩罚性违约金则具有一定惩罚性和履约担保功能，不以实际损失的发生为前提。

我国立法上并没有明确区分补偿性违约金和惩罚性违约金，但是司法实践的一般观点为，违约金既有补偿性又兼具惩罚性，以填平损失为主，以惩罚违约为辅，违约金并非仅以守约方所受损失为赔偿上限，可以适度适用惩罚性违约责任。但是关于竞业限制违约金是否也兼具补偿性和惩罚性并没有明文规定。根据《劳动合同法》第二十三条和第九十条"劳动者违反竞业限制约定的，应当按照约定向用人单位支付违约金""劳动者违反本法规定解除劳动合同，或者违反劳动合同中约定的保密义务或者竞业限制，给用人单位造成损失的，应当承担赔偿责任"的规定，笔者认为，从文意解释上，第二十三条具备惩罚性违约金损失免证的特点，而第九十条表明劳动者违反竞业限制约定承担赔偿责任的前提是给用人单位造成损失。因而关于竞业限制违约金的类型在学术界存在争议。从体系解释上可理解为，第二十三条明确了竞业限制违约金具有惩罚性，而第九十条则是针对劳动者违反竞业限制约定对用人单位造成损失情况的强调性规定，也是对未约定违约金情况的补充性规定。就目前实际情况看，劳动者违反竞业限制协议，双方约定了竞业限制违约金，用人单位无需证明损失存在，劳动者应支付违约金，但可根据损失情况调整违约金金额。

五、律师分析

本案中王某和 S 公司之间已经约定了竞业限制违约金，违约金的约定兼具补偿性和惩罚性功能，再主张损失赔偿是不应被支持的，但是法院会考虑用人单位的实际损失，如果用人单位有充分证据证明实际损失大于约定的违约金，要求予以调高，是可以被准许的。本案中，法院对工资标准、S 公司支付对价的情况、王某违约行为造成的损害后果等因素进行了综合衡量，酌情确定王某应支付 S 公司竞业限制违约金 5 万元。该违约金金额明显低于用人单位和劳动者关于竞业限制违约金金额的约定。

竞业限制违约金的考量因素
——张某某与北京 GMHD 信息科技有限公司劳动争议案等

一、案件要旨

在竞业限制案件中，用人单位在有证据证明离职劳动者违反竞业限制约定的情形下，往往诉至法院请求其返还竞业限制补偿金并支付违约金。违约金的计算标准通常已经明确载于劳动合同或竞业限制协议的条款约定中，并经缔约双方签字盖章。但在诉讼阶段，大多数劳动者都主张约定违约金金额过高，请求法院予以调低。法院在对违约金进行裁量的过程中，通常考虑劳动者岗位、在职时间长短、在职期间收入、掌握商业秘密的程度、商业秘密的重要性、在职劳动者的过错程度、违反竞业限制义务行为类型及持续时间、司法程序中是否诚信、约定的经济补偿金金额、已经支付的经济补偿金金额、劳动者的经济收入水平、劳动者因违反义务所获得的利益等因素。在离职员工过错明显，主观恶意大，且因违约给公司造成较大损失的情形下，法院也有可能全额支持用人单位主张的违约金金额。

二、案情简介

案例一：在本案中，张某某于 2016 年 10 月 10 日入职北京 GMHD 信息科技有限公司（下称"G 公司"），任高级副总裁，月基本工资为 80000元。双方签订的劳动合同中载有"知识产权及其保密协议""竞业限制义务及补偿"条款，约定若张某某违反本协议项下之保密义务或第三十八条和第三十九条的任何规定，则 G 公司有权视情况单方决定要求张某某支付人民币 100 万元的违约金。2017 年 2 月 28 日，张某某从 G 公司离职。2016 年 12 月 21 日，W 公司注册成立，法定代表人为柴某（张某某之妻），2017 年 2 月 22 日，W 公司法定代表人变更为张某某。G 公司与 W 公司经营范围存在重合。G 公司在双方劳动合同解除之日起三个月内，通过向张某某在劳动合同中提供的地址邮寄快递、发送手机短信与电子邮件等多种途径，通知张某某履行竞业限制义务，并已向张某某支付 2017 年 3 月 1 日至 2017 年 5 月 31 日期间竞业限制补偿金 72000 元。双方就张某某是否需向 G 公司返还竞业限制补偿金、支付竞业限制违约金，是否需要继续履行保密义务、不招揽义务和竞业限制义务产生争议，由此诉至法院。①

案例二：在本案中，陈某于 2016 年 9 月 5 日入职 TX 科技（北京）有限公司（下称"T 公司"），从事高级编辑工作。双方签订的劳动合同中约定陈某离职后应当履行竞业限制义务，若违反竞业限制义务，应当向 T 公司退还已经支付的竞业限制补偿金并支付违约金，违约金标准为按照陈某离职前十二个月税前月平均工资标准计算的二十四个月工资总额。2019 年 3 月 12 日，陈某自 T 公司正式离职，离职前月工资为税前 52972.43 元。T 公司主张陈某离职后入职竞品公司，由此诉至法院，请求判令陈某返还已经领取的竞业限制补偿金 158917.29 元、支付违反竞业限制义务的违约金 1271338.32 元，并支付因本案产生的公证费。②

案例三：在本案中，王某于 2017 年 3 月 20 日入职北京 ZJTD 科技有限公司（下称"Z 公司"），从事 Android 开发工作。2018 年 5 月 16 日，王某自 Z 公司离职，离职前十二个月的平均工资为 80728 元。2018 年 5 月 17 日，双方签订《竞业限制协议》，约定 Z 公司将按王某离职前十二个月月平均工资的 30% 支付竞业限制经济补偿金，经济补偿金税前为 24218.39 元/月。若王某违约，应当一次性向公司支付违约金，违约金为本协议竞业限制补偿金总额的 3 倍。Z 公司主张王某离职后入职竞品公司，双方就王某是否违反竞业限制约定，是否应当向 Z 公司返还竞业限制补偿金并支付违约金等事项产生争议，由此诉至法院。③

案例四：在本案中，唐某某于 2017 年 10 月 16 日入职 TX 科技（深圳）有限公司（下称"X 公司"），从事音视频技术研发工作。2018 年 7 月 30 日，双方签订《竞业限制协议》，约定如唐某某违反竞业限制约定，应退还 X 公司已经支付的竞业限制补偿金并向被告支付违约金，违约金为

---

①　参见北京市海淀区人民法院（2017）京 0108 民初 50455 号民事判决书、北京市第一中级人民法院（2019）京 01 民终 4975 号民事判决书。

②　参见北京市海淀区人民法院（2020）京 0108 民初 18061 号民事判决书、北京市第一中级人民法院（2021）京 01 民终 2804 号民事判决书。

③　参见北京市海淀区人民法院（2019）京 0108 民初 28524 号民事判决书、北京市第一中级人民法院（2020）京 01 民终 4986 号民事判决书。

按照唐某某离职前十二个月税前月平均工资标准计算的二十四个月工资的总额。2019 年 3 月 13 日，双方签订了《竞业限制通知书》，再次明确上述违约责任。2019 年 3 月 18 日，唐某某自 X 公司离职，离职前十二个月税前平均工资为 59959.72 元。X 公司主张唐某某离职后入职竞品公司，双方就唐某某是否违反竞业限制约定，是否应当向 X 公司返还竞业限制补偿金并支付违约金等事项产生争议，由此诉至法院。①

三、法院审理

案例一中，法院经审理，认为双方竞业限制协议约定有效、W 公司与 G 公司存在竞争关系、张某某违反竞业限制义务，应当承担违约责任。就违约金的数额，法院认为，张某某在 G 公司任职期间即已担任 W 公司的法定代表人，离职后亦在 W 公司开展竞争业务，应向 G 公司支付违反竞业限制义务违约金。至于违约金金额，张某某提出了约定过高的意见，法院考虑到其担任 G 公司高级副总裁期间，掌握有该公司的客户资源、市场报价等核心商业秘密，从事竞争业务势必给 G 公司造成损失，以此为基础，兼顾竞业限制约定的履行情况、张某某在 G 公司的多名团队成员亦入职 W 公司的情况、张某某的过错程度、预期利益等综合因素，根据公平原则和诚实信用原则，酌定张某某应向 G 公司支付违反竞业限制义务违约金 50 万元。

案例二中，法院经审理，认为陈某属于其他负有保密义务的人员，应当履行竞业限制义务；陈某违反竞业限制义务入职竞品公司，应当承担违约责任。就违约金的数额，法院认为，应结合劳动者掌握商业秘密的程度、离职前月工资标准、任职年限、违反竞业限制义务的持续时间等予以酌定，最终判决陈某应向 T 公司支付的竞业限制违约金金额为 953503.74 元。

案例三中，法院经审理，认定王某离职后入职与 Z 公司有竞争关系的公司，违反了竞业限制约定，应当承担违约责任。就违约金数额，王某提出了约定过高的抗辩。法院认为，第一，王某在明知与 Z 公司有竞业限制约定的情况，其自 Z 公司离职后入职新的单位，应当履行适当的注意义

---

① 参见广东省深圳市南山区人民法院（2020）粤 0305 民初 313 号民事判决书、广东省深圳市中级人民法院（2020）粤 03 民终 16347 号民事判决书。

务，在《竞业限制协议》已经明确列明 Y 公司与 Z 公司存在竞争关系的情况下入职 Y 公司工作，明显未尽注意义务；第二，根据《竞业限制协议》的约定，王某负有定期向 Z 公司提供履行竞业限制义务的证明之义务，但王某从未依约向 Z 公司提供相关证明，明显违反《竞业限制协议》的约定；第三，仲裁审理阶段，王某当庭陈述其自 Z 公司离职后一直在家待业，该陈述明显与其已入职 Y 公司的基本事实相悖，王某所持其没有固定办公场所无需坐班、且认为应由 Z 公司承担举证责任的解释缺乏合理性，其在仲裁审理阶段隐瞒已入职 Y 公司事实、作出不实陈述，主观恶意较大。鉴此，王某的上述行为，不仅未尽注意义务、严重违反了与 Z 公司之间的《竞业限制协议》约定，且主观恶意较大，其行为势必给 Z 公司造成经济损失；王某自 2018 年 5 月 31 日至庭审之日均在 Y 公司工作，违约行为持续时间基本贯穿于全部竞业限制期间，综合考虑上述情形，根据公平原则和诚实信用原则予以衡量，法院认定双方于《竞业限制协议》中约定的违约金金额并不存在畸高情形。法院最终判令王某应依约向 Z 公司支付违约金 435931.02 元。

案例四中，法院经审理，认定唐某某违反竞业限制协议的约定入职竞品公司，应当承担违约责任。就唐某某调低违约金的主张，法院认为根据我国《劳动合同法》第二十三条和第九十条的规定，竞业限制违约金兼具补偿性和惩罚性双重性质，在惩罚性的角度，用人单位无需举证其损失金额。但是，考虑到劳动者一般是弱势方，也需平衡双方的利益，既保护用人单位的知识创新，也保护劳动者的自主择业权。本案中，竞业限制针对的是高级技术人员，且属于研发岗位，唐某某违反竞业限制的规定，带来的影响具有及时性和显见性的特点。而且，唐某某离职后，未按照约定报告自己的就业情况，在入职竞品公司的情况下，一边领取 X 公司竞业限制的经济补偿，一边借用其他公司名义缴纳"五险一金"，明显有隐瞒和弄虚作假的嫌疑。本院认为，一方面，考虑到唐某某系高级技术人员的身份，能够明确理解双方关于竞业限制的约定，且具有一定的话语权，并非完全的弱势群体；另一方面，要弘扬诚实守信的价值观，维护社会有序发展，判令唐某某按照双方约定支付竞业限制违约金，既有现实意义，也符合法律规定。法院最终判令唐某某依约向 X 公司支付违约金 1439033.28 元。

四、案件分析

《劳动合同法》第二十三条规定："用人单位与劳动者可以在劳动合同中约定保守用人单位的商业秘密和与知识产权相关的保密事项。对负有保密义务的劳动者，用人单位可以在劳动合同或者保密协议中与劳动者约定竞业限制条款，并约定在解除或者终止劳动合同后，在竞业限制期限内按月给予劳动者经济补偿。劳动者违反竞业限制约定的，应当按照约定向用人单位支付违约金。"

《劳动合同法》第九十条规定："劳动者违反本法规定解除劳动合同，或者违反劳动合同中约定的保密义务或者竞业限制，给用人单位造成损失的，应当承担赔偿责任。"

但上述法律规定仅系就竞业限制违约金金额的原则性规定。实践中，尽管劳动合同或竞业限制协议中明确约定违约金计算方式，该协议也系缔约双方真实意思表示，但劳动者违反竞业限制约定后却常常以约定违约金金额畸高进行抗辩，请求法院予以调低。法院在实践中持不同的裁判态度，如在案例一及案例二中，法院认为违约金应予以调低，而在案例三及案例四中，法院则支持违约劳动者按照协议约定支付违约金。需要说明的是，案例二及案例四中的违约金计算标准完全相同，但不同法院的裁判倾向却完全相反。

上述法院裁判思路不同的一个原因系对竞业限制违约金性质及其证明要求的差异。竞业限制协议可以看作劳动领域的一类特殊合同，可以参照适用合同领域的基本法律规定及法理。依据合同的基本属性，违约金一般兼具补偿性与惩罚性特征，在补偿守约方的同时适当对违约方予以惩罚，但一般不超过实际损失的30%。案例一与案例二中，法院认为违约金应酌情调减的实质在于，法院认为用人单位未提供有效证据证明其实际损失，在损失难以证明的情况下，应综合劳动者掌握商业秘密的程度、离职前月工资标准、任职年限、违反竞业限制义务的持续时间、预期利益等因素，酌情确定违约金标准。当然，法院在综合上述情节判断是否需要调低违约金时，也会结合合同约定的违约金支付标准，判断在案涉违约情形下，违约金约定金额是否畸高。比如同样是北京一中院审结的案件，案例一中双方约定固定违约金为 100 万元，法院支持 50 万元；案例二中约定的违约金标准为按照员工离职前十二个月税前月平均工资标准计算的二十四个月工资总额，经计算为 127 万余元，法院支持 95 万余元；案例三中约定的违约金标准为员工离职前十二个月月平均工资 30% 的三倍，经计算为 43 万余元，法院予以全额支持。

案例四的审理思路则与前述案例有所不同，审理法院同样认可违约金兼具补偿性与惩罚性特征，但并不认为公司需要在约定之外提供有效且足够的证据证明损失，而是认为从惩罚性角度，用人单位无需举证损失金额。在此基础上，法院结合涉案劳动者职位说明其并非完全弱势群体，按约支付违约金具有弘扬诚实守信价值观的意义，最终未就违约金金额予以酌减，而是全额支持了公司依据竞业限制协议约定主张的 143 万余元违约金。

五、律师建议

1. 举证建议

司法实践中，法院通常结合劳动者岗位、在职时间长短、在职期间收入、掌握商业秘密的程度、商业秘密的重要性、在职劳动者的过错程度、违反竞业限制义务行为类型及持续时间、司法程序中是否诚信、约定的以及已经支付的竞业限制经济补偿金金额、劳动者的经济收入水平、劳动者因违反义务所获得的利益等予以判断。

但如果离职员工过错明显，主观恶意大，且因违约给公司造成较大损失，法院在该情况下也有可能全额支持违约金；同时，实践中也有法院认为用人单位无需就损失金额部分进行举证，最终同样全额支持违约金。

用人单位可参考法院裁量考量因素来进行取证、举证，以最大限度获取法院的支持。

2. 实操建议

基于司法实践中确定违约金金额的考量因素，我们建议，违约金的设定本身需要具备一定合理性及可预见性，劳资双方在违约金的设定以及违约行为发生后违约金金额的确定等方面应分别注意以下内容。

用人单位在设置违约金金额时可以依据离职劳动者离职前工资水平予以动态确定，可以将违约金金额在合理区间内设置得高一些，但不建议采用极端的计算方式或约定极端金额，以免法院在裁判时过多关注条款本身的合法性、损失证明及其他酌定金额因素，从而将违约金确定为较低金额；而在司法程序中，除了要证明员工的违约行为外，也应结合上述建议中的法院酌情考虑因素予以举证，多方面说明违约金金额的合理性。

员工若涉及竞业限制索赔，应结合上述法院酌定调低违约金的因素，从多方面搜集证据，从自身的行为主观恶意较小、未给原用人单位造成损失等方面进行举证，以此来说明高额违约金的不合理性，从而取得相对更有利的判决结果。

竞业限制补偿金的返还金额按照税前还是税后计算
——李某某与 B 公司劳动争议案等

一、案件要旨

在实践中，就负有竞业限制义务的劳动者，用人单位通常在与其签订的劳动合同中约定，若劳动者违反竞业限制义务入职竞品公司，需要向单位返还已支付的竞业限制补偿金并按照相应标准向单位支付违约金。在明确约定返还标准为税前金额或税后金额的情形下，法院通常依据约定进行判决。在约定不明的情形下，用人单位通常主张劳动者按照税前金额进行返还，劳动者则通常以返还税后金额进行抗辩。此时，用人单位需要证明其已经代为缴纳个人所得税，否则将承担不利的证明后果。在用人单位履行证明义务的前提下，法院的裁判方向亦有所不同，部分法院判决违约劳动者依据税前金额进行返还，部分法院判决违约劳动者依据税后金额进行返还。就已纳税额部分，单位可另行提起不当得利之诉要求劳动者返还，劳动者可向税务部门依法申请退税。

二、案情简介

案例一：在本案件中，李某某于 2011 年 7 月 4 日入职 B 公司，2017年 10 月 1 日双方签订无固定期限劳动合同，李某某的工作岗位为网页搜索部资深研发工程师。双方签订的《劳动合同》第 39 条第（4）款约定，离职后竞业限制经济补偿由甲方（指 B 公司，下同）通过银行转账形式支付给乙方（指李某某，下同），甲方将代扣代缴个人所得税。第 41 条第（2）款约定，乙方违反本合同约定的竞业限制义务的，应当承担违约责任，按照税前金额返还甲方已经支付的所有经济补偿。2017 年 12 月 8 日，李某某因个人原因与 B 公司解除劳动合同，B 公司当日向李某某送达《保密及竞业限制义务告知书》。2017 年 12 月 9 日至 2018 年 8 月 31 日，B 公司按照每月税前 26480 元（税后 21740 元）的标准向李某某支付了竞业限制补偿金。B 公司主张李某某离职后入职竞争对手公司，违反竞业限制义务，故诉至法院，要求李某某继续履行竞业限制义务、按税前金额返还 B 公司已支付的竞业限制补偿金，并按照合同约定支付违约金。[①]

案例二：在本案件中，李某于 2016 年 10 月 8 日入职 ZX 国际集成电路制造（上海）有限公司（下称"Z 公司"），双方签订期限为 2016 年 10 月 8 日至 2019 年 10 月 7 日的劳动合同。其中，《机密信息保护及其他义务遵守承诺函》作为劳动合同附件，约定："如本人违反竞业禁止规定的，应当向公司返还已获得的竞业禁止补偿金，并支付违约金及其他相应损失赔偿。"2018 年 7 月 20 日，李某向 Z 公司提出辞职。2018 年 7 月，李某签收了由 Z 公司邮寄送达的《履行竞业限制义务通知书》，其中载明"如您违反竞业限制规定的，您应当赔偿公司违约金，违约金金额包括返还公司已实际支付的竞业限制补偿金和约定违约金"。2018 年 8 月至 2019 年 2 月，Z 公司每月向李某发放竞业限制补偿金。Z 公司主张李某离职后入职竞争对手公司，违反竞业限制义务，由此诉至法院，要求李某继续履行竞业限制义务、按税前金额返还 Z 公司已支付的竞业限制补偿金，并按照合同约定支付违约金。[②]

案例三：在本案件中，魏某于 2004 年 11 月 15 日进入 AM 有限公司（下称"A 公司"）担任销售经理，双方最后一次签订的劳动合同期限为

---

① 参见北京市海淀区人民法院（2018）京 0108 民初 36937 号民事判决书、北京市第一中级人民法院（2019）京 01 民终 4177 号民事判决书。

② 参见上海市浦东新区人民法院（2019）沪 0115 民初 69130 号民事判决书、上海市第一中级人民法院（2019）沪 01 民终 14824 号民事判决书。

2014 年 2 月 1 日至 2017 年 1 月 31 日。2014 年 5 月 5 日，双方签订《竞业禁止协议》，约定：如果在约定的竞业限制期内，员工违背本协议，被发现有任何违背竞业禁止的不当行为，公司除收回已经支付给员工的竞业禁止补偿金外，还有权要求员工赔偿损失。2015 年 5 月 12 日，双方解除劳动合同。2015 年 5 月至 9 月期间，A 公司每月向魏某发放竞业限制补偿金。A 公司主张魏某离职后入职竞争对手公司，违反竞业限制义务，由此诉至法院，要求魏某按税前金额返还 A 公司已支付的竞业限制补偿金，并支付违约金及代理费。①

案例四：在本案件中，武某于 2011 年 7 月 14 日入职广州 BG 信息科技有限公司（下称"B 公司"），2012 年 4 月 1 日起与 WY（杭州）网络有限公司（下称"W 公司"）签订劳动合同，由 W 公司承接武某在 B 公司的工作年限，武某的工作岗位为高级策划总监。2018 年 2 月，武某签署《保密与不竞争协议》，2018 年 10 月 22 日，武某提出离职，并于同日签署《关于离职员工遵守及相关规定的提醒》。本案中，武某签署的竞业限制协议中未约定经济补偿的具体支付金额及违约返还标准。W 公司主张武某离职后入职竞争对手公司，违反竞业限制义务，由此诉至法院，要求武某按照税前金额返还已取得的竞业限制补偿金，并承担 W 公司为制止其违约行为产生的合理费用及本案全部诉讼费用。②

三、法院审理

案例一中，一审法院就竞业限制义务履行的范围、李某某离职后新入职的公司是否与 B 公司存在竞争关系、李某某是否违反竞业限制义务进行认定，并最终得出李某某入职竞品公司、违反合同约定的竞业限制义务，应当返还竞业限制补偿金并支付违反竞业限制义务的违约金的结论。法院同时认为，因双方约定的竞业限制期限届满，故李某某无需再继续履行竞业限制义务。就竞业限制补偿金返还数额，法院认为，鉴于双方劳动合同

---

① 参见山东省青岛市黄岛区人民法院（2017）鲁 0211 民初 14244 号民事判决书、山东省青岛市中级人民法院（2018）鲁 02 民终 6741 号民事判决书。

② 参见广东省广州市天河区人民法院（2019）粤 0106 民初 34914 号民事判决书、广东省广州市中级人民法院（2020）粤 01 民终 13365 号民事判决书。

中约定李某某违反竞业限制义务的情况下应当按税前金额向 B 公司返还业已支付的竞业限制补偿金，因此李某某应当依照合同约定，按税前金额向 B 公司返还竞业限制补偿金。一审判决作出后，李某某上诉认为自己未违反竞业限制义务，不应承担违约责任，二审法院经审理作出了驳回上诉、维持原判的判决。

案例二中，一审法院就《机密信息保护及其他义务遵守承诺函》中竞业限制条款的效力、李某离职后新入职的公司是否与 Z 公司存在竞争关系、Z 公司主张的违约金是否合理正当进行认定，并最终得出竞业限制约定有效、李某违反竞业限制约定，应当返还竞业限制补偿金并支付违反竞业限制义务的违约金的结论。就竞业限制补偿金的返还问题，李某认可 Z 公司代扣代缴个人所得税的金额，但同时抗辩认为，双方在无劳动关系的情形下，Z 公司代扣代缴费行为无法律依据，且双方未约定发放补偿金为税前金额，故代扣代缴部分的个人所得税不应由李某返还。就此，一审法院审理认为，李某已经违反了竞业限制义务，应当返还相应的补偿金，李某对 Z 公司已经发放竞业限制补偿金及代扣代缴个人所得税的金额不持异议，法院予以确认，并支持了 Z 公司要求李某返还竞业限制补偿金（包括代扣代缴个人所得税部分在内）的诉讼请求，未支持李某要求不需返还该部分补偿金的诉讼请求。一审判决作出后，李某提出上诉，上诉理由之一即为李某无需承担竞业限制补偿金扣税部分金额的返还。就此，二审法院审理认为，在个人所得税的纳税人仅为所得人、支付单位为扣缴义务人的情况下，李某要求仅按税后金额承担竞业限制补偿金返还义务的主张，依据不足，并作出了驳回上诉、维持原判的判决。

案例三中，一审法院就《竞业禁止协议》的内容、魏某离职后新入职的公司是否与 A 公司存在竞争关系、魏某是否违反竞业限制义务进行认定，并最终认定魏某在竞业禁止协议履行期间到与 A 公司行业性质相同且具有竞争关系的公司上班，违反了竞业禁止协议的约定，应向 A 公司返还 A 公司已经支付的竞业限制补偿金（税后）并支付违约金。一审判决作出后，魏某及 A 公司均提出上诉，其中 A 公司上诉理由之一即为一审法院认定的 A 公司向魏某支付的竞业限制补偿金金额错误。A 公司认为，个人所得税部分系魏某应当向国家缴纳的税款，该款已由 A 公司代扣缴至国库，因此返还的竞业限制补偿金总额应按税前计算。二审法院经审理，认为因A公司未提交扣除个人所得税的直接证据，故未支持A公司该上诉主张，最终作出了驳回上诉、维持原判的判决。

案例四中，一审法院就《保密与不竞争协议》的性质、武某离职后新入职的公司是否与W公司存在竞争关系、武某是否违反竞业限制义务进行认定，并最终认定武某离职后在竞业限制期间入职竞品公司，应向W公司返还W公司已经支付的竞业限制补偿金（税前）。一审判决作出后，武某及W公司均提出上诉，其中武某上诉理由之一即为武某从未收到竞业限制补偿金，W公司声称代扣税款也未提供证据予以佐证，即使存在扣税事实，已扣税款项并非武某所得，故原审法院认定W公司已支付竞业限制补偿金并要求武某足额返还没有事实依据且不公平。二审中，W公司提供了支付竞业限制补偿金及缴税的相关证据，二审法院亦向国家税务总局杭州市滨江区税务局发出协助调查函。该税务局的书面回复载明，W公司于2019年3月14日按"解除劳动合同一次性补偿金"项目申报了所属期为2019年2月1日至2019年2月28日的收入649686.6元，入库税款57569.4元，如武某需返还该笔款项，因对应的计税依据已消失，该笔税款可予以退还，因该笔税款由W公司扣缴入库，如需退税，建议仍由W公司申请退税。二审法院由此认为，W公司实际支付至武某账户的竞业限制补偿金为573807.6元，武某应返还573807.6元为宜，至于W公司代扣缴的税款，根据税务部门的意见，应由W公司另行向税务部门主张。故二审法院撤销一审判决，就竞业限制补偿金返还数额进行改判，由依照税前金额返还改判为依照税后金额返还。

四、案件分析

上述四个案件中，事实部分各有不同，劳动者及公司的主张各有不同，法院的审理方式及审理结果也存在一定差异。不过，这四个案件情形基本涵盖了实践中就竞业限制补偿金返还数额的相关争议，具有较高代表性。

由案例一我们可知，若用人单位与劳动者在劳动合同或竞业限制协议中明确约定若劳动者违反竞业限制约定，应按照税前金额向原单位返还竞业限制补偿金，则法院在审理时通常尊重当事人的意思自治，认为该约定有效，劳动者应依约按税前金额返还；并且在约定明确的前提下，劳动者通常也较少从该条款出发进行抗辩。

从案例二、案例三及案例四中我们发现，在用人单位与劳动者在劳动合同或竞业限制协议中仅约定违约返还，但未明确返还的标准是按用人单位支付的税前金额还是按劳动者实际收取的金额（税后金额）时，双方极易就该条款的解释及适用产生争议。用人单位在发现劳动者违反竞业限制约定时，通常诉至法院要求劳动者按照税前金额返还竞业限制补偿金，劳动者则通常以无须承担扣缴金额、应按实际收取数额返还进行抗辩。需要注意的是，在该情形下，往往需要用人单位就相关税款确已由用人单位代扣代缴至国库这一事实进行证明，若无法证明，用人单位将承担不利证明后果。案例二中的劳动者对用人单位代扣代缴金额进行了自认，案例四中的税务局回函证明了用人单位代扣代缴之事实，但在案例三中，法院因用人单位未提交扣除个人所得税的直接证据而未支持用人单位请求按税前金额返还补偿金的上诉主张。

不过，即使用人单位举证证明已经代为缴纳个人所得税，司法实践中各法院的裁判观点仍然存在差异。案例二中的上海市第一中级人民法院认为，当用人单位举证证明已经代为缴纳个人所得税时，应按照税前金额返还；案例四中的广东省广州市中级人民法院则认为，即使用人单位已提交缴纳个人所得税的相关证据，劳动者仍应按照税后金额返还，税款问题应当由用人单位通过其他方式解决。北京市海淀区人民法院在其审理的一个案例中同样支持按税后金额返还，并认为用人单位主张的个人所得税问题属于税收征收征管问题，并非劳动争议纠纷的受案范围。[①]

综上所述，我们可以看到，实践中法院就离职劳动者违反竞业限制义务后返还竞业限制补偿金的责任，往往遵循有约从约的原则进行裁判。在双方约定不明确时，不同审理法院具有不同裁判倾向，部分法院支持按照税后金额进行返还，部分法院支持按照税前金额进行返还。

---

① 参见北京市海淀区人民法院（2018）京 0108 民初 4607 号民事判决书。

五、律师建议

《劳动合同法》第二十三条规定，"对负有保密义务的劳动者，用人单位可以在劳动合同或者保密协议中与劳动者约定竞业限制条款，并约定在解除或者终止劳动合同后，在竞业限制期限内按月给予劳动者经济补偿"。在实践中，就负有竞业限制义务的劳动者，用人单位通常在与其签订的劳动合同中约定，若违反竞业限制义务入职竞品公司，需要向单位返还已支付的竞业限制补偿金并按照相应标准向单位支付违约金。该条款的效力问题在实践中争议较小。若劳动者不能举证证明该条款系违反真实意思表示而订立，法院通常认定约定有效，协议双方均应按照合同履行约定。

但约定有效不等同于约定明确，更不等同于双方就该约定不会产生争议与分歧。通过前述案例，我们建议用人单位在劳动合同或竞业限制协议中明确竞业限制补偿金的违约返还标准，如载明"若劳动者违反本合同约定的竞业限制义务的，应当承担违约责任，按照税前金额返还用人单位已经支付的所有经济补偿"。需要提示用人单位的是，如果用人单位在劳动合同中载有竞业限制条款，同时与劳动者签订了单独的竞业限制协议，或在劳动者离职时向其发送了履行竞业限制义务告知书，那么上述文件中的违约返还条款包括违约金条款应当保持一致，否则可能存在被劳动者主张不当加重劳动者责任、加重部分无效的风险。

在用人单位与劳动者之间就竞业限制补偿金的返还标准并未明确约定的情形下，若用人单位向仲裁机关或法院主张劳动者应按照税前金额返还，劳动者在实践中通常会对返还金额及计算方式进行抗辩，要求按照税后金额进行返还。此时，用人单位需要举证证明已经代为缴纳个人所得税，否则可能面临不利的证明后果。在用人单位举证证明已经代劳动者缴纳个人所得税的前提下，若法院仍旧判决劳动者按照税后金额标准向用人单位返还竞业限制补偿金，则就已经缴付的税款，用人单位可以另行提起不当得利之诉，要求劳动者返还；[①] 若法院判决劳动者按照税前金额标准向用人单位返还竞业限制补偿金，则就已经缴付的税款，劳动者可依据

---

① 相关案例参见浙江省杭州市中级人民法院（2019）浙 01 民终 6236 号民事判决书、贵州省黔南布依族苗族自治州中级人民法院（2019）黔 27 民终 2452 号民事判决书。

《中华人民共和国个人所得税法》第九条及《中华人民共和国税收征收管理法实施细则》第七十八条的规定向税务机关要求退税，对于纳税人发现多缴税款，要求退还的，税务机关应当自接到纳税人退还申请之日起 30 日内查实并办理退还手续。

用人单位未证明实际损失，员工是否应当支付违约金
——吴某与 D 公司劳动争议纠纷案①、仝某与某仪器公司劳动争议纠纷案②

一、案件要旨

若用人单位与劳动者对违约金有约定，且违约金不存在明显过高的情形，劳动者应当按照约定向用人单位支付违约金。如果用人单位与劳动者未对违约金进行约定，则需用人单位举证证明实际损失；如果用人单位未能举证证明损失，则需结合双方签订协议的相关约定酌情确定。

二、案件情况

案例一：吴某与 D 公司劳动争议纠纷案

（一）案情简介

2013 年 6 月 25 日，吴某与 D 公司签订的《劳动合同》约定：吴某应聘到 D 公司销售部门担任销售工程师职务；工作期限自 2013 年 6 月 25 日至 2014 年 1 月 31 日，试用期 2 个月，即自 2013 年 6 月 25 日至 8 月 25 日；合同还对工作时间及休假制度、劳动保护和劳动条件、劳动报酬等作出约定。同时，双方还签订一份《附件》约定：……在离职两年内不得在与公司经营同类产品、项目的组织任职等；视乙方（吴某）在甲方（D 公司）的工作业绩等综合因素考虑，乙方在离职之日起两年内，甲方每月向乙方支付保密津贴 300 元；若违反本附件第二条，乙方需承担违约责任，违约金数额为 20 万元；附件作为劳动合同的补充说明，与劳动合同同时生效。

---

① 湖北省鄂州市中级人民法院（2020）鄂 07 民终 792 号。
② 陕西省西安市中级人民法院（2017）陕 01 民终 1248 号。

工作期间双方共订立四次书面劳动合同，合同期限至 2019 年 1 月 31 日止。2018 年 12 月 10 日，吴某向 D 公司提出辞职申请，D 公司确认与吴某于 2018 年 12 月 31 日解除劳动关系，离职前 12 个月的月平均工资为 1.3 万元左右。吴某离职后，D 公司自 2019 年 4 月开始至 2019 年 12 月，每月向吴某转款 300 元，吴某均予以退回。

吴某于 2019 年 2 月入职 S 公司，后该公司出具《劳动关系解除确认单》确认于 2019 年 12 月 31 日与吴某解除劳动关系，解除劳动关系前的月平均工资为 3 万元左右。

2019 年 12 月 18 日，D 公司以吴某违反竞业限制义务为由向湖北省葛店经济技术开发区劳动人事争议仲裁委员会申请劳动仲裁。该仲裁委员会于 2020 年 1 月 9 日作出鄂葛劳人仲案字〔2020〕04 号仲裁裁决书，裁决：一、吴某向 D 公司支付违约金 20 万元；二、吴某继续履行与 D 公司约定的竞业限制义务至 2020 年 12 月 31 日止；三、驳回 D 公司的其他仲裁请求。

吴某不服，遂诉至一审法院。

（二）法院审理

一审法院认为，吴某在 D 公司担任的是销售中心销售工程师，对于 D 公司的销售方式、销售特点、销售计划以及客户名单等是了解或知悉的，因此，吴某即便不是 D 公司的高管人员，但在工作权和生存权已有了保障的情况下，就应对 D 公司负有忠实之义务。D 公司将吴某作为法定竞业限制义务主体与其签订具有竞业限制内容的《附件》，在形式和内容上均未违反法律法规禁止性规定，且系双方真实意思表示，合法有效，应受法律保护，双方均应按约履行。

对于 D 公司在吴某离职后，每月支付 300 元保密津贴的性质问题。保密津贴是用人单位对劳动者履行保守单位商业秘密的义务而给劳动者的津贴，是用人单位在劳动者在职期间支付给劳动者的。竞业限制经济补偿金则是用人单位对劳动者履行竞业限制义务的补偿，是用人单位在劳动者离职以后支付给劳动者的。故 D 公司在吴某离职后，每月向其支付的 300 元保密津贴，应认定为竞业限制补偿金。吴某收到竞业限制经济补偿金 300 元后随即返还，吴某拒绝领取竞业限制经济补偿金并不能免除其应承担的竞业限制义务。吴某 2018 年 12 月 31 日自 D 公司离职后，2019 年 2 月入职 S 公司，而 S 公司与被告 D 公司部分业务高度重合，二者具有强劲竞争性。吴某违反其与 D 公司订立的《附件》中关于竞业限制义务的约定，应依照约定承担违约赔偿责任。鉴于吴某自 D 公司离职前的月平均工资为 1.3 万元左右，而在 S 公司领取的月平均工资 30000 元左右，从违约金既具有惩罚性又同时具备赔偿性的特点考虑，双方约定的竞业限制违约金 200000 元较为适当，依法予以支持。

二审法院认为，当事人的主要争议焦点，一是吴某对 D 公司是否负有保密义务，二是吴某是否违反竞业限制义务，三是吴某离职 D 公司时是否已过竞业限制期间，四是吴某是否解除了竞业限制，五是吴某是否支付竞业限制违约金及数额是否适当。法院根据查明的事实和法律规定，评判如下：

关于吴某对 D 公司是否负有保密义务。第一，《附件》约定吴某有保密义务。吴某与 D 公司签订的《附件》约定，吴某应保守 D 公司的商业秘密，保守商业秘密指除了运用公司的商业秘密为公司服务外，对属于公司所有的、一切可能引起竞争或第三人注意的资料、信息等应严格保密，在离职两年内不得在与公司经营同类产品、项目的组织任职等内容。吴某在 D 公司工作期间任职销售职位，对公司的经营信息或技术信息必然有一定程度的掌握，根据《附件》的约定，其对这些经营信息或技术信息等商业秘密负有保密义务。第二，吴某的保密义务符合法律规定。根据《劳动合同法》第二十三条规定，用人单位与劳动者可以在劳动合同中约定保守用人单位的商业秘密和与知识产权相关的保密事项，可以在劳动合同或保密协议中约定竞业限制条款。根据该法第二十四条规定，竞业限制的人员限于用人单位的高级管理人员、高级技术人员和其他负有保密义务的人员。可见，《附件》不违反上述法律规定，吴某属于上述规定中的"其他负有保密义务的人"。第三，根据《附件》，吴某的保密义务不仅表现在劳动关系存续期间，而且表现在劳动关系解除后的竞业限制义务。吴某称其不负有保密义务的理由不成立，法院未予支持。

关于吴某是否违反竞业限制义务。吴某 2018 年 12 月从 D 公司辞职，2019 年 2 月入职 S 公司，在两个公司均从事销售业务。从 D 公司和 S 公司营业执照的经营范围看，两公司具有明显的竞业特性。从实际生产销售产品看，D公司主要生产销售空调风管产品，S公司也生产销售空调风管产品。可见，D公司和S公司存在竞争关系，吴某入职S公司违反了《附件》关于竞业限制的约定。吴某称其未违反竞业限制的理由不充分，法院未予支持。

关于吴某离职D公司时是否已过竞业限制期间。吴某称，双方2013年6月25日签订了劳动合同和《附件》，该份劳动合同期限自2013年6月25日至2014年1月31日，故《附件》生效时间是劳动合同期限届满之后的2014年2月1日，根据法律规定，竞业限制期最长至2016年1月31日。法院认为，吴某在D公司工作期间先后签订四份劳动合同，并签订了一份《附件》，《附件》并非第一份劳动合同或其他劳动合同的附件，而是具有独立性，自签订第一份劳动合同之日起，《附件》即生效，《附件》中的竞业限制条款适用的前提条件是解除劳动关系，当事人于2018年12月31日解除劳动关系时两年的竞业限制开始起算，也即当事人约定的竞业限制期限至2020年12月31日止。因此，吴某离职时未过竞业限制期间，法院对吴某的相应主张不予支持。

关于吴某是否解除了竞业限制。吴某称，双方2018年12月31日解除劳动关系，D公司2019年4月才支付300元竞业限制经济补偿金，根据《最高人民法院关于审理劳动争议案件适用法律若干问题的解释（四）》第八条规定，吴某有权解除竞业限制，吴某2019年4月退回300元表明其解除了与D公司的劳动关系。D公司称，2019年2月吴某入职S公司已违反竞业限制条款，D公司不存在继续支付竞业限制补偿金的理由，吴某不具备解除竞业限制的条件，吴某参加劳动仲裁时称不知道300元是什么钱才退回，并非解除竞业限制条款。法院认为，竞业限制补偿金是对竞业限制条款限制劳动者的劳动权、生存权的一种补偿，劳动者遵守了竞业限制约定，用人单位即应按约定支付劳动者经济补偿，相反，劳动者违反了竞业限制条款，用人单位就不需支付经济补偿。本案中，吴某2018年12月离开D公司，2019年1月遵守竞业限制约定，D公司应向吴某支付该月竞业限制补偿，但D公司未支付该补偿构成违约，吴某可以请求D公司支付经济补偿。吴某2019年2月入职S公司后违反竞业限制条款构成违约，D公司可以拒绝支付该月竞业限制补偿金，并同时可以请求其支付违约金。《最高人民法院关于审理劳动争议案件适用法律若干问题的解释（四）》第八条规定，劳动合同解除或终止后，因用人单位原因导致三个月未支付经济补偿，劳动者请求解除竞业限制约定的，人民法院应予支持。该条规定的劳动者行使解除权的前提是劳动者遵守了竞业限制条款，而用人单位三个月未支付经济补偿。本案中，D公司未支付竞业限制经济补偿一个月，吴某就违反竞业限制条款，故不符合上述规定适用的条件。同时，解除竞业限制应有明确的意思表示，没有证据证明吴某对D公司做出明确的解除竞业限制的意思表示。吴某称退回补偿金就是行动上表明解除竞业限制，该理由不成立，法院未予支持。吴某称D公司未支付经济补偿，其享有不遵守竞业限制条款的抗辩权。法院认为，竞业限制义务是不作为义务，一旦违反该义务，则可能导致商业秘密的泄露，不可能再恢复履行，该义务人不宜享有抗辩权，但可以通过主张支付经济补偿的方式得到补偿，故吴某的上述主张不成立，法院未予支持。

关于吴某是否支付竞业限制违约金及数额是否适当。法院认为，第一，违约金条款的效力。《附件》约定的竞业限制违约金条款是双方真实意思表示，且不违反法律规定，应为有效。该条款不因约定的竞业限制补偿金的数额偏低而发生效力上的改变，当事人可以依法主张增加补偿金的数额。第二，违约金条款的适用。《附件》约定吴某违反竞业限制义务的，应支付20万元违约金。如上所述，吴某违反竞业限制义务，应承担违约金责任。吴某如果认为约定的违约金数额过高，应举证予以证明。第三，应付违约金的数额。吴某在D公司平均月工资1.3万元，在S公司平均月工资30000元，2019年2月入职S公司，同年12月31日离职，在该期间，相对于D公司多取得工资收入18.7万元。一审法院基于吴某在两个公司的收入差距即违约后多取得的利益等因素，判决违约金数额为20万元，未违反法律规定，法院予以确认。吴某称一审判决违约金过高的理由不充分，法院未予支持。

案例二：仝某与某仪器公司劳动争议纠纷案

（一）案情简介

某仪器公司成立于2008年4月17日，经营范围主要为仪器仪表的研发、生产、销售；计算机软件的开发、销售等。仝某于 2009 年 4 月 11 日入职某仪器公司负责销售工作，工作期间双方于 2012 年 9 月 17 日签订劳动合同，有效期至 2017 年 7 月 11 日。该劳动合同第五条第 2 项约定：乙方（仝某）对甲方（某仪器公司）的商业秘密负有保密义务，并在离职后二年内不得自营或到与甲方有竞争业务的单位工作。2009 年 7 月 11 日双方签订一份员工保密协议，该协议第二条第 6 项载明：乙方不论因何种原因从甲方离职，离职后二年内（自办完离职手续之日起计算）都不得自办与甲方和其关联企业有竞争业务关系的企业或者从事与甲方和其关联企业商业秘密有关的产品的研发、生产和销售，不得到与甲方和其关联企业有竞争业务关系的单位就职。2015 年 11 月 30 日，仝某向某仪器公司出具书面辞职报告。在仝某离职后，某仪器公司于 2016 年 1 月起每月向仝某支付 1500 元竞业限制补偿金，截至 2016 年 11 月 1 日开庭审理，公司已支付 10 个月共 1.5 万元。某仪器公司认为仝某入职了竞品公司 X 公司，于 2016 年 4 月向西安市未央区人事争议仲裁委员会申请仲裁，请求仝某：1. 停止在 X 公司的工作；2. 支付其违约金 1414208 元；3. 从 X 公司获得的全部收入归其所有；4. 赔偿其因追究仝某违约责任而支付的律师费 4 万元。2016 年 8 月 25 日，该仲裁委员会作出未劳人仲裁字（2016）409 号裁决书，裁决：1. 仝某于本裁决生效之日起十日内一次性支付某仪器公司违约金 126386 元；2. 驳回某仪器公司的其他请求。仝某、某仪器公司均不服该裁决，诉至法院。另查明，仝某在 2016 年 1 月 6 日核准设立的 X 公司担任法定代表人，该公司的经营范围为仪器仪表、环保设备、工业自动化控制设备的研发、生产、销售及相关技术服务，计算机软件开发等，与某仪器公司从事同类业务，具有竞争关系。

（二）法院审理

一审法院认为，对负有保密义务的劳动者，用人单位可以在劳动合同或保密协议中与劳动者约定竞业限制条款。违反竞业限制约定的劳动者，应当按照约定向用人单位支付违约金。仝某、某仪器公司双方虽未签订书面竞业限制协议，但双方所签订的劳动合同及员工保密协议均表明双方实际已约定了竞业限制的相关内容及权利义务。仝某离职前在某仪器公司从事销售工作，离职后注册设立 X 公司并担任法定代表人，该公司与某仪器公司存在竞争关系，仝某行为已违反了其应负有的保密及竞业限制义务，应当承担违约责任。仝某、某仪器公司签订的员工保密协议第二条"保密期限和保密待遇"第 2 项中约定"甲方支付乙方合同期间内保密费（含在工资内）"，但某仪器公司未举证证明保密费具体数额，其要求仝某承担按照 2015 年度薪酬总额的 4 倍支付违约金并将从 X 获得的收入归其所有的违约责任明显过重。因双方未约定竞业限制违约金，且某仪器公司未提交相关证据证明因仝某违约导致其公司存在损失。故一审法院考虑本案实际，结合某仪器公司于仝某离职后按月向其支付 1500 元竞业限制补偿金的事实及该员工保密协议第四条第 1 项"如果乙方不履行本协议第二条所规定的保密责任，应当承担违约责任，乙方同意 2 倍退回在甲方收到合同期保密费"的约定，酌情由仝某依其按月领取的竞业限制补偿金 2 倍向某仪器公司支付违约金 7.2 万元（1500 元/月×2 倍×24 个月）。同时某仪器公司主张仝某在 X 公司工作期间的收入归其所有的诉求，因仝某已为自己的违约行为承担了相应的违约责任，一审法院未予支持。某仪器公司要求仝某赔偿其因追究违约责任而支出的律师费 2 万元的诉求，不属于劳动争议案件受理范围，一审法院未予支持。由于仝某存在违约行为，其请求判令不向某仪器公司支付违约金，一审法院未予支持。综上，一审法院经过审理，依照《中华人民共和国民事诉讼法》第六十四条、《劳动合同法》第二十三条、第二十四条之规定，判决：一、原告（被告）仝某于本判决生效之日起十日内支付被告（原告）某仪器有限公司违约金 7.2 万元。二、驳回原告（被告）仝某的其他诉讼请求。三、驳回被告（原告）某仪器公司的其他诉讼请求。

二审法院认为，某仪器公司与仝某在劳动合同书以及员工保密协议中均约定仝某对某仪器公司负有保密义务，离职后二年内不得自营或到与某仪器公司有竞争业务的单位工作，仝某在上述劳动合同书及员工保密协议中签字，应视为其真实意思表示，仝某应按照该约定履行自己的义务。2015 年 11 月 30 日仝某离职后，某仪器公司于 2016 年 1 月起每月向仝某支付 1500 元的竞业限制补偿金。仝某在离职后于 2016 年 1 月 6 日在核准设立的 X 公司担任股东，该公司的经营范围与某仪器公司的经营范围部分重合，存在一定的竞业关系，仝某的行为违反了双方约定其应负有的保密及竞业限制义务，应当承担违约责任，故仝某的上诉请求法院未予支持。因双方未约定竞业限制的违约金额，且某仪器公司未能提供证据证明因仝某的违约导致其公司存在实际损失，故某仪器公司认为应以仝某月平均工资为基数计算违约金及仝某从 X 公司获得的全部收入归其所有的主张于法无据，法院未予支持。原审判决结合员工保密协议的约定以仝某按月领取竞业限制补偿金为基数计算违约金并无不当。某仪器公司要求仝某赔偿其因追究违约责任而支出的律师费之请求，不属于劳动争议案件的受案范围，法院未予支持。某仪器公司要求仝某停止在 X 公司的工作之请求无事实和法律依据，法院未予支持。综上，二审法院认为，原审法院认定事实清楚，适用法律正确，应予维持。

三、案件分析

案例一中，用人单位与劳动者单独签订的《附件》中约定了劳动者在离职两年内不得在与公司经营同类产品、项目的组织任职等，离职后用人单位每月支付保密津贴 300 元，劳动者违约须支付违约金 20 万元，法院将保密津贴 300 元的性质认定为竞业限制补偿金，基于劳动者在两个公司的收入差距判决违约金金额为 20 万元。本案中，因《附件》约定吴某违反竞业限制义务的，应支付 20 万元违约金，用人单位无需承担损失证明责任，法院认为劳动者违反竞业限制义务，应承担违约责任，如认为违约金数额过高，劳动者应举证予以证明。

案例二中，用人单位和劳动者在保密协议中约定了竞业限制的相关内容及权利义务，但未约定具体的违约金数额，而用人单位也未提交相关证据证明因劳动者违约导致的损失，最终，法院考虑该案实际，结合竞业限制补偿金金额并参考保密费的有关约定，确定了违约金金额。

四、律师建议

通过对以上两个案件的对比分析，以及司法实践中的实际经验，我们认为，竞业限制协议中违约金的约定可从以下两个方面予以确定。

一是违约金金额明确具体。竞业限制案件中，因为涉及公司商业秘密的泄露，实际损失不仅难以确定也较难举证，故法院多会在双方约定的违约金基础上结合案件情况予以酌定，如有明确的违约金金额约定，则法院的酌定有一定的合同依据，便于保障企业权利。

二是将违约金金额与员工的工作内容、职级等相关联，通过书面方式将违约金金额的合理性及员工对违约金金额的明知和同意进行说明，并固定证据，便于在诉讼中完成举证和说理，降低举证难度。

第三节　除违约金外的违约责任

竞业限制期限届满后，针对违约的劳动者能否重新计算竞业限制期——李某刚与 B 公司劳动争议案[①]

一、案件要旨

竞业限制期限的最长时间为二年，是法定期限。竞业限制期限届满，即使劳动者存在违反限制义务的行为，用人单位主张劳动者继续履行竞业限制义务，也无法获得法院支持。

二、案情简介

李某刚于 2011 年 7 月 4 日入职 B 公司，2017 年 10 月 1 日双方签订无固定期限劳动合同。李某刚工作岗位为网页搜索部资深研发工程师。《劳动合同》第 38 条第（1）款约定，乙方（李某刚）未经甲方（B 公司）书面同意，在其任职于甲方期间及离职后一年内，不得在从事与甲方及其关联公司竞争业务的任何竞争对手或该竞争对手的关联公司处，接受或取得任何权益和/或职位，或向任何甲方及甲方关联公司的竞争对手或该竞争对手的关联公司提供任何咨询服务或其他协助。第 39 条第（3）款约定，离职后竞业限制补偿金计算标准：乙方与甲方劳动合同终止或解除后一年内，甲方应当向乙方总计支付相当于乙方离职前一年（从离职日开始向前计算）基本工资（不含奖金、津贴、加班工资、提成及期权等）的二分之

---

① 北京市第一中级人民法院（2019）京 01 民终 4177 号。

一，作为乙方离职后履行本合同竞业限制义务的全部经济补偿。第41条第（2）款约定，乙方违反本合同约定的竞业限制义务的，应当承担违约责任，按照税前金额返还甲方已经支付的所有经济补偿，并且在甲方通知乙方后10日内向甲方支付相当于本合同第39条第（3）款约定的全部经济补偿的3倍数额的违约金。

2017年12月8日，李某刚因个人原因与B公司解除劳动合同。B公司于当日向李某刚送达《保密及竞业限制义务告知书》。该告知书载明竞业限制期限自2017年12月9日至2018年12月8日。此期间公司将按照约定，按月支付人民币26480元的竞业限制补偿金。

B公司认为，李某刚在竞业限制期限内存在违约行为并提起仲裁，仲裁裁决作出后，B公司不服，向一审法院起诉请求：1. 李某刚返还B公司业已支付的竞业限制补偿金238320元；2. 李某刚支付B公司违反竞业限制义务的违约金953280元；3. 李某刚继续履行竞业限制义务。

一审法院判决李某刚向B公司返还业已支付的竞业限制补偿金195660元，并向B公司支付竞业限制违约金635520元，驳回B公司的其他诉讼请求。一审判决后，李某刚不服，提起上诉，二审维持原判。

三、争议焦点分析

本案例涉及竞业限制期限届满后，如劳动者存在违反竞业限制义务的行为，用人单位能否要求重新计算竞业限制期限的问题。

关于竞业限制期限，《劳动合同法》第二十四条规定："竞业限制的人员限于用人单位的高级管理人员、高级技术人员和其他负有保密义务的人员。竞业限制的范围、地域、期限由用人单位与劳动者约定，竞业限制的约定不得违反法律、法规的规定。在解除或者终止劳动合同后，前款规定的人员到与本单位生产或者经营同类产品、从事同类业务的有竞争关系的其他用人单位，或者自己开业生产或者经营同类产品、从事同类业务的竞业限制期限，不得超过二年。"可知，竞业限制期限的最长时间为二年，是法定期限，用人单位与劳动者约定的竞业限制期限不得超过二年，该期限不中断也不延长。

本案中，用人单位主张劳动者继续履行竞业限制义务未得到法院的支持，因竞业限制期限届满，故劳动者无需继续履行竞业限制义务。即便劳动者未履行竞业限制义务，用人单位也无权再要求劳动者重新履行义务。设置竞业限制义务是为了保护原用人单位的商业秘密不被外部获取，以免对其生产经营产生重大损失，但与此同时，劳动者的自主择业、就业的权利也应当被保护。为了兼顾两者的平衡，法律对竞业限制期限的上限作出了规定。因此，一旦用人单位与劳动者约定的竞业限制期限届满，劳动者无需再遵守该项义务。

四、律师建议

用人单位在与竞业限制对象订立劳动合同时，可以事先依据岗位的重要性及劳动者工作中接触的商业秘密的数量、宽度、深度，合理设定竞业限制期限。若劳动者接触到的商业秘密并未触及用人单位核心技术、经营秘密或者获知的商业秘密较少，可以设置稍短的竞业限制期限，这样，用人单位可少支付竞业限制补偿金，减少相应成本。如果劳动者为高级管理人员、高级技术人员等触及用人单位核心技术、经营秘密的人员，则可以法定最长期限二年作为竞业限制期限，以防止商业秘密泄露而给企业未来经营发展造成不可逆转的影响。

违反竞业限制义务的劳动者除应支付违约金外，仍应继续履行竞业限制义务——孔某与BF公司竞业限制纠纷①

一、案件要旨

法院作出判决时，竞业限制期限尚未届满的，如劳动者违反竞业限制义务的约定，用人单位可要求劳动者继续履行竞业限制义务，同时承担违约责任。

二、案情简介

孔某于 2017 年 9 月 1 日入职 BF 公司工作，双方签订期限为 2017 年 9

---

① 上海市第一中级人民法院（2020）沪 01 民终 8383 号。

月 1 日至 2019 年 8 月 31 日的劳动合同，约定孔某在 BF 公司销售部从事销售岗位，每月工资构成为 3200 元基本工资、300 元补助及提成。同时，双方签订《员工保密协议》，约定："三、竞业限制义务。……3.2 条，乙方（孔某）承诺，无论何种原因从甲方（BF 公司）离职，离职后 2 年内不得在与甲方从事的行业相同或相似的企业及与甲方有竞争关系的企业内工作。3.3 条，乙方承诺，无论何种原因从甲方离职，离职后 2 年内不得自办与甲方有竞争关系的企业或者从事与甲方商业秘密、技术秘密有关的或有竞争关系的产品的研发、生产和经营活动。3.4 条，乙方离职后，在竞业限制期内，甲方将按月支付乙方竞业限制补偿金，补偿金以乙方离职前 12 个月本单位个人月实发基本工资的 10%（或每月 400 元整）为标准，领取方式为乙方逐月到甲方处领取。四、违约责任。乙方违反本协议的约定，应向甲方支付违约金人民币大写：拾万元（RMB：100000 元），给甲方造成损失的，乙方应当赔偿甲方的损失，并承担甲方因调查违约行为所支付的合理费用。同时，甲方有权选择要求乙方继续履行本协议或者解除劳动合同并追究乙方的法律责任。" 2019 年 1 月 31 日，孔某与 BF 公司解除劳动关系。

2019 年 6 月 3 日，孔某与上海 A 有限公司签订期限为 2019 年 6 月 1 日至 2020 年 5 月 31 日的劳动合同，约定孔某的工作内容为销售经理，维护及开发华东区域业务（江浙沪），工作地点为上海，月工资为基本工资 2420 元、津贴 2000 元及补贴 2080 元。上海 A 有限公司自 2019 年 6 月起为孔某缴纳城镇职工基本养老保险。

2019 年 7 月 17 日，BF 公司向上海市浦东新区劳动人事争议仲裁委员会提出仲裁申请，要求孔某：1. 支付竞业限制违约金 100000 元；2. 支付 2019 年 3 月 1 日至 2019 年 7 月 17 日期间 BF 公司因调查违约行为所产生的费用 6360 元；3. 继续履行竞业限制协议。

2019 年 10 月 11 日，该仲裁委员会作出仲裁裁决，裁令：1. 孔某支付 BF 公司竞业限制违约金 100000 元；2. 孔某与 BF 公司双方继续履行竞业限制约定；3. 对 BF 公司的其他请求事项不予支持。

孔某不服，诉至原审法院。

一审中，孔某与 BF 公司一致确认，孔某在 BF 公司的工资标准为 4000

元/月，孔某离职后 BF 公司未支付其竞业限制补偿金。BF 公司称《员工保密协议》中明确约定竞业限制补偿金的领取方式为孔某逐月到 BF 公司处领取，但是孔某离职后从未至 BF 公司领取，亦未向 BF 公司主张过。孔某则称，虽然《员工保密协议》中约定了其需要去 BF 公司逐月领取竞业限制补偿金，但是在孔某离职后因 BF 公司办公地址搬迁，其找不到 BF 公司地址。2019 年 4 月，孔某与 BF 公司另案仲裁时达成的调解协议中约定双方没有其他争议，孔某认为 BF 公司不支付竞业限制补偿金就算了，故之后没有向 BF 公司主张过竞业限制补偿金。

三、法院审理

原审法院认为，根据法律规定，对负有保密义务的劳动者，用人单位可以在劳动合同或者保密协议中与劳动者约定竞业限制条款，并约定在解除或者终止劳动合同后，在竞业限制期限内按月给予劳动者经济补偿。劳动者违反竞业限制约定的，应当按照约定向用人单位支付违约金。本案中，孔某与 BF 公司签订的《员工保密协议》约定了竞业限制的权利和义务，故孔某与 BF 公司之间有关竞业限制的约定系双方真实意思表示，合法有效，应对双方具有法律约束力。从查明的事实看，BF 公司是一家从事化工产品销售业务的公司，孔某在 BF 公司处从事销售岗位，离职后于 2019 年 6 月 1 日入职了上海 A 有限公司担任销售经理，从营业范围上看该公司与 BF 公司均从事化工产品的销售业务，且两家公司的业务中均有工业杀菌剂的销售服务，孔某亦确认 BF 公司与上海 A 有限公司在公司名称上有重叠，也从事化工产品销售领域，可见 BF 公司与上海 A 有限公司在经营范围上存在重叠，两家公司之间存在竞争关系，故孔某入职上海 A 有限公司确实违反了双方竞业限制约定，应承担相应的违约责任。依据双方所签订的保密协议的约定，竞业限制履行期限为 2 年，每月的经济补偿的数额为其离职前十二个月实发基本工资的 10%（或每月 400 元整），领取方式为孔某逐月到 BF 公司处领取。现孔某依据《最高人民法院关于审理劳动争议案件适用法律若干问题的解释（四）》第八条的规定要求自 2019 年 1 月 31 日起无需继续履行竞业限制协议，然一则，孔某与 BF 公司双方劳动关系自 2019 年 1 月 31 日解除，BF 公司并未提出解除该竞业限制协议，故孔某要求自劳动关系解除之日起无需继续履行竞业限制协议无依据；二则，孔某与 BF 公司双方明确约定的竞业限制补偿金领取方式为孔某至 BF 公司处逐月领取，孔某确认其离职后未向 BF 公司主张过及未按约定至 BF 公司处领取过竞业限制补偿金，同时，孔某亦未提供证据证明 BF 公司存在拒绝支付其竞业限制补偿金的情形；三则，孔某也表示，2019 年 4 月与 BF 公司就工资差额等请求另案仲裁时因双方达成调解，协议中写明没有其他争议，就认为可放弃要求 BF 公司支付其竞业限制补偿金，故未支付竞业限制补偿金难以归结为 BF 公司的原因。现孔某主张以 BF 公司原因导致三个月未支付经济补偿而要求无需继续履行竞业限制协议，不予支持。孔某仍应继续履行竞业限制义务至履行期间届满。

对于竞业限制违约金，一审判决认定孔某支付 BF 公司竞业限制违约金 70000 元。

一审判决作出后，孔某、BF 公司均不服，上诉至二审法院，二审法院作出驳回上诉、维持原判的判决。

四、争议焦点分析

本案的争议焦点有三：一是孔某与 BF 公司签订的竞业限制协议是否有效；二是孔某是否应当继续履行竞业限制协议；三是孔某应否支付 BF 公司竞业限制违约金以及违约金的数额。

对于争议焦点一，在保密协议中约定竞业限制条款系双方当事人的真实意思表示，不存在法定无效情形的条件下，应属有效。

对于争议焦点二，劳动者未收到竞业限制补偿金的原因是约定领取方式为到用人单位领取，而劳动者未向用人单位主张过，所以最终认定未支付竞业限制补偿金不能归责于用人单位，竞业限制条款也不能因此解除，劳动者需要继续履行竞业限制义务。

对于争议焦点三，虽然约定了违反竞业限制义务的违约金数额，但法院结合劳动者离职前担任岗位、工作年限、每月的竞业限制补偿金数额等情况调低了劳动者应承担的违约金数额。本案法院最终支持用人单位请求劳动者继续履行竞业限制义务和支付违约金的诉讼请求。

五、律师分析

劳动合同相关法律法规虽具备一定社会法的属性，但相关的劳动争议仍属于民事领域，相应地，劳动争议也适用民事领域普遍适用的原则或者规定。如在本案中，劳动者违反竞业限制义务本质上也是违约行为，就违约责任的承担，民事立法规定了继续履行、赔偿损失、支付违约金等违约责任，上述责任承担方式可以一并适用，也可单独适用，故本案认定孔某支付违约金后应继续履行竞业限制义务。

即使如此，我们认为在与竞业限制对象约定违反竞业限制义务的责任时，也应明确将继续履行竞业限制义务作为违约责任的承担方式（如本案中的情形），在争议发生时，为企业的权利主张提供合同依据，更好地保障企业的合法权益。

第四章 竞业限制与不正当竞争

仲裁时效中断应满足哪些条件
——H公司与方某某劳动合同纠纷案①

一、案件要旨

劳动争议申请仲裁的时效期间为一年，仲裁时效期间从当事人知道或者应当知道其权利被侵害之日起计算。因当事人一方向对方当事人主张权利，或者向有关部门请求权利救济，或者对方当事人同意履行义务的，仲裁时效中断。从中断时起，仲裁时效期间重新计算。

仲裁时效中断应满足两个条件：1. 权利人向解决劳动争议相关的部门请求权利救济；2. 权利人以劳动争议内容寻求救济。权利人以商业秘密遭受重大侵权损失为由向公安局或法院寻求救济，请求的是侵权损失，与竞业限制纠纷并非同一法律关系，且救济机关与劳动争议不完全匹配，该行为不能引起竞业限制争议的时效中断。

二、案情简介

2016年10月10日，H公司与方某某建立劳动关系，约定：甲方H公司（用人单位）与乙方方某某（职工）签订劳动合同，约定合同期自2016年10月10日至2018年10月9日止。方某某从事工程工作，担任工

---

① 江苏省无锡市中级人民法院（2021）苏02民终1635号。

程技术人员职务。劳动合同中"六、职责及纪律"部分第 2 条约定："乙方应当保守在工作期间所知悉的各种商业秘密和与知识产权相关的保密事项……"第 4 条约定："乙方保证在工作期间不得从事与本企业具有竞争关系的行业，不得兼营或兼职与本企业相关的行业；并保证在本合同终止后或离开本企业后 2 年内不得从事与本企业有竞争关系的行业。此为本合同的附随义务，本合同终止或解除时并不影响此附随义务效力，此附随义务效力延续至本合同终止后 2 年；如经发现即构成违反本合同附随义务，应赔偿甲方由此而造成的各种损失（赔偿的数额不低于甲方上年度营业总额的 30% 或乙方所参与企业的营业额的 70%，两者同时具备时取最高者计算之）。"

H 公司（甲方）与方某某（乙方）一致表示，在签订上述《劳动合同》时一并签订了《保密及竞业限制协议》。《保密及竞业限制协议》中约定："鉴于：……3. 乙方在职期间有从甲方获得商业秘密并获得增进知识、技能、经验的机会。同时，甲方向乙方的劳动支付了工资、奖金，因此，乙方有义务为甲方保守商业秘密并作出竞业限制的保证。……五、限制竞业条款（一）乙方愿意与甲方签订本合同项下的竞业限制条款，并恪守竞业限制义务。（二）乙方承诺并保证：在其任职期间，或无论何种原因离开甲方企业两年内，无论在何地域，除非获得甲方书面许可，将不会直接或间接实施下列行为：1. 单独或连同任何其他个人、企业、公司或组织，聘用或唆使或诱导任何甲方的雇员离开甲方；2. 单独或连同其他个人、企业、公司或组织进行或可能与甲方的任何业务发生竞争的行为，或唆使或诱导任何在乙方受聘期内曾与任何甲方接触或交易过的客户或供应商成为他方的客户或供应商或终止或重大减少与甲方的业务往来；3. 单组组建、参与组建或受雇于与甲方生产同类产品或经营同类业务且有竞争关系或其他利害关系的其他公司或企业或组织，生产、经营与甲方有竞争关系的同类产品或业务。（三）乙方无论何种原因离开甲方企业两年内，乙方所作的与其在甲方任职工作有关的发明创造应属职业创造，归甲方所有，适用于本合同项下职务发明、创造的有关处理条款规定。（四）乙方无论何种原因离开甲方两年内，由乙方承担本合同项下竞业限制义务而造成甲方所有的经济损失。……七、违约责任：1. 乙方注意到，当签署本协议时，已经明确了相应的法律责任与义务，如果违背该协议，必须承担由此而产生的后果，包括：支付违约金、赔偿经济损失。2. 乙方每违反一项保密或竞业限制义务，除需立即改正外，并需向甲方支付违约金 500 万元。该违约金不足以弥补甲方损失的，不足部分仍应赔偿……"

2017 年 3 月 7 日，方某某与 H 公司解除劳动关系，解除或终止合同原因为"劳动者提前三十日书面通知用人单位解除劳动合同"。

2017 年 5 月 1 日，方某某正式入职 P 公司，担任研发经理。

H 公司认为方某某等销售经理离职入股 P 公司，非法串谋利用 H 公司配方和客户价格、需求等核心技术、经营机密信息生产同型产品，并大幅降价向 H 公司的独家客户销售，造成 H 公司商业秘密遭受重大侵权损失，于 2017 年年底向无锡市公安局梁溪分局进行信访。无锡市公安局梁溪分局于 2018 年 3 月 15 日作出梁公（信）信不受字〔2018〕037 号《不受理信访事项告知书》。H 公司于 2018 年 2 月 8 日就其被侵犯商业秘密案向无锡市公安局梁溪分局提出控告，无锡市公安局梁溪分局于 2019 年 2 月 15 日作出梁公（益）不立字〔2019〕5 号《不予立案通知书》。后 H 公司向江苏省苏州市中级人民法院提起诉讼，要求方某某等共同赔偿其商业秘密受损损失 2100 多万元及对应利息、律师费用。苏州中院于 2019 年 3 月 28 日受理该侵害商业秘密纠纷案件。

后 H 公司以违反竞业限制义务为由提起仲裁，要求方某某承担违反竞业限制义务的责任，当地仲裁委于当日作出锡新劳人仲不字〔2019〕第 156 号《不予受理通知书》，故 H 公司诉至法院。

三、法院审理

1. 一审法院审理

一审法院认为，本案的争议焦点为：1. 本案是否存在违反一事不再理原则的情形；2. 本案是否已过仲裁时效；3. H 公司主张的竞业禁止违约金、律师费能否得到支持。

关于争议焦点一，法院认为，本案虽与另一侵犯商业秘密案件存在部分当事人重合的情况，但后者与本案分属不同的法律关系，案件当事人也不完全相同，H 公司就被侵犯商业秘密的损失与劳动者违反竞业限制而产生的违约金属于两个法律关系，请求权基础也不一样，故本案并未违反一事不再理原则。

关于争议焦点二，劳动争议申请仲裁的时效期间为一年。仲裁时效期间从当事人知道或者应当知道其权利被侵害之日起计算。当事人能够证明其在申请仲裁期间内就争议内容向有关部门请求权利救济的，仲裁时效中断。法院认为，本案已过仲裁时效，H 公司的请求无法得到公权力的保护。理由如下：仲裁时效的中断，应就劳动争议的内容向解决劳动争议的相关部门请求权利救济。本案中，H 公司一直以商业秘密遭受重大侵权损失为由向公安机关寻求救济，请求的是侵权损失，与本案的竞业限制纠纷（违约责任）并非同一法律关系，故其行为不能引起时效中断。H 公司在一审中自认其自方某某离职时便知晓其违约行为，故未支付任何补偿金，故仲裁时效期间从当事人知道其权利被侵害之日起计算即 2017 年 3 月，而H 公司于 2019 年 8 月才提出仲裁申请，已经超过仲裁时效。方某某在诉讼中提出时效抗辩，其抗辩于法有据，法院予以采信。

除去仲裁时效这一理由，从实体角度分析，H 公司的请求亦无法得到支持，即本案的争议焦点三的论证，理由如下：根据《江苏省劳动合同条例》第二十八条规定，用人单位对处于竞业限制期限内的离职劳动者应当按月给予经济补偿，月经济补偿额不得低于该劳动者离开用人单位前十二个月的月平均工资的三分之一。用人单位未按照约定给予劳动者经济补偿的，劳动者可以不履行竞业限制义务，但劳动者已经履行的，有权要求用人单位给予经济补偿。竞业限制约定中的同类产品、同类业务仅限于劳动者离职前用人单位实际生产或者经营的相关产品和业务。竞业限制的期限由当事人约定，最长不得超过二年。本案《协议》中就方某某应履行的竞业限制义务及如违反可能产生的法律后果作出了明确约定，但未在合同中就竞业限制补偿的支付金额、支付方式等作出承诺，且该《协议》中甚至约定："乙方在职期间有从甲方获得商业秘密并获得增进知识、技能、经验的机会，同时甲方向乙方的劳动支付了工资、奖金，因此乙方有义务保证为甲方保守商业秘密并作出竞业限制的保证"，上述内容的含义也容易使劳动者认为用人单位无需支付竞业限制补偿金，无法看出 H 公司有支付竞业限制补偿金的意向。H 公司也未能举证证明其就竞业限制补偿金与方某某进行协商。鉴于竞业限制协议以用人单位向劳动者支付经济补偿金为生效要件，用人单位未给予劳动者经济补偿的，竞业限制条款对劳动者不具有约束力。故 H 公司依据竞业限制条款主张方某某支付违约金及律师费的诉讼请求，于法无据，法院未予支持。

2. 二审法院审理

二审法院认为，H 公司与方某某的劳动关系合法有效，双方的权利义务均应受劳动法律法规的保护和约束。根据 H 公司的上诉请求及方某某的答辩意见，本案二审的争议焦点是：H 公司提起仲裁请求时，是否超过仲裁时效。

劳动争议申请仲裁的时效期间为一年。仲裁时效期间从当事人知道或者应当知道其权利被侵害之日起计算。当事人能够证明其在申请仲裁期间内就争议内容向有关部门请求权利救济的，仲裁时效中断。由此可以看出，以向有关部门请求权利救济为由主张仲裁时效中断的，需要满足以下两个条件：1. 权利人向解决劳动争议相关的部门请求权利救济；2. 权利人以劳动争议内容寻求救济。纵观 H 公司的行为，其在 2018 年 2 月 8 日向公安机关报案时，以商业秘密遭受重大侵权损失为由寻求救济，请求的是侵权损失，与本案的竞业限制纠纷（违约责任）并非同一法律关系，故其行为不能引起时效中断。而 H 公司一审主张方某某实际入职 P 公司的时间早于 2017 年 5 月，即使从 2017 年 5 月算起，H 公司于 2019 年 8 月提出仲裁申请，也已经超过仲裁时效。方某某在一、二审中均提出时效抗辩，其抗辩于法有据，本院予以采信。故 H 公司的请求无法得到公权力的保护。

综上所述，H 公司的上诉请求不能成立，应予驳回；一审判决结果并无不当，应予维持。

四、争议焦点分析

本案的争议焦点为用人单位提起仲裁请求是否已过仲裁时效。《中华人民共和国劳动争议调解仲裁法》第二十七条规定："劳动争议申请仲裁的时效期间为一年。仲裁时效期间从当事人知道或者应当知道其权利被侵害之日起计算。前款规定的仲裁时效，因当事人一方向对方当事人主张权利，或者向有关部门请求权利救济，或者对方当事人同意履行义务而中断。从中断时起，仲裁时效期间重新计算。"本案中，用人单位主张权利的部门并非劳动争议部门，主张的权利也并非源于竞业限制义务，因此不能发生仲裁时效中断的效果。用人单位在仲裁时效已过的情况下，向劳动者主张竞业限制违约金是不能得到支持的。

五、律师建议

劳动争议仲裁时效指当事人因劳动争议要求保护合法权利的法定期限，法律规定为一年，该期限远远短于《民法典》规定的诉讼时效，故用人单位或劳动者更应注意期限的起止时间，否则期限届满，对方当事人享有时效抗辩的权利，用人单位或劳动者主张将无法得到支持。

就竞业限制纠纷来说，劳动者在离职时，用人单位应当与需要履行竞业限制义务的劳动者签订竞业限制义务告知书，将竞业限制履行事宜告知劳动者，列明劳动者离职后入职新单位的报告义务，报告的内容包括但不限于报告的时间节点、具体方式、联系方式、违反报告义务的后果等。这样可以使用人单位更好地了解劳动者的竞业限制义务履行情况，及时明确权利受到侵害的时间点，并采取维权措施，避免因超过仲裁时效而造成不必要的损失。另外，仲裁时效虽然可以中断，但其前提为权利人向解决劳动争议相关的部门请求权利救济，权利人以劳动争议内容寻求救济，如不符合上述条件，即使向其他司法机关或行政机关寻求救济，也不能作为中断事由。

劳动者违反竞业限制义务，原单位能否以不正当竞争为由起诉劳动者及新单位——以北京 Z 公司与成都 S 公司等不正当竞争纠纷案①为例

一、案件要旨

劳动者违反竞业限制义务，入职竞品公司，且竞品公司明知该劳动者存在竞业限制义务仍然录用，该行为构成共同侵权，违背诚实信用的原则

---

① 北京知识产权法院（2020）京 73 民终 48 号。

和公认的商业道德，属于不正当竞争行为，劳动者和新单位应当共同承担赔偿责任。

二、案情简介

1. 北京 Z 公司及吴某某的任职情况

北京 Z 公司（下称"Z 公司"）成立于 2011 年 1 月 11 日，吴某某为 Z 公司股东并任第一届董事会董事，董事任期三年。2014 年 3 月 21 日，吴某某在 Z 公司的董事及总经理职位连选连任。2017 年 6 月 21 日，Z 公司免除吴某某的董事职位。Z 公司（甲方）与吴某某（乙方）于 2011 年 2 月 1 日签订《劳动合同书》，其中约定乙方知晓并遵守甲方颁布的各项规章制度（包括但不限于员工手册中所列规章制度）。合同中约定将《保密及竞业禁止协议书》作为合同附件，但 Z 公司提交的《劳动合同》中并无该附件。2014 年 2 月 1 日，双方续签劳动合同。

Z 公司章程第 33 条规定，公司股东应当保守公司商业秘密，并在其股东身份存续期间及终止后的两年内，不为自己或他人的利益与公司发生直接和间接的业务竞争。第 79 条规定，董事应当忠实履行职责，维护公司利益，当其自身利益与公司和股东的利益相冲突时，应当以公司和股东的最大利益为行为准则，并保证任职期间及之后的两年内，不得自营或为他人经营与公司同类的营业或者从事损害本公司利益的活动；未经股东大会在知情的情况下同意，不得泄露在任职期间所获得的涉及本公司的商业秘密。2014 年，公司股东大会第一次会议决议中第六项审议通过了修改后的公司章程第三章第一节第十七条，其后有吴某某的签字。

2. 北京 A 公司、成都 B 公司、S 公司及吴某某的任职情况

北京 A 公司成立于 2017 年 10 月 30 日，该公司的股东为成都 B 公司。成都 B 公司成立于 2013 年 6 月 25 日。成都 B 公司与 S 公司法定代表人相同。北京 A 公司官方网站上载明北京 A 公司是 S 公司旗下的控股子公司。

Z 公司主张吴某某于 2017 年 6 月 21 日从公司离职，于 2017 年 10 月 20 日参加了北京 A 公司的成立大会。吴某某称，北京 A 公司成立于 2017 年 10 月 30 日，吴某某于 2018 年 4 月 10 日正式入职北京 A 公司，担任副

总裁，其社保从 2018 年 5 月开始缴纳。为此吴某某向法院提交了其与北京
A 公司签订的劳动合同及入职知识产权声明，合同签订日期为 2018 年 4 月
10 日，声明签字时间为 2017 年 4 月 10 日，该声明中的纸张上方标注了成
都 B 公司。Z 公司还主张吴某某在提交辞职信前夕，公司大量骨干员工同
时提交辞职信，未办理交接手续即离开公司，经 Z 公司了解所有人员离职
后都入职了北京 A 公司。

三、法院审理

1. 一审法院审理

一审法院认为，Z 公司与北京 A 公司、成都 B 公司、S 公司在经营范
围上具有一定竞争关系，吴某某曾经在 Z 公司任董事、总经理，现任北京
A 公司副总裁。Z 公司本案中的主张应适用反不正当竞争法进行调整。由
于原告主张的行为一直持续，故针对不正当竞争行为的判定应适用《反不
正当竞争法》（2019 年修正）。本案的争议焦点为：1. 四被告的行为是否
侵犯了 Z 公司的商业秘密；2. 四被告的行为是否构成不正当竞争行为。分
别评述如下：

（1）四被告的行为是否侵犯了 Z 公司的商业秘密

本案中，Z 公司主张四被告侵害其商业秘密，并明确其本案中主张的
商业秘密包括技术秘密、价格体系、渠道政策、客户关系等。但 Z 公司仅
以公司章程中列举了保密条款来证明其对主张的商业秘密采取了保密措
施，并未提供其所主张商业秘密的具体载体，无法看出其所主张各项商业
秘密的具体内容，Z 公司亦无法证明其对所主张的商业秘密采取了何种保
密措施。Z 公司提交的证据不足以证明其主张的商业秘密符合法定条件，Z
公司就四被告侵害其商业秘密的主张不成立，法院对 Z 公司的该项主张不
予支持。

（2）四被告的行为是否构成不正当竞争行为

本案中，Z 公司主张吴某某违反了其作为公司高管的竞业禁止义务、
违反了公司章程及《劳动合同》中竞业限制的约定。关于竞业禁止义务，
《中华人民共和国公司法》第一百四十八条规定董事、高级管理人员不得
未经股东会或者股东大会同意，利用职务便利为自己或者他人谋取属于公

司的商业机会，自营或者为他人经营与所任职公司同类的业务；不得违反对公司忠实义务的其他行为。吴某某作为 Z 公司的总经理、董事，应当遵守上述法律规定和 Z 公司章程的规定，履行其忠实义务。Z 公司章程中明确董事离任后二年内不得从事同行业，吴某某辩称其不知晓公司章程，但其作为公司董事，应当知道公司章程并对其中条款进行了解，且在 2014 年的股东大会决议上，Z 公司修改了章程，吴某某在该决议上签字确认，结合上述证据法院对吴某某的该项辩称不予采信，吴某某对于公司有竞业禁止的要求系明知。吴某某认可其 2017 年 6 月 6 日从 Z 公司离职，其辩称于 2018 年 4 月开始入职北京 A 公司，任副总裁。但在北京 A 公司提交的《入职知识产权声明》签字时间为 2017 年 4 月 10 日。由此可见，吴某某在签署声明时，其尚未从 Z 公司离职，而该《入职知识产权声明》从声明的名称上来看，表明吴某某即将入职北京 A 公司。鉴于 Z 公司与北京 A 公司、成都 B 公司、S 公司之间存在业务上的竞争关系，吴某某在 Z 公司任董事期间，入职与 Z 公司有竞争关系的公司，该行为显然违背了吴某某对 Z 公司应负的竞业禁止义务，违背《反不正当竞争法》第二条中规定的诚实信用的原则和公认的商业道德，势必对 Z 公司的权益造成损害，属于不正当竞争的行为。吴某某虽辩称其于 2018 年 4 月开始入职北京 A 公司，并提交了彼时与北京 A 公司签订的劳动合同、社保缴纳记录等作为证据，但是吴某某在 2017 年 10 月北京 A 公司的成立大会上即以副总裁身份出现，其在 2017 年 4 月 10 日签署了《入职知识产权声明》，吴某某对自己的入职时间在证据上出现矛盾之处，法院对其辩称不予采信。吴某某还辩称，Z 公司从未向吴某某提出过竞业限制协商或要求，也从未向吴某某支付竞业限制补偿金。既然双方没有就竞业限制进行约定，吴某某也就不存在违反竞业限制的行为。对此法院认为，吴某某作为公司高管、董事，其竞业限制义务已经明确为公司章程所约定，且在吴某某的劳动合同中亦有相应约定，如吴某某认为 Z 公司未支付相应的补偿款，其可以就 Z 公司的相应行为提起劳动争议相关诉讼，Z 公司未支付补偿款不能成为吴某某不履行竞业限制义务的前提条件，故法院对吴某某的该项辩称不予采信。

关于北京 A 公司、成都 B 公司、S 公司是否构成共同侵权，法院认为，虽然 S 公司是成都 B 公司的股东，但本案中现有证据不能证明 S 公司与被控侵权行为存在关联性，法院对原告要求 S 公司承担责任的诉讼请求不予支持。法院注意到在吴某某签署的声明中的纸张上方标注了成都 B 公司，且北京 A 公司系成都 B 公司的全资子公司，因此成都 B 公司对于吴某某将入职北京 A 公司一事应当明知，目前企业中，约定董事、高管竞业禁止义务的现象比较普遍，成都 B 公司、北京 A 公司人事部门对此应是明确知道或应当知道的，成都 B 公司、北京 A 公司接受并聘任吴某某担任北京 A 公司的副总裁，从事与 Z 公司同类业务，该行为违反了公认的商业道德及诚实信用原则，损害了 Z 公司的合法权益，应当与吴某某共同承担相应民事责任。

2. 二审法院审理

二审法院认为，本案的争议焦点为以下问题：

1. 本案是否应当适用《劳动合同法》，一审法院不正当竞争案由的确定是否正确。

本院认为，依据我国《劳动合同法》的有关规定，竞业禁止关系的形成依据是劳动者与用人单位之间设立了竞业禁止合同，一方违反合同约定，另一方可以提起合同之诉。但竞业禁止的目的是保护公司的知识产权等财产权利，竞业禁止违约行为不仅违反了合同约定，而且由于其侵害了用人单位的财产权益，所以又同时产生侵权责任，故当事人选择侵权之诉并未违反法律规定。本案中 Z 公司以竞业禁止为由起诉被上诉人吴某某、成都 B 公司、S 公司不正当竞争，明确主张吴某某违反竞业禁止约定成为侵犯 Z 公司权利的手段，成都 B 公司、S 公司由于共同侵权而成为不正当竞争者，一审法院确定不正当竞争之诉的案由符合法律规定，故本院不支持上诉人吴某某、北京 A 公司、成都 B 公司的该上诉理由，一审法院确定反不正当竞争案由并无不当。

2. 关于上诉人吴某某、北京 A 公司、成都 B 公司是否构成反不正当竞争行为的问题。

《中华人民共和国公司法》（2018 年修正）第一百四十七条规定：董事、监事、高级管理人员应当遵守法律、行政法规和公司章程，对公司负有忠实义务和勤勉义务；第一百四十八条第一款第（五）项规定：董事、高级管理人员不得有下列行为：董事、高级管理人员不得未经股东会或者股东大会同意，利用职务便利为自己或者他人谋取属于公司的商业机会，自营或者为他人经营与所任职公司同类的业务。上述内容系我国法律对董事、高级管理人员竞业禁止义务的规定。所谓竞业禁止，是指对与权利人有特定关系之人的特定竞争行为的禁止。我国公司法要求公司董事、监事、高级管理人员应当对公司负有忠实和勤勉义务，要求董事、监事、高级管理人员在执行公司业务时或担任公司职位期间需全心全意为公司服务，以公司最佳利益为出发点行事，不得追求公司利益以外的利益，不得追求个人利益。因此，董事、高级管理人员对公司负有竞业禁止义务，即包含禁止自营或为他人从事与公司营业有竞争性的活动，也包含禁止利用职务便利谋取属于公司的商业机会。根据本案证据，上诉人吴某某系 Z 公司的董事、总经理，属于 Z 公司的高级管理人员，其在 Z 公司担任高级管理人员期间，就受聘于北京 A 公司签订《入职知识产权声明》，离职后担任北京 A 公司副总裁。而北京 A 公司与 Z 公司的经营范围部分相同，具有一定竞争关系。吴某某的行为已构成对 Z 公司竞业禁止义务的违反。北京 A 公司、成都 B 公司与 Z 公司存在业务上的竞争关系，其在应知吴某某对 Z 公司负有竞业禁止义务的情况下，聘任其担任公司的副总裁，从事与 Z 公司具有竞争关系的业务，违反了公认的商业道德及诚实信用原则，损害了 Z 公司的合法权益，构成不正当竞争。上诉人吴某某、北京 A 公司、成都 B 公司上诉理由不能成立，一审法院认为吴某某、北京 A 公司、成都 B 公司构成不正当竞争，并判令其承担相应民事责任并无不当。

四、争议焦点分析

1. 争议焦点聚焦

本案中一个重要的争议焦点为劳动者违反竞业限制义务，可否以不正当竞争为案由进行审理。若因劳动者违反竞业禁止规定，符合不正当竞争的构成要件，则不应阻碍用人单位行使诉权。用人单位可选择合同违约之诉，也可以选择侵权之诉。劳动者违反竞业限制义务若为侵犯用人单位权利的手段，共同侵权人也应承担连带责任。因此，若负有竞业限制义务的劳动者在离职后违反竞业限制义务，用人单位因其不正当竞争行为，合法权益受到损害，则用人单位可以将劳动者和与其共同实施侵权行为的有竞争关系的公司作为共同被告，向法院提起诉讼，维护自身权利。

2. 法律适用

本案中认定被告构成不正当竞争的法律依据为《反不正当竞争法》（2019 年修正）第二条的原则性规定："经营者在生产经营活动中，应当遵循自愿、平等、公平、诚信的原则，遵守法律和商业道德"。吴某某违反了其作为公司高管的竞业禁止义务、违反了公司章程及劳动合同中竞业限制的约定，未能遵守章程规定履行忠实义务，入职有竞争关系的公司，有违诚实信用的原则和公认的商业道德。

五、律师建议

认定劳动者违反竞业限制义务的举证存在难度，本案因证据较为充分且被告的证据中存在利于原告的内容，原告的主张最终获得法院支持。因此用人单位在负有竞业限制义务的劳动者离职后，动态关注劳动者进展，如出席的活动、参加的会议和媒体的报道等。当发现存在违反竞业限制义务时，用人单位应当及时采取救济手段，避免因延误时机而造成不必要的损失。

同时，如新单位明知劳动者负有竞业限制义务而故意聘用，从主观上来说，新单位具有明显的恶意，在此情况下，依据《反不正当竞争法》第二条的规定，可以不正当竞争为由将新单位及劳动者作为共同被告诉至法院，用人单位不仅可追究劳动者的违约责任，也在一定程度上震慑新单位在聘用员工时进行合理的竞业限制义务审查，保障原单位的合法权益。

除此以外，如劳动者掌握原单位的商业秘密，且入职新单位后使用该商业秘密，则构成《反不正当竞争法》第九条规定的侵犯商业秘密的行为。原单位也可以此为由起诉保障自身权益。

竞业限制类案件涉刑情况下的处理——武汉某设备工程有限责任公司与宋某某公司盈余分配纠纷案①

一、案件要旨

竞业限制与侵犯商业秘密罪是从不同角度出发对企业商业秘密进行保护的制度。离职员工违反竞业限制义务，有可能同时涉嫌侵犯商业秘密罪，成为刑民交叉案件。在刑民交叉案件中，刑事裁判认定的事实一般对于后行的民事诉讼具有预决效力，但同时应注意到，刑民交叉类案件中，应当注意在先的刑事诉讼案件是否对相关行为作出认定，如未作出认定，则不能据此推定后行民事诉讼的相关事实，后行的民事诉讼仍应对侵权行为或违约行为是否存在进行认定。

二、案情简介

2010 年 9 月，甲方宋某某与乙方刘某 1、刘某 2、肖某某及丙方武汉某设备工程有限责任公司（下称"D 公司"）签订备忘录。备忘录约定：鉴于甲方同意向乙方转让，乙方同意自甲方受让其所拥有的丙方 18% 的股权；甲方拟不再担任丙方高级管理人员职务，并与丙方解除聘用关系。同日，宋某某与 D 公司签订《离职后义务协议》，宋某某担任 D 公司高级管理人员职务并全面知晓 D 公司的技术秘密和其他商业秘密，承诺离职后，不得有任何损害 D 公司利益的行为，包括但不限于：损害 D 公司及/或 D 公司股东、高级管理人员声誉的行为；违反保密约定的行为；违反竞业限制义务的行为；其他可能危及 D 公司利益的行为。

双方还对保密约定的范围、技术秘密的范围作了约定：关于竞业限制，约定自宋某某离职之日起二年内，不得到与 D 公司生产或者经营同类产品、从事同类业务的其他用人单位内担任任何职务，不得为同类经营性组织提供咨询、建议服务等。就宋某某履行竞业限制义务，D 公司同意向

---

① 案件来源：湖北省武汉市中级人民法院（2014）鄂武汉中民商初字第 00185 号、湖北省高级人民法院（2016）鄂民终 1029 号民事判决书、最高人民法院（2019）最高法民再 135 号民事判决书。

宋某某支付经济补偿金共计240万元，该款项由D公司于宋某某离职后按月支付，于宋某某离职二年期满时支付完毕。除经济补偿外，D公司还同意以约定的方式额外给予宋某某奖励共计2075万元，所述奖励款的支付条件：宋某某已经按照D公司的要求，办妥所有相关的物品、财务、工作交接手续；宋某某全面履行本协议约定的全部义务。

双方还就违约责任进行了约定：宋某某未履行竞业限制义务或者履行竞业限制义务不符合本协议约定的，D公司可暂停支付本协议第六、七条约定的全部经济补偿及奖励，并有权根据具体违约情况采取相应处理措施等。

2016年1月4日，武汉市江岸区人民检察院向武汉市江岸区人民法院提起公诉，指控H公司以及杨某某（D公司原市场开发部部长，案发时系H公司法定代表人）涉嫌侵犯商业秘密罪，经审查查明：D公司成立于2001年10月17日，是国内首家专门从事连铸技术研究、开发和连铸工程总承包的专业化技术公司；该公司掌握了先进的连铸机核心技术，相关设计图纸及设计资料是D公司核心的商业秘密；D公司对此采取了严格的保密措施，建立了门禁管理制度，将整套连铸机部件拆分，进行分散设计、分散制造等。2008年5月，D公司与杨某某签订了《劳动合同》和《保密合同》。2010年12月，杨某某因病离开D公司。2011年1月27日，杨某某违反D公司有关保守商业秘密的要求，注册成立了H公司，生产设计与D公司相同的连铸技术研究、开发和连铸工程总承包并谋取了相应经济利益。武汉市江岸区人民检察院认为，H公司、杨某某违反权利人有关保守商业秘密的要求，使用掌握的商业秘密，给商业秘密的权利人造成重大损失，其行为触犯了相关刑法，应当以侵犯商业秘密罪追究刑事责任。

三、法院审理

D公司认为宋某某为H公司实施侵犯商业秘密犯罪行为提供了资金和技术支持，严重违反了《离职后义务协议》的约定，D公司后诉至湖北省武汉市中级人民法院，要求宋某某返还已经支付的奖励并支付违约金。

湖北省武汉市中级人民法院经审理认为：武汉市江岸区人民检察院指控H公司以及杨某某涉嫌侵犯商业秘密罪刑事案经公安机关侦查终结，侦查结果并未涉及宋某某，亦无宋某某侵犯 D 公司商业秘密的事实认定。根据该刑事案件的侦查结果，H 公司以及杨某某涉嫌侵犯商业秘密的行为与宋某某无涉。D 公司的该项诉称理由缺乏事实依据；依照 2010 年 9 月 29 日双方签订的《离职后义务协议》的约定，D 公司依约已支付宋某某 10514462.44 元，其要求宋某某返还并赔偿违约赔偿金的请求不符合法律的规定以及双方的约定。一审法院判决：驳回 D 公司的诉讼请求。

D 公司不服一审判决，向湖北省高级人民法院提起上诉，请求撤销一审判决。理由包括：

1. 一审法院审理程序违法。本案款项基于劳动关系支付，依法应属于劳动争议仲裁委员会仲裁事项，一审法院不能直接受理。此外，本案应等待侵犯商业秘密刑事案件对宋某某进一步侦查及法院最终审判结果。

2. 一审法院认定事实严重错误。宋某某违反《离职后义务协议》，无权要求 D 公司支付任何与《离职后义务协议》相关的款项，依照合同约定还应向 D 公司返还已经支付的款项，并支付违约金及赔偿损失。D 公司在二审期间围绕上诉请求依法提交证据材料，其中包括：上述形似刑事案件中某公司法定代表人的询问笔录、资金流向图、公司登记信息。

湖北省高级人民法院经审理认为：由于 D 公司提交的证据与本案其他证据所印证的事实及刑事起诉书侦查事实不符、且多为间接证据，与本案讼争事实缺乏必然关联，无法达到其证明目的，故不予采信。《离职后义务协议》已明确约定了 D 公司支付经济补偿及奖励款的数额与时间，D 公司对已支付的数额并未提出异议，宋某某请求 D 公司按照合同约定支付剩余奖励款及逾期付款违约金具有事实及法律依据。关于宋某某是否存在违反《离职后义务协议》中保密、竞业限制义务问题，涉及刑民交叉案件中刑事诉讼证据与民事诉讼证据的差异性区分，民事诉讼证据除了具备真实性、合法性及关联性之外，同时还应具有可以被推定的认可性，应当从各证据与案件事实的关联程度、各证据之间的联系等方面进行综合审查判断。D 公司列举的大量证实宋某某违约行为的证据来源于刑事侦查阶段卷宗及单方鉴定结论，而刑事起诉书并不涉及对宋某某的指控，亦无宋某某侵犯 D 公司商业秘密的事实认定。二审中，D 公司不能举出充分证据证明宋某某存在违反竞业限制义务或侵犯商业秘密的行为，仅凭刑事侦查阶段的笔录、证言、非要式邮件文稿或资金流向等并不能证明宋某某出资设立H公司并系该公司实际控制人，违反约定另行组建与D公司具有同业经营性的其他公司，或在类似公司中担任职务及提供技术性服务。故在D公司举证证据均系间接证据且不能形成排他性证据链条的情形下，对其该项上诉理由不予支持。二审法院判决：驳回上诉，维持原判。

D公司不服二审判决，向最高人民法院申请再审。再审审查期间，D公司向法院提交了证据材料，主要包括：涉案刑事判决，D公司认为，该判决于本案二审庭审结束后作出，此应为新证据；涉案刑事案卷中"陈某"的询问笔录、"朱某某"的询问笔录，及涉案刑事案件中的公安机关远程勘验检查笔录。D公司主张，询问笔录及勘验检查笔录为其在原审中无法自行收集的刑事案卷中的证据，D公司多次申请原审法院调取证据，一审法院及二审法院均未能调取，其于刑事案件判决生效后新发现了该三份证据，依法应为新证据。D公司称，上述证据可证明宋某某为H公司实施侵犯商业秘密犯罪行为提供了资金和技术支持，严重违反了《离职后义务协议》的约定。最高人民法院经审查，于2018年12月21日作出（2017）最高法民申2836号民事裁定，提审本案。

再审期间，D公司向法院提交申请书，申请调取涉案刑事案件中与本案有关的卷宗材料，并调查电子邮箱××××@126.com的相关信息，以确认该邮箱是否为宋某某配偶李某1所有或使用。根据其申请，法院调阅、复印了涉案刑事案件卷宗材料中涉及宋某某的相关证据材料。

2018年11月，法院向广州网易计算机系统有限公司发出"协助调查取证通知书"，调查××××@126.com邮箱的注册情况。后广州网易计算机系统有限公司出具回函，说明该邮箱注册用户的手机号和出生日期。庭审中，宋某某认可该邮箱注册所用的手机号、出生日期与其配偶李某1的相关信息一致，承认名称为××××@126.com的邮箱注册人及使用人为其配偶李某1。

庭审中，双方当事人一致认可，D公司建立了产品数据管理系统（简称"PDM"）计算机设计图纸及资料管理库，进行加密管理及输出限制，宋某某离职前曾申请补领了可用于对公司的PDM加解密的密锁密钥。此外，双方均认可，在公安机关扣押的H公司的电脑中，存有D公司所用的项目设计图纸。

本案再审审理期间，涉案刑事判决已经生效，该判决认定 H 公司及杨某某侵犯了 D 公司的商业秘密，构成侵犯商业秘密罪。

最高人民法院再审认为，本案的争议焦点是：

（一）宋某某是否违反了《离职后义务协议》中的竞业限制约定；

（二）宋某某是否违反了《离职后义务协议》中的保密约定；

（三）在违反前述约定的情况下，宋某某应承担何种法律责任。

针对上述焦点，法院认为：

（一）宋某某是否违反了《离职后义务协议》中的竞业限制约定。

根据原审查明的事实，宋某某于 2010 年 10 月 20 日从 D 公司离职，而 H 公司注册成立于 2011 年 1 月，经营范围包括与 D 公司相同的连铸技术研究、开发和连铸工程总承包等业务，构成了 D 公司的同行业竞争者。因此，判断宋某某是否违反竞业限制约定，主要是判断宋某某与 H 公司之间的关系。

宋某某是否违反《离职后义务协议》中的竞业限制和保密义务问题，涉及刑民交叉案件中刑事诉讼证据与民事诉讼证据的差异性问题。刑事起诉书不涉及对宋某某的指控，刑事判决书亦未涉及宋某某是否侵犯商业秘密的认定。宋某某据此主张其未违反协议约定。对此，法院认为，《最高人民法院关于民事诉讼证据的若干规定》第十条第一款第（六）项规定，已为人民法院发生法律效力的裁判所确认的基本事实当事人无需举证证明。该条第二款规定，当事人有相反证据足以推翻的除外。根据该规定，原则上，刑事诉讼中预决的事实对于后行的民事诉讼具有预决效力。这是因为裁判统一性要求民事判决与刑事判决对于同一事实的认定应当是一致的，而且刑事诉讼的证明标准比民事诉讼的证明标准要高，所以先行刑事判决认定的基本事实对于后行民事诉讼具有预决力。但是，先行刑事案件预决事实的预决力并不是没有条件的。除了先行判决已经生效，先行案件裁判所确定的事实与后行案件事实存在相关性外，预决事实的证明必须已遵循了法定程序。就先行刑事案件对后行民事案件而言，有罪的事实认定当然地构成预决力；而无罪的事实认定则需要区分是因为被告人确实未参与、未实施犯罪行为，还是因为证据不足、事实不清。如果是前者则有预决力，如果是后者则因为民事诉讼和刑事诉讼的证明标准不同可能有不同的认定。然而，与本案相关的刑事案件特殊之处在于，刑事起诉并未指控宋某某，刑事判决自然不可能涉及宋某某是否参与实施犯罪行为，是否构成侵犯商业秘密罪，亦不会就宋某某的行为是否违反《离职后义务协议》作出明确认定。因此，宋某某与 H 公司是否有关、关系如何这部分事实在先行刑事诉讼中未涉及，更谈不上经过正当程序查证并认定，因而不构成先行刑事诉讼预决事实，更不能据此直接在后行民事诉讼中认定宋某某与 H 公司无关。

宋某某与 H 公司之间的关系如何，还需要在本案中结合证据进行判断和认定。法院认为根据 D 公司申请调取的涉案刑事案件侦查卷宗中公安机关在侦查阶段绘制的资金流向图，虽然不是刑事关联案件定案的证据，但鉴于其为客观证据，系对 H 公司注册资金流转情况的客观描述，且与李某1 相关账户的资金流水记录以及庭审过程中当事人双方关于 H 公司注册资金来源的陈述意见能相互印证，可以认定 H 公司的 1000 万元注册资金全部来源于与宋某某或其配偶李某 1 密切相关的公司，该注册资金由李某 1 的账户转至其侄女李某 2 名下的账户，再转至杨某某名下，用于注册 H 公司。注册完成后，该笔资金又辗转返回李某 1 名下。经查，李某 1 侄女李某 2 系某公司普通职员，无其他大额经济来源和投资收益，且上述注册资金流水显示，多笔注册资金仅是借用李某 2 名下的银行账户流转汇集至杨某某名下用于公司注册，之后又重新流转回李某 1 账户。另，根据公安机关对杨某某使用的邮箱××××@163.com 远程勘验记录显示，内有以"宋某某"命名的来自××××@126.com 邮箱的关于 H 公司的"股权代持协议书"等材料，结合我院再审阶段查明的发件邮箱的注册情况和使用人情况等事实，可以认定上述材料系宋某某通过其配偶李某 1 发给杨某某，用于注册并代持 H 公司股份的材料。综合上述证据事实，法院认为，现有证据已足以认定宋某某是 H 公司的实际出资人，其在离职后两年内以隐蔽手段隐名组建了与 D 公司具有同行业竞争关系的 H 公司，违反了竞业限制的约定。

（二）宋某某是否违反了《离职后义务协议》中的保密约定。

基于已经生效的涉案刑事判决书认定的 H 公司构成侵犯 D 公司商业秘

密罪，特别是在 H 公司发现了 D 公司技术图纸的基本事实，结合本案前述宋某某隐名出资设立 H 公司，是 H 公司的实际控制人，违反竞业限制约定的认定，可以推定宋某某的行为亦违反前述《离职后义务协议》第二条关于保密义务约定这一待证事实存在高度可能性，故 D 公司的相关主张，法院予以支持。

（三）在违反前述约定的情况下，宋某某应承担何种法律责任。

宋某某的行为违反了《离职后义务协议》关于竞业限制和保密义务的约定，且其手段较为隐蔽，主观恶意较为明显，D 公司按照约定提出的返还款项并承担违约金的要求于法有据，法院予以支持。本案中经双方当事人确认，D 公司已向宋某某支付奖励补偿款总计 10514462.44 元，故宋某某应退还该笔款项，并承担该笔款项 30% 的违约金即 3154338.73 元，共计 13668801.17 元。

最终，最高人民法院判决撤销一审、二审判决，宋某某于本判决生效之日起十日内向武汉大西洋连铸设备工程有限责任公司支付应退还的奖励补偿款及违约金共计 13668801.17 元。

四、争议焦点分析

1. 确定争议焦点

本案中，宋某某与 D 公司签署的协议名为《离职后义务协议》，虽不涉及保密或竞业字眼，但是从协议内容可以看出实质系保密及竞业限制协议。双方对于协议签署的事实不存在争议，但是对于宋某某是否存在违反竞业限制约定的行为及其是否应承担相应违约责任存在争议。本案中最核心的争议焦点即为宋某某离职后是否实施了《离职后义务协议》中所约定的禁止行为。

2. 确定举证方向

本案一审、二审均认为 D 公司提交的证据不能证明宋某某违反了竞业限制约定，故判决驳回了 D 公司的诉讼请求。再审审查期间，最高人民法院裁定提审本案的主要原因系 D 公司补充提交了宋某某存在违反竞业限制协议的证据或证据线索，结合已有证据、新证据及法院基于 D 公司的调查取证申请所调取的证据，认为对于宋某某是否存在违反竞业限制协议的行为这个待证事实，现有证据已经达到高度盖然性标准，故认定宋某某违约，并承担相应的违约责任。

从本案经历一审、二审、再审审查及提审各阶段可以看出，竞业限制纠纷案件中，离职员工大多会采取各种手段以隐藏违约行为，故在此类案件中的取证较为困难。本案因为与刑事案件存在关联，D公司通过刑事案件获取了重要的证据线索，再借助司法机关调查取证的职权，最终获取了宋某某与刑事案件被告人杨某某之间关于H公司股权协议的邮件往来，以及宋某某、李某1、李某2、H公司之间资金流向的清晰途径，H公司留存了D公司的保密图纸信息等有利证据，最终证明了宋某某的违约行为。但此处需要注意的是，法院也强调刑事案件的证明标准为排除合理怀疑，而民事案件的证明标准为高度盖然性。在本案中，一言以蔽之，刑事案件中，杨某某及H公司被认定为构成侵犯商业秘密罪，并不能断定宋某某也构成侵犯商业秘密罪；而在民事案件中，宋某某被认定为存在违约行为，也不能直接以此认定宋某某构成侵犯商业秘密罪。不同的证据证明标准导致民刑案件的认定存在差异。

五、律师建议

1. 举证建议

竞业限制类纠纷案件往往取证较难，如可从侵犯商业秘密犯罪案件入手，借助公检法机关的司法权力调取相关证据，则对于追究离职员工违约责任有很大裨益；反过来，如可认定离职员工确实违反了竞业限制义务，且给企业造成了实际损失，如损失金额构成侵犯商业秘密犯罪的入罪标准，则原单位可向检察机关举报犯罪线索，追究离职员工甚至新单位的刑事责任。

即使无法从刑事案件入手，企业也可以通过起诉方式，借助司法机关的调查取证职权取得仅凭自身无法获得的证据或证据线索，如员工社保缴纳记录、要求员工说明工作内容、提供所入职公司的工作地点等信息。掌握相关信息后，公司可通过核查方式各个击破，最终达到证明员工存在违反竞业限制约定行为的目的，并追究员工的违约责任。

2. 实操建议

鉴于竞业限制案件取证难度较大，实践中较多企业设置了离职后竞业限制义务履行情况的告知义务，要求员工须定期按照企业要求向企业汇报其现阶段的工作情况，如是否入职、入职公司名称、工作地点、工作内容等信息，并提供相应的证明材料。但是在员工违反告知义务的情况下，企业直接以员工违反竞业限制义务为由主张返还竞业限制补偿金并支付违约金的，司法实践现阶段仍持否定态度，结合竞业限制案件的特点和司法裁判的观点，我们提出如下建议。

第一，离职员工告知企业其就业情况系企业了解员工是否履行竞业限制义务的重要途径，告知义务的设置必不可少。

第二，告知义务的设置应当更趋于精细化、层级化，对于保密程度不同的员工设置不同的告知周期及告知内容，并针对不同的违约行为的程度设置不同档次的违约责任，利于企业在诉讼中主张员工的违约责任。

第三，对于员工所回复的信息，企业应当进行核实并就不符合要求的回复要求员工更正或补正，及时发现员工的违约行为，在诉讼中也能呈现出企业对于员工履行竞业限制义务的重视。

第四，对于企业认为存在违约行为的员工，如无法取得更为有利的证据，应当及时提起仲裁或诉讼，通过司法程序对违约员工施压，并借助司法机关职权取证，最大限度保护企业的权益。

"挖角"能否认定为不正当竞争——杭州 KX 科技有限公司与李某等不正当竞争纠纷案①

一、案件要旨

《反不正当竞争法》的适用应审慎、谦抑，除非经营者的行为在违反合同义务之外，还损害了公共政策所保护的其他利益，才能以反不正当竞争法予以干预。

---

① 浙江省高级人民法院（2020）浙民终 515 号民事判决书。

二、案情简介

CS 平台系杭州 KX 科技有限公司（以下简称"KX 公司"）运营的在线游戏解说平台。2015 年 8 月 25 日，李某和 LB 公司签订《游戏解说特别委托协议》，约定 LB 公司委托李某在 KX 公司运营的 CS 平台进行游戏解说，李某的推广用名为"圣光"，协议期限自 2015 年 8 月 25 日起至 2018 年 8 月 24 日止，合作酬金为每月 1500 元，李某不得在其他平台进行游戏直播。2017 年 6 月 9 日，李某和 SY 公司签订《主播独家合作协议》，约定 SY 公司推荐李某在 CS 平台进行游戏直播，并对李某进行包装推广。李某同意在 CS 平台进行游戏直播，将其独家经纪代理权全权授予 SY 公司，保证并承诺在合作期限内不在其他平台提供直播或解说。协议期限为 3 年，自 2017 年 6 月 9 日起至 2020 年 6 月 8 日止，每月基本合作费用为 1500 元，平台奖励包括排名奖励、用户打赏及其他收益。2018 年 1 月 24 日，李某和 SY 公司签订《主播独家合作协议》，合作内容同上，协议期限为 3 年，自 2018 年 1 月 24 日起至 2021 年 1 月 23 日止，每月基本合作费用为 25000 元。

2018 年 1 月 1 日，KX 公司与 YT 中心签订《合作框架协议》，约定 YT 中心根据 KX 公司的标准，为 CS 平台招募、推荐合格的主播人员，协议期限自 2018 年 1 月 1 日起至 2023 年 12 月 31 日止，其中第 7 条对违约赔偿责任进行了约定，涉及平台基础运营成本分摊、特定推广成本分摊及 KX 公司的预期可得利益。

2018 年 9 月 1 日，李某使用昵称"CS 圣光转 HY"在 HY 平台进行直播首秀。一审庭审中，李某认可该日在 HY 平台进行直播首秀时，其已经和 HY 公司签订了合同，并收取了首付款 45 万元，且未将相关情况通知 KX 公司。HY 公司陈述该日李某已经签署了相关合同，HY 公司尚在进行内部审批，称不了解李某和 CS 平台合作的具体情况。

2018 年 9 月 3 日，李某和 YT 中心签订《签约主播独家合作协议》，约定双方达成合作关系。李某与 KX 公司的其他合作公司签订的原协议项下的权利义务由 YT 中心代为承继。

2019 年 7 月 30 日，KX 公司与 YT 中心签订《补充协议》，称因李某于合作期限内擅自违约至第三方直播平台从事主播业务，导致 KX 公司遭受巨大损失，双方经协商一致，YT 中心就该主播违约行为承担违约责任：一、解除双方就该主播建立的一切合作关系；二、YT 中心根据《合作框架协议》第 7 条应向 KX 公司赔付违约金共计 3664956 元，包括平台基础运营成本分摊 200574 元、特定推广成本分摊 1166700 元及预期可得利益 2297682 元。

三、法院审理

1. 一审审理

一审法院认为，根据庭审查明的事实以及双方当事人的诉辩主张，本案的争议焦点在于：

一、反不正当竞争法能否适用于本案；

二、如能够适用，李某、HY 公司的行为是否构成不正当竞争；

三、如不正当竞争成立，李某、HY 公司应当承担的法律责任。

对于第一个争议焦点，对于主播与直播平台之间，关于李某在 CS 平台独家从事主播业务，KX 公司、YT 中心、李某三方通过签订合同的方式约定了各自的权利义务。其中李某自 2015 年 7 月 15 日即注册成为 CS 平台用户，KX 公司、李某签订《CS 平台用户服务协议》；YT 中心（包括之前的 LB 公司、SY 公司）为 KX 公司指定的经纪公司，KX 公司、YT 中心签订《合作框架协议》，YT 中心、李某签订《签约主播独家合作协议》，通过上述协议安排，YT 中心指派李某在 CS 平台上独家开展主播业务，YT 中心与 KX 公司共同对主播进行培育。

由此可见，虽然 KX 公司、李某之间并未直接建立独家合作合同关系，但合同约定对于各方均具有约束力，一旦李某违反合同约定到第三方平台从事主播业务，无论是 KX 公司，还是 YT 中心，都可以根据合同约定追究相对方的违约责任。因此，对于各方而言，违约应承担的责任具有可预见性，这符合契约自由的精神。事实上，从 KX 公司、YT 中心签订的补充协议可见，YT 中心应根据《合作框架协议》约定向 KX 公司赔付包括平台基础运营成本分摊、特定推广成本分摊及预期可得利益在内的违约金。

反不正当竞争法系着重于维护市场竞争秩序的法律，即通过制止不正当竞争的行为维护自由的市场竞争秩序，实现资源的优化配置。在市场竞争中，自由是原则，通过反不正当竞争法进行干预是例外，其中通过第二条一般条款进行规制尤其应当慎重，而契约自由是竞争自由的重要组成部分。对于已经建立起合同关系的当事人（经营者）而言，合同的约定以及相关的合同法律规定已经对双方的权利提供了特别的保护，在违约行为发生时，一般应直接适用合同的约定及相关的合同法律规定，这属于经营者自由竞争的范畴。除非经营者的行为在违反合同义务之外，还损害了公共政策所保护的其他利益，比如对于员工不正当披露企业商业秘密的行为，与保护知识成果、鼓励知识创新的公共政策相背离，应同时受到反不正当竞争法的规制。除此之外，反不正当竞争法不应当在合同法之外，再以违反诚实信用原则和公认的商业道德的名义进行干预，否则就不恰当地侵入了契约自由的领域。

在本案中，李某被诉侵权行为，可分为两类，一是与 HY 公司的签约行为、收取预付款的行为及在 HY 平台上进行直播的行为；二是通过原昵称、头像等用户导流行为。

对于第一类行为，均系李某违反合同约定的竞业限制义务，在合同履行期内与 KX 公司具有竞争关系的 HY 公司进行签约、履约的相关行为，上述行为均可通过合同约定和相关的法律规定进行规制；对于第二类行为，KX 公司、YT 中心对原昵称、头像并不享有著作权，而是通过合同约定享有相关权益，亦属于可由合同法进行规制的行为。上述被诉侵权行为均可能涉及对合同义务的违反，但并未损害公共政策所保护的其他利益，如在合同约定的违约责任之外，另行要求李某承担其他侵权责任，亦超出了其在合同订立时可合理预见到的损失。因此，该院认为，对于 KX 公司与李某之间的法律关系，不应再适用反不正当竞争法进行调整，KX 公司对于李某的相关诉请，缺乏相应的法律依据，均不予支持。

对于直播平台之间，KX 公司、HY 公司之间并不存在合同法律关系，显然不能通过合同法进行调整。在本案中，KX 公司主张 HY 公司实施的不正当竞争行为包括：1. 2018 年 9 月 1 日在李某已告知工作人员尚在独家合约期的情况下，与李某签约，并利用李某之人气进行宣传推广，进行首秀直播，向李某支付预付款，并承诺兜底解决违约金；2. 在李某与 YT 中心重新签约后，拒不提供退款账户，对李某进行恐吓，承诺兜底解决 KX 公司及 YT 中心提出的诉讼等法律风险；3. 2019 年 3 月 1 日安排首秀引流，设置特别房间号，进行搜索推荐及网页推荐，允许李某在独家合约期间内非正常转换平台并进行直播活动，推动、允许李某使用原昵称、头像等进行用户导流；4. 允许、放任、有意使用其他平台培育的知名主播，允许、放任、有意安排李某继续使用原昵称、头像等窃取原平台用户及流量。

反不正当竞争法调整的是经营者之间的市场竞争行为，对于上述被诉侵权行为是否属于市场竞争行为，该院认为，市场竞争行为是一种争夺交易机会或谋取竞争优势的行为，互联网领域的市场竞争行为更是对用户注意力和流量的竞争，对于涉案直播平台而言，平台通过培育主播向用户提供优质的直播内容，来吸引用户注意力获得流量，从而获得商业机会和竞争优势。KX 公司、HY 公司均为游戏直播平台的经营者，两者具有同业竞争关系。李某作为 CS 平台签约多年的游戏主播，系具有一定知名度和影响力的头部主播。HY 公司使用李某从事主播业务等被诉侵权行为，目的在于吸引相关用户选择 HY 平台收看直播，以获取现实或潜在的商业利益，同时也会导致 CS 平台的用户、流量在一定程度上的流失，从而对 KX 公司的竞争优势和商业利益造成损失，两者存在着对于用户群体及相应商业机会、竞争优势的争夺。故 HY 公司的行为属于市场竞争行为，KX 公司有权依据反不正当竞争法来主张相应的合法权益。

对于第二个争议焦点，《反不正当竞争法》（2017 年修订，下同）第二条规定，经营者在生产经营活动中，应当遵循自愿、平等、公平、诚信的原则，遵守法律和商业道德；本法所称的不正当竞争行为，是指经营者在生产经营活动中，违反本法规定，扰乱市场竞争秩序，损害其他经营者或者消费者的合法权益的行为。

一审法院认为，从一般的社会价值观衡量，HY 公司在李某负有约定竞业限制义务且尚未解约的情况下即与之签约，未尽到合理审慎的注意义务，且会助长此种不守诚信的行为，具有过错。但反不正当竞争法中诚实信用原则的核心内容是商业道德，商业道德是指特定商业领域中，市场交易参与者普遍认知和接受的行为标准，商业道德既不等同于个人品德，也不能等同于一般的社会公德，所体现的是一种商业伦理。涉案网络直播行业属于新兴市场领域，对于各种商业规则仍在探索中，商业道德在相关市场共同体中尚未形成共识，应当结合市场经营者的行为方式、行为目的、行为后果等案件具体情形来进行分析判定。

从 HY 公司的行为方式来看，HY 公司不存在恶意诱导的行为。在第一阶段，从李某与 YT 中心工作人员的微信聊天记录及李某、HY 公司在庭审中的陈述可见，2018 年 9 月 1 日李某在 HY 平台进行直播时，已经与 HY 公司签署了合同并收取了 45 万元的首付款，也就是说李某和 HY 公司在前期应该就签约行为进行了协商。但无论从微信聊天记录，还是从庭审中李某的陈述来看，李某均认可系出于自身发展考虑进行直播平台的转换，HY 公司在评估李某的商业价值后，与李某进行签约，并协商确定了合作款项的金额，并无证据证明 HY 公司为攫取 CS 平台竞争优势而采取了其他诱导的行为。

在第二阶段，2018 年 9 月 3 日李某与 YT 中心重新签约，此时 HY 公司在李某已经与其签约并进行首场直播的情况下，拒绝李某解除合同、退还首付款的要求，而是希望李某继续履行合同，否则应承担相应违约责任的主张，具有相应的法律依据，亦不属于采用非法手段胁迫李某在 HY 平台进行直播的行为。

在第三阶段，2019 年 3 月 1 日李某再次到 HY 平台进行直播，继续使用原昵称、头像、QQ、微信号，从 KX 公司公证保全的证据来看，并未显示 HY 公司进行了首秀引流、设置特别房间号、搜索推荐及网页推荐等行为，而从微信聊天记录和李某在庭审中的陈述来看，李某再次到 HY 平台直播的原因系对于 CS 平台的资源推广、收入提成等存在不满，并无证据证明 HY 公司存在其他诱导行为。

在第四阶段，此后李某一直在 HY 平台进行游戏直播，继续使用原昵称、头像、QQ、微信号，无证据证明 HY 公司存在其他诱导行为。因此 HY 公司的行为并非恶意诱导，不属于采用不正当手段破坏其他平台经正当劳动获得的竞争优势的行为，而只是在主播由于自身原因想要转换平台的情况下，接收主播在其平台上进行直播的行为。

从 HY 公司的行为目的来看，HY 公司亦非有针对性地攫取竞争平台的用户流量和竞争利益，不具有不正当竞争的目的。如前所述，在游戏直播行业，主播是直播平台的核心竞争力，平台为培育主播会为其提供直播带宽资源、软硬件、包装、推广、培训等各方面的人财物支持，亦据此享有主播在合作期间所带来的用户流量及变现收益。但是，主播在与平台合作期间所积累的知识、经验和技能，仍然是其人格的组成部分，主播在合同期限内到与原平台具有竞争关系的其他平台进行直播的行为，虽然可能构成违约并承担相应的赔偿责任，但基于维护人身自由，保障人才自由流动的基本原则，法律并不能禁止主播运用自身的知识、经验和技能在其他平台进行直播的行为。在此情况下，HY 公司作为一个经济人，基于自身商业利益判断，选择与可以为其带来商业机会和竞争优势的跳槽主播合作，拓展头部主播阵容，从而提升平台竞争力，这符合通常的商业伦理，不具有不正当竞争的目的。

从 HY 公司的行为后果来看，在主播由于自身原因和与原平台具有竞争关系的其他直播平台进行合作的情况下，即使由于主播与用户之间的黏性较强，主播会在一定程度上带走原平台的用户及流量，但对于 CS 平台而言，平台的用户及流量损失系其依据合同可期待获得的利益，而并非如职务发明创造、商业秘密等其依据法律可直接享有的权利或合法权益，因此其可以在与主播签署的合同中约定包括流量损失在内的因违约产生的损失赔偿额的计算方法，以弥补其相应的损失。

对消费者而言，其关注的主要是主播个人的游戏操作技巧、解说风格等，与主播进行直播使用的昵称、头像的关联度均较小，用户可基于对跳槽主播的喜爱程度、平台的直播画面清晰度、直播内容丰富度及独特性、其他所关注主播的情况等，自由选择是否转换平台进行观看，KX 公司并无证据证明 HY 公司利用李某在 CS 平台直播期间，直接对用户进行了导流的行为，干扰了用户对于直播平台的选择，损害了消费者利益。

同时，从该行为对市场竞争秩序的影响来看，一方面，在主播跳槽行为本身存在合同法进行规制的情况下，平台完全可以通过与主播之间的合同安排，对主播违约可能对其竞争利益造成的损害进行充分的救济，主播以及接收主播的平台亦会理性考量主播违约带来的商业风险和损失，而不会产生主播毫无节制地随意转换平台，从而对行业发展和竞争效率产生严重负面影响的局面；另一方面，平台也可以通过丰富直播内容、优化用户体验、创新服务项目等方式，增强用户与平台之间的黏性，从而促进行业内的自由竞争，进一步激发市场的活力。在本案中，KX 公司并未提供充分的证据证明平台单纯接收跳槽主播的行为，对游戏直播行业市场秩序可能造成的影响程度，已经需要反不正当竞争法的介入。在市场机制存在自我净化、调节能力的情况下，反不正当竞争法对于市场竞争行为的干预应当保持谦抑性。综上，该院认为，HY 公司的涉案行为并未违反诚实信用原则和公认的商业道德，不构成不正当竞争行为。

鉴于李某和 HY 公司的行为均不构成不正当竞争，该院对于第三个争议焦点不再予以评述。一审法院驳回 KX 公司的诉讼请求。

2. 二审审理

二审查明的事实与一审认定的事实一致。

根据 KX 公司的上诉请求和理由及李某、HY 公司的答辩意见，本案二审的争议焦点为：1. 一审有无存在程序瑕疵；2. 李某、HY 公司的涉案行为是否构成不正当竞争；3. 如不正当竞争成立，李某、HY 公司应当承担的法律责任。

关于争议焦点一：KX 公司在二审中主张一审法院未对证据进行全面明确认定，遗漏案件重要事实，未能充分保障其诉讼权利，造成案件事实认定不清，致判决错误。本院经审理查明，一审法院已充分保障了 KX 公司的诉讼权利，且实已对双方所提交的证据进行了全面审查，并据此认定了案件事实，本院亦对一审法院查明的事实予以确认，而一审判决的法律适用和裁判结果是否存有不当，将在下文予以评述，KX 公司的该点上诉理由不能成立。此外，KX 公司在本案中主张 HY 公司存在引诱违约，一审法院要求其就此承担举证责任并无不当。KX 公司认为李某本人必须到庭参加诉讼，但李某并不属于法律规定的必须到庭的当事人，且其已委托代理律师全程参与本案诉讼，其本人未到庭并不影响案件的妥善审理，故KX 公司的该点上诉理由亦不能成立。

关于争议焦点二：市场竞争以自由竞争为原则，以反不正当竞争法的规制为例外。若经营者遵守了相应的竞争规则，依靠自身的优势资源，达到吸引人才集聚、打造高曝光度优秀平台的效果，且未限制有效竞争的，应为自由的市场竞争所容许。在市场竞争机制并未受到明显扭曲的情况下，法院不应泛化反不正当竞争法的适用，而应尊重经济运行规律，避免随意干涉市场运行，避免过度干预市场竞争，让市场的归市场，以充分保障市场在资源配置中的基础作用，促进竞争效果的有效实现。

首先，关于李某涉案被诉行为的评判。KX 公司在本案中主张李某的不正当竞争行为包括：一是在与 KX 公司 CS 平台的独家合约期内，擅自与 HY 公司签约、收取预付款及在 HY 平台上进行直播的行为；二是在离开 CS 平台后仍继续使用原"圣光"昵称、头像进行用户导流的行为。经查，李某与其经纪公司 YT 中心签订有《签约主播独家合作协议》，明确约定了两者形成独家、排他的合作关系，未经 YT 中心书面同意，李某不得与除 KX 公司旗下的 CS 平台之外的其他第三方主体及平台开展相同或类似业务与合作，并明确约定了李某未经同意转投其他平台的违约责任。李某与 YT 中心还共同确认，双方仅为合作关系，不形成劳动雇佣关系。本院认为，在市场环境下，虽然应当倡导恪守合同、诚信履约，但李某作为理性经济人，并不能禁止其在充分考量违约代价的预期成本前提下自由作出行为选择。李某跳槽及收取 HY 平台预付款的行为虽然违反了其与 YT 中心之间的协议，但李某为追求自身利益最大化而违约，并不等同于其行为存在反不正当竞争法意义上的不正当性。虽然 KX 公司会因李某的违约跳槽而遭受一定用户群体的流失和流量的损失，但该公司可以规范和优化相应的合同设计，完善内部管理体系，通过与经纪公司约定高额违约金等方式，避免主播跳槽的违约收益高于成本，实现对此类行为的有效规制。在当事人能够通过合同方式得到有效救济的情况下，反不正当竞争法的适用更应秉持审慎、谦抑的原则，而不应随意干预当事人的行为自由。本案中 KX 公司已与 YT 中心就李某的违约事项进行赔偿协商，并签订了赔偿总额为 3664956 元的补充协议，实际上已经通过合同方式弥补了李某跳槽所可能遭受的经济损失，足以平衡各方利益，故在本案中针对李某的违约跳槽行为，反不正当竞争法没有再行介入的空间和必要。

关于李某在离开 CS 平台后仍继续使用原"圣光"昵称、头像的行为是否构成不正当竞争的问题。从昵称和头像商业价值的形成来看，CS 平台在李某成长为该平台头部主播的过程中投入了一定资源，支出了推广费用，为"圣光"知名度的提升作出了相应贡献，而李某通过自身积累的知识、技能、经验等也对主播知名度的形成有所贡献。本案中，虽然 YT 中心与李某在签订的《签约主播独家合作协议》中约定其主播"圣光"昵称、头像等权益归 KX 公司所有，但昵称、头像具有人身权和财产权的双重属性，其虽然明显包含有商业利益，但亦与主播的人身利益紧密关联。李某离开 KX 公司旗下的 CS 平台后仍继续使用原昵称和头像，在人身指向上并无偏差，不存在导致相关公众混淆误认的情况，因此不属于《反不正当竞争法》第六条第二款所规制的"擅自使用他人有一定影响的艺名"的混淆行为。但该行为有违合同中对昵称、头像的权益归属约定，存有一定的可责性，其应就此承担相应的违约责任。YT 中心根据其与 KX 公司签订的《合作框架协议》第 7 条应向 KX 公司赔付违约金共计 3664956 元，包括平台基础运营成本分摊 200574 元、特定推广成本分摊 1166700 元及预期可得利益 2297682 元，其中已涵盖了为提升"圣光"作为主播的知名度所投入的推广费用，并合理计算了李某如果正常履约所能给原平台带来的预期可得利益。故李某的涉案行为虽然具有合同法上的可责性，但在现有证据尚不足以证明其通过昵称、头像进行恶意大规模导流，且其经纪公司 YT 中心已就李某的违约行为向 KX 公司承担了相应违约责任的情况下，反不正当竞争法没有再行介入之必要。

其次，关于 HY 公司涉案被诉行为的评判。KX 公司主张 HY 公司在明知李某尚处合约期的情况下，通过支付预付款等方式恶意引诱李某跳槽签约，并利用李某人气进行宣传推广，通过安排李某使用原昵称、头像等方式窃取 CS 平台用户及流量，并借助李某发展手游业务等行为构成不正当竞争。根据《反不正当竞争法》第二条第二款之规定，该法所称的不正当竞争行为，是指经营者在生产经营活动中，违反该法规定，扰乱市场竞争秩序，损害其他经营者或者消费者的合法权益的行为。该条第一款规定，经营者在生产经营活动中，应当遵守自愿、平等、公平、诚信的原则，遵守法律和商业道德。因 HY 公司与 KX 公司之间并无合同关系，故对 HY 公司实施的涉案被诉行为是否构成不正当竞争，应视其是否有违诚信原则和商业道德，是否扰乱了正常的市场竞争秩序，是否不当损害了其他经营者和消费者的合法权益，综合作出评判。

商业道德是诚实信用原则在反不正当竞争法中的体现，应正确把握诚实信用原则和商业道德的评判标准，以特定商业领域普遍认同和接受的经济人伦理为尺度，避免把诚信原则和商业道德简单等同于个人道德或者社会公德。HY 公司在李某尚在 CS 平台进行直播时，即与之进行了接触和商谈，在李某于 2018 年 9 月 1 日首次在 HY 平台进行直播之前，已与其签订了合同并支付了首付款 45 万元，通过高薪"挖角"拓展夯实自身的手游业务，削弱 KX 公司的竞争优势。但高薪是争夺人才的常见市场竞争方式，也在一定程度上体现了人才的价值，李某亦认可系出于自身发展考虑进行直播平台的转换。此种吸引人才的方式在一个竞争充分的市场中当属常态，不应认定有悖于商业道德。在李某于 2018 年 9 月 3 日回归 CS 平台后，HY 公司拒绝其解除合同、退还首付款的请求，而要求其继续履约，否则要求其承担违约责任的行为，亦属市场竞争主体的正当举措，难谓胁迫之举。后李某主张其对 CS 平台的推广资源投入、收入提成、被强加礼物打赏任务等不满，于 2019 年 3 月 1 日主动重新转投 HY 平台，KX 公司同样未能证明 HY 公司此时存在恶意诱导，也未能证明 HY 公司借助李某转换平台进行专门的大规模宣传引流行为，或以其他不当行为削弱 CS 平台的竞争优势。至于 HY 公司允许李某在其平台持续使用其在 CS 平台原昵称、头像的问题，对李某的行为前文已作阐述，而 HY 公司作为主播接收方，一方面，并无证据证明其系明知李某与其经纪公司就原昵称、头像进行约定的具体内容，另一方面，亦无证据证明其主动要求李某使用原昵称、头像以针对性地对 CS 平台的用户及流量进行引流，其行为不构成不正当竞争。综上，HY 公司的行为客观上虽然在一定程度上损害了 KX 公司的竞争利益，但竞争本身就意味着对交易机会的争夺，一方竞争获利往往意味着相对方的受损，在案证据不能证明 HY 公司系采取了有违商业道德的恶意诱导手段或其他不当举措来进行商业竞争。

关于 HY 公司的涉案被诉行为是否扰乱了市场竞争秩序，是否损害了消费者合法权益的问题。KX 公司认为，此类"挖角"行为会打击平台自主培育主播的积极性，会导致哄抬主播身价，易形成寡头垄断阻碍竞争、限制创新进而损及消费者利益。对此，本院认为，凭资金优势以较高的薪酬吸引优秀主播加入，形成人才的正常流动，充分调动人才创新创业的积极性，有利于市场充分竞争。同时，游戏直播行业并非事关国计民生，可被给予充分的竞争自由和完全市场化的运营环境，司法应充分尊重相关行业的发展规律。鉴于主播在游戏直播行业中的重要性，相关行业可能会形成一些自律规范，但自律规范的形成过程势必存在多方利益的充分博弈，需要市场发展的积淀，司法不宜过度介入。此外，随着行业发展，行业资源向头部企业集聚是一种普遍的经济现象，从现有证据和市场运行状况判断，主播跳槽行为并未导致行业陷入无序竞争的混乱局面，相关企业会根据自身经营策略和经济状况作出经营选择，经济规律仍在继续发挥有效作用，并能调整市场竞争者的行为，使其趋于理性，进而达到市场的整体平衡。同时，虽然主播跳槽对用户的平台选择存在较大影响，可能导致行业竞争的加剧，但不同平台能够通过及时调整自身的经营策略，拓展精品游戏资源，创新服务形式和更新营销举措等方式，提供更多和更高质量的服务项目，以吸引用户。主播的跳槽不影响消费者自主选择平台和主播的自由。故 HY 公司的被诉行为未扭曲市场竞争秩序，也未损害消费者合法权益。

综上，李某、HY 公司的涉案被诉行为并不构成不正当竞争，无需承担相应的民事责任，鉴于此，二审法院对争议焦点三不作评述。但仍然需要指出的是，在市场竞争中，诚实守信的契约精神仍应得到倡导，游戏直播行业作为互联网新兴产业，应不断加强行业自律，完善市场竞争环境，相关企业应规范经营行为，力促主播妥善处理与经纪公司及前平台之间的合约关系，进一步提升行业竞争效率，增进消费者福利，进而对社会公共利益有所助益。

综上所述，KX 公司的上诉请求不能成立，应予驳回；一审判决认定事实清楚，适用法律正确，应予维持。

四、争议焦点分析

本案主要围绕游戏主播违反合同约定，"跳槽"到其他平台，该主播及该平台是否构成不正当竞争行为展开调查与论证。《反不正当竞争法》系着重维护市场竞争秩序的法律。在市场竞争中，自由是原则，通过《反不正当竞争法》进行干预是例外，《反不正当竞争法》的适用应具有谦抑性。市场的有效竞争应当被尊重，除非经营者的行为在违反合同义务之外，还损害了公共政策所保护的其他利益，比如对员工不正当披露企业商业秘密的行为，与保护知识成果、鼓励知识创新的公共政策相背离，应同时受到《反不正当竞争法》的规制。

因此，如经营者仅违背合同约定的竞业限制义务，而不存在用恶意手段和不当举措扰乱市场竞争秩序的，《反不正当竞争法》是不宜介入的。

五、律师建议

本案中游戏主播与直播平台的关系虽然不是传统意义上的劳动雇佣关系，但本案判决部分对于"挖角"行为能否适用《反不正当竞争法》作出了详尽的论述，具有很强的参考意义。

笔者认为，对于员工被有竞争关系的公司"挖角"，首先应基于与员工签署的劳动合同中的竞业限制条款要求其承担相应的责任。至于能否依据《反不正当竞争法》，则需要举证证明是否有恶意扰乱市场竞争秩序的行为，是否出现《反不正当竞争法》所规定的不正当竞争行为，而不能将"挖角"行为直接与不正当竞争行为画等号，因为员工享有择业就业的自主权，公司有招聘高质量人才的需求，在手段正当、目的正当的情况下，不应过多干预劳动人员的流动性，只有当有竞争关系的公司存在严重损害商业道德等不正当竞争行为时，主张竞争对手触犯《反不正当竞争法》才能得到支持。

用人单位在拟定劳动合同时，也应制定严谨、细致的合同条款，通过违约条款的限制，约束劳动者的行为，避免产生不必要的经济损失或陷入被动的境地而产生经营危机。